한국사상선 19

안창호

민족혁명의 이정표

한국사상선　19

안창호

강경석 편저

민족혁명의
이정표

창비
Changbi Publishers

창비 한국사상선 간행의 말

나날이 발전하는 세상을 약속하던 자본주의가 반문명적 본색을 여지없이 드러내며 다수의 삶을 고통으로 몰아간 지 오래다. 이제는 인간 문명의 기본 터전인 지구 생태를 거세게 위협하는 시대에 이르렀다. 결국 세상의 종말이 닥친다 해도 놀랄 수 없는 시대의 위태로움이 전에 없던 문명적 대전환을 요구한다는 각성에서 창비 한국사상선의 기획은 시작되었다. '전환'이라는 강력하게 실천적인 과제는 우리 모두에게 다른 삶의 전망과 지침이 필요하며 전망과 지침으로 살아 작동할 사상이 절실함을 뜻한다. 그런 사상을 향한 다급하고 간절한 요청에 공명하려는 기획으로서, 창비 한국사상선은 한국사상이라는 분야를 요령 있게 소개하거나 새롭게 정비하는 평시적 작업을 넘어 어떤 비상한 대책이기를 열망하며 구상되었다.

사상을 향한 요청이 반드시 '한국사상'으로 향할 이유가 되는지 반문하는 이들도 있을지 모른다. 사상이라고 하면 플라톤 같은 유구한 이름으로 시작하여 무수히 재해석된 쟁쟁한 인물과 계보로 가득한 서구사상을 으레 떠올리기 때문이다. 우리가 겪는 위기가 행성 전체에 걸친 것이라면 늘 그래왔듯 서구의 누군가가 자기네 사상전통에 기대 무언가 이야기하지 않았을까, 그런 것들을 찾아보는 편이 더 효율적이지 않을까 하는 생각은 사실 오래된 습관이다. 더욱이 '한국사상'이라는 표현 자체가 많은 독자들에게 꽤 낯설게 느껴질 법하다. 한국의 유교사상이라거나 한국의 불교사상 같은 분류는 이따금 듣게 되지만 그 경우는 유교사상이나 불교사상의 지역적 분화라는 인상이 강하다. 한국사상이 변모하고 확장하면서 갖게 된 유교적인 또는 불교적인 양상으로 이해하는 방식은 익숙지 않을 것이기에 '한국사상'에 대한 우리의 공통감각은 여전히 흐릿하다고 말할 수 있다.

하지만 이런 사정이야말로 창비 한국사상선 발간의 또 다른 동력이다. 서구사상은 오랜 시간 구축한 단단한 상호참조체계를 바탕으로 세계 지성계에서 압도적 발언권을 유지하는 한편 오늘날의 위기에 관해서도 이런저런 인식의 '전회turn'라는 형식으로 대응하고 있다. 그럼에도 그 위상의 이면에 강고한 배타성과 편견이 작동하고 있음을 지적하는 목소리가 높다. 무엇보다 지금 이곳 — 그리고 지구의 또 다른 여러 곳 — 의 경험이 그들의 셈법에 들어 있지 않고 따라서 그 경험이 빚어낸 사상적 성과 역시 반영되지 않는다는 느낌은 갈수록 커져왔다. 서구사상에서 점점 빈번해지는 여러 전회들이 결국 그들 나름의 뚜렷한 한계 안에서 이루어지는 뒤집기 또는 공중제비에 불과하다는 인상도 지우기 어렵다. 정치, 경제, 문화 등 여러 부문에서 그렇듯이 이제 사상에서도 서구가 가진 위상은 돌이킬 수 없이 상대화되고 보편의 자리는 진실로 대안에 값하는 사상을 향한 열린 분투에 맡겨졌다.

그런가 하면 '한국적인 것' 일반은 K라는 수식어구를 동반하며 부쩍 세계적 이목을 끌고 있다. K의 부상은 유행에 민감한 대중문화에서 시작되어서인지 하나의 파도처럼 몰려와 해변을 적셨다가 곧이어 다른 파도에 밀려가리라 생각되기도 한다. '한류'라는 지칭에 집약된 이 비유는 숱한 파도가 오고 가도 해변은 변치 않는다는 암묵적 전제에 갇혀 있지만, 음악이든 드라마든 이만큼의 세계적 반향을 일으킨다면 해당 분야의 역사를 다시 쓰면서 더 항구적인 영향을 남길 수 있다고 평가받아야 한다. 중요한 것은 이제 한국적인 것이 무시 못 할 세계적 발언권을 획득하면서 단순히 어떻게 들리게 할까가 아니라 무엇을 말할까에 집중할 수 있게 된 점이다. 대중문화에 이어 한국문학이 느리지만 묵직하게 존재감을 발하는 이 시점이 한국사상이 전지구적 과제를 향해 독자적 목소리를 보태기에 더없이 적절한지 모른다.

그러기 위해 한국사상은 스스로를 호명하고 가다듬는 작업을 함께 진행해야 한다. 이름 자체의 낯섦에서 알 수 있듯 한국사상은 그저 우리 역사에 존재했던 여러 사상가들의 사유들을 총합하는 무엇이 아니라 상당 정도로 새로이 구성해야 하는 무엇에 가깝다. 창비 한국사상선은 문명전환을 이룰 대안사상의 모색이라는 과제를 중심으로 이 작업에 임하고자 했는데, 이는 거꾸로 바로 그런 모색이 실제로 한국사상의 면면한 바탕임을 발견하는 과정이기도 했다. 여기 실린 사상가들의 사유에는 역사와 현실을 탐문하며 새로운 삶의 보편적 비전을 구현하려 한 강도 높은 실천성, 그리고 주어진 사회의 시스템을 변혁하는 일과 개개인의 마음을 닦는 일이 진리에 속하는 과업으로서 단일한 도정이라는 깨달음이 깊이 새겨져 있다. 이점은 오늘날 한국사상의 구성과 전승이 어떤 방식으로 지속되어야 할지 일러준다. 아직은 우리 자신에게조차 '가난한 노래의 씨'로 놓인 이 사유들을 참조하고 재해석하면서 위태로운 세계의 '광야'를 건널 지구적 자원이자 자기 삶의 실질적 영감으로 부단히 활용하는 실천을 통해 비로소 한국사상의 역량은 온전히 발휘될 것이다.

창비 한국사상선이 사상가들의 핵심저작을 직접 제공하는 데 주력한 이유도 여기에 있다. 학구적 관심이 아니라도 누구든 삶과 세계에 대해 사유하고 발언할 때 펼쳐 인용하고 되새기는 장면을 그려본 구성이다. 이제껏 칸트와 헤겔을 따오고 맑스와 니체, 푸꼬와 데리다를 언급했던 만큼이나 가까이 두고 자주 들춰보는 공통 교양서가 되기를 기대한다. 그러기 위해 원문의 의도를 훼손하지 않는 범위에서 되도록 오늘날의 언어에 가깝게 풀어 싣고자 노력했다. 핵심저작 앞에 실린 편자의 서문은 해당 사상가의 사유를 개관하며 입문의 장벽을 낮추는 역할에 더하여, 덜 주목받은 면을 조명하고 새로운 관점을 보탬으로써 독자들의 시야를 넓혀 각자 또 다른 해석자가 되도록 고무한다. 부록과 연보는 사상가를 둘러싼 당대적·세계적 문맥을 더 면밀히 읽는 데 도움이 되고자 한다.

사상선 각권이 개별 사상가의 전체 저작에서 중요한 일부를 추릴 수밖에 없었듯 전체적으로도 총 30권으로 기획되었기에 어쩔 수 없이 선별적이다. 시기도 조선시대부터로 제한했다. 그러다 보니 신라의 원효나 최치원같이 여전히 사상가로서 생명을 지녔을뿐더러 어떤 의미로 한국적 사상의 원류에 해당하는 분들과 고려시대의 중요 사상가들이 제외되었다. 또 조선시대의 특성상 유교사상이 지나치게 큰 비중을 차지한 느낌도 없지 않을 것이다. 하지만 조선의 유학 자체가 송학 내지 신유학의 단순한 이식이 아니라 중국에서 실현된 바 없는 독특한 유교국가를 만들려는 세계사적 실험이었거니와, 이 시대의 사상가들이 각기 자기 나름으로 유·불·선 회통이라는 한반도 특유의 사상적 기획에 기여하고자 했음이 이 선집을 통해 드러나리라 믿는다.

조선시대 이전이 제외된 대신 사상선집에서 곧잘 소홀히 되는 20세기 후반까지 포함하며 이제껏 사상가로 이야기되지 않던 문인, 정치인, 종교인을 다수 망라한 점도 본서의 자랑이다. 한번에 열권씩 발행하되 전부를 시대순으로 간행하기보다 1~5권과 16~20권을 1차로 배본하는 등 발간 방식에서도 20세기가 너무 뒤로 밀리지 않게 배려했다. 1권 정도전에서 시작하여 30권 김대중으로 마무리되는 구성에 1인 단독집만이 아니라 2, 3, 4인 합집을 배치하여 선별의 아쉬움도 최대한 보충하고자 했으나, 사상가들의 목록은 당연히 완결된 것이 아니고 추후 보완작업을 기대해야 한다. 그럼에도 이 사상선을 하나의 '정전'으로 세우고자 했음을 군이 숨기고 싶지 않다. 다만 모든 정전의 운명이 그렇듯 깨어지고 수정되고 다시 세워지는 굴곡이야말로 한국사상의 생애주기에 꼭 필요한 일이다. 아니, 창비 한국사상선 자체가 정전 파괴와 쇄신의 정신까지 담고 있음에 주목해주시기를 바란다. 특히 수운 최제우와 소태산 박중빈 같은 한반도가 낳은 개벽사상가를 중요하게 배치한 점은 사상선의 고유한 취지를 한층 부각해주리라 기대한다.

창비 한국사상선은 1966년 창간 이래 60년 가까이 한국학에 남다른 관심을 기울여온 계간 『창작과비평』, 그리고 '독자와 함께 더 나은 세상을' 꿈꾸어온 도서출판 창비의 의지와 노력이 맺은 결실이다. 문명적 대전환에 기여할 사상, 그런 의미에서 단순히 개혁적이기보다 개벽적이라 불러야 할 사상에 의미 있는 보탬이 되고 대항담론에 그치지 않는 대안담론으로서 한국사상이 갖는 잠재성을 세계의 다른 구성원들과 공유하는 계기가 된다면 더없는 보람일 것이다. 오직 함께하는 일로서만 가능한 이 사상적 실천에 독자 여러분의 많은 관심과 참여를 부탁드린다.

2024년 7월
창비 한국사상선 간행위원회 일동

차례

창비 한국사상선 간행의 말 ·················· 5

서문
변혁적 중도의 길: 도산 사상의 현재성 ·············· 13

핵심저작

1장   독립전쟁의 길: 을사조약 이후 1차대전 종전까지   39

절망을 이기고 선전포고를 준비하자 │ 도덕과 지식이라는 두 날개 │
미래의 을지문덕을 기다리며 │ 어제의 망국인은 오늘부터 나라를 회복할 자 │
건전한 개인주의는 인류 행복의 기초 │ 국민회는 무형의 정부 │
오직 내 힘과 우리의 힘으로 │ 지금 갖지 못한 것을 낙심치 마시오 │
전쟁 종결과 우리의 할 일

2장   문명 개조의 대세와 우리의 할 일:
3·1운동 이후 임시정부 재임기   ·················· 86

재산과 생명을 바쳐 독립을 완성하자 │ 한국 여자의 지위와 역할 │
독립운동 방침 │ 문명 개조의 대세 │
무엇이 참된 기독교인의 사랑인가 │ 방황하지 말고 전진합시다 │
우리 국민이 단정코 실행할 6대사 │ 혈전의 시기는 그 준비를 완성하는 날 │
독립운동에서 민간의 의무

3장 **대공주의의 이상:**
국민대표회 조직에서 민족통일당 운동까지 ···· **140**

독립운동의 진행책과 시국문제의 해결방침 │
자치할 능력과 독립할 자격 │ 국민대표회를 지지하자 │
보편적 실력과 특수한 실력 │ 과거 민족운동의 반성과 인권 존중 │
국내 동포에게 드림 │ 죽는 날까지 희망을 갖고 일합시다 │
장래의 선량한 중견을 예비하는 동맹수련 │ 우리 혁명운동과 임시정부 문제 │
민족적 해방과 계급적 해방을 아우르는 통일당 │ 민중의 선각자

안창호 연보 ·························· **268**
찾아보기 ·························· **273**

일러두기

1. 서한이나 『乙支文德』 서문 등을 제외한 연설문들은 도산이 직접 쓴 것이 아니라 대개 현장 기록자들이 남긴 것이다. 따라서 신문, 잡지에 수록된 최초의 텍스트를 원전으로 삼아 일일이 출처를 밝혔고, 이본(異本)이 함께 존재하는 경우에는 비교적 해당 연설의 전모를 담고 있다고 판단되는 문헌을 저본으로 했다.
2. 최초 기록 매체의 확인이 어려운 경우엔 주요한 편저 『안도산전서』(삼중당, 1963)를 저본으로 삼았다.
3. 국한문 자료는 현대어로 번역했고 한글체 문헌 내에서도 현대 독자들에게 낯선 한문투나 고어체, 근래에 거의 쓰이지 않는 표현 등은 최소한의 범위 내에서 현대어로 풀었다.
4. 매체에 수록될 당시의 제목은 많은 경우 '안도산의 연설' 같은 형태여서 변별이 어려우므로 내용에 따라 필자가 새로 붙인 것이며 이 또한 각주에서 밝혔다.
5. 국립국어원 표기 규정을 따르되, 일부 표기에는 가독성과 당대의 맥락을 고려했다.
6. 각주는 모두 편저자의 것이고, 원주는 【 】안에 표기했다.

변혁적 중도의 길
도산 사상의 현재성[*]

도산 상像의 굴절

도산 안창호島山 安昌浩(1878~1938)는 우리 독립운동사의 거의 모든 핵심 현장에 족적을 남긴 발군의 혁명 지도자이자 예외적 사상가이다. 그는 누구보다 많은 독립운동 단체의 설립을 준비하고 이에 관여한 탁월한 조직가였으며[1] 노선 갈등의 조정자이자 세심한 실무자이기도 했다. 그러나 그때그때의 변화하는 정세에 대응한 산발적 논설과 연설기록을 제외하면 자신의 사상을 일관된 체계로 저술한 바 없었고 해방을 보지 못한 채 삶을 마감했기에 그가 전 생애에 걸쳐 펼쳐온 특유의 혁명론은 해방 이후의 이념대립과 분단체제 가운데서 이중으로 굴절되었다. 공산주의자들과도 폭

---

[*] 이 글은 필자의 「도산의 점진혁명론과 그 현재성」, 『개벽의 사상사』, 창비 2022를 바탕으로 본서의 취지에 맞추어 대폭 개고한 것이다.

[1] 3·1운동 이전까지만 보아도 독립협회 관서지회(1898), 점진학교(1899), 샌프란시스코한인친목회(1903), 미주 공립협회(1905), 신민회(1907), 대성학교(1908), 서북학회(1908), 대한인국민회(1912), 흥사단(1913), 대한민국임시정부(1919), 국민대표회의(1923) 등이 그의 주도 또는 참여 아래 만들어졌다.

넓게 연대했지만 한번도 공산주의자였던 적이 없는 그는 북에서 민족개량주의자로 평가 절하되었고,[2] 혁명이란 말만 나오면 사회주의혁명부터 떠올렸던 남에서는 실력양성론 또는 준비론자, 인격수양에 기반을 둔 교육사상가로 순치되어 긴 세월 오해 속에 추앙받았다.

도산을 이른바 준비론자로 격하시킨 빌미는 신채호申采浩의 「조선혁명선언」(1923)에서 전형으로 제공되었다. 그에 따르면 외교론의 실패가 '조일전쟁'의 필연성을 차츰 강화시키는 가운데 대두된 것이 준비론이다. "외세의 침입이 더할수록 우리의 부족한 것이 자꾸 감각되어, 그 준비론의 범위가 전쟁 이외까지 확장되어 교육도 진흥해야겠다, 상공업도 발전해야겠다, 기타 무엇무엇 일체가 모두 준비론의 부분이 되었다. 경술 이후 각 지사들이 혹 서북간도의 삼림을 더듬으며, 혹 시베리아의 찬바람에 배부르며, 혹 남·북경으로 돌아다니며, 혹 미주나 하와이로 돌아가며, 혹 경향京鄕에 출몰하여 십여년 내외 각지에서 목이 터질 만치 준비! 준비!를 불렀지만, 그 소득이 몇 개 불완전한 학교와 실력이 없는 단체뿐"이었다는 것이다.[3]

그러나 자치론의 함정에 빠진 친일의 과오를 도산의 이름 뒤에 숨어 합리화하려 했던 이광수李光洙의 『도산 안창호』(1947)[4]가 등장하기 전까지 준

---

2   북의 공식 평가를 대변하는 것은 김일성이라고 할 수 있다. 그는 자신의 회고록에서 "안창호의 인품과 실력에 대해서는 한마디로 '대통령감'이라고 표현하는 사람들이 많았는데 이 표현은 크게 과장된 것이 아니었다"면서 "자강론의 변형인 안창호의 실력양성론(준비론이라고도 함)은 민족개량주의자들이 의거하고 있던 이론적 지탱점이었다"며 "민족해방투쟁의 기본 형태로 되어야 할 폭력투쟁에 대해서는 한마디도 입에 담지 않았다"고 비판한다. 김일성 『세기와 더불어』 1권, 조선로동당출판사 1992, 261~68면 참조. 그런데 "폭력투쟁에 대해서는 한마디도 입에 담지 않았다"는 평가는 사실과 다르다. 이러한 도산 평가는 춘원의 도산론을 통로로 한 것 같다. 실제로 김일성은 도산과 춘원의 주장을 구별하지 않는다.

3   도산은 단재의 저서 『乙支文德』(廣學書館, 1908)에 서문(이 책 47~49면)을 쓰기도 했지만 이승만의 위임통치청원사건 이후 단재는 임정을 떠난다.

4   이에 대해서는 박만규 「이광수의 안창호 이해와 그 문제점: 『도산 안창호』를 중심으로」, 『역사학연구』 69, 2018 참조.

비론자 또는 실력양성론자, 인격수양론자에 국한된 도산 상은 결코 일반적 이해를 대변한 것이었다고 보기 어렵다. 윤봉길 상해의거(1932) 배후로 지목된 도산[5]이 일경에 피체된 지 4개월 만에 한문 수고手稿로 작성된 최초의 도산 전기『도산선생약사』(1932)는 도산을 "40년을 하루처럼 일말의 간단도 없이 한국혁명 사업에 종사한"[6] 지도자로 평가하고 있으며 도산의 서거 직후 창사長沙의 임시정부에서 같은 저자에 의해 다시 쓰인 전기[7]는 그를 한국혁명의 영수領袖로 지칭하고 있다. "도산이 삼군三軍을 몰고 나가서 일본을 향하여 전쟁할 것을 몽상하였고 워싱턴과 같이 링컨과 같이 이유(reason)를 위하여 일하려는 인물인 것을 잊어서는" 안 된다며 "제발 도산을 간디 같은 인물로 만들지 말라"[8]던 곽림대郭臨大의 고언도 새삼 되새길 필요가 있다.[9] 당장의 항일 전면전은 현실적으로 승산이 없으니 수시로 유격전을 시도하여 그들의 행정을 교란함으로써 국내 동포들의 사기를 진작하고 국제사회에 일본의 무력침탈이 부당함을 호소하되 언젠가 새로운 세계대전이 전개되면 정식 참전을 통해 승전국 지위를 확보하자는 것[10]이 1차 세계대전 이후의 일관된 구상이었던 만큼 도산을 안이한 수양론자 또는 준비론자에 매어두는 것은 부당하다.

---

5   윤봉길 상해의거와 도산의 관련에 대해서는 이태복,『도산 안창호 평전』, 동녘 2012, 개정판 서문 참조.

6   車利錫『島山先生略史: 安昌浩先生被捕情形及其略歷』(1932. 8), 도산안창호선생전집편찬 위원회 편『도산안창호전집』11권, 도산안창호선생기념사업회 2000, 31면. 이하 전집의 인용은 권수와 면수만 밝힘.

7   車利錫『韓國革命領袖 安昌浩先生四十年革命奮鬪史略』(旅湘韓人追悼安島山先生大會籌備 處 編印, 1938. 4), 전집 11권, 43~59면 수록. 이하『분투사략』으로 표기.

8   곽림대『안도산』(1968), 전집 11권, 674면.

9   여기서 "안창호의 주장에는 어딘가《자아완성론》에서 표현된 똘스또이의 사고방식이나 자기자신을 개조하고 단련하지 않는 한 인간은 자유를 얻을 수 없다고 본 간디의 견해와 비슷한 데가 있다"고 한 김일성의 발언은 곽림대의 그것과 묘한 대조를 이룬다. 김일성, 앞의 책 264면.

10   이용설「도산 선생을 추모함」, 박현환 편『續篇 島山 安昌浩』, 三協文化社 1954, 223~24면 참조.

또한 "내가 외교를 중시하는 이유는 독립전쟁의 준비를 위함"이라며 다음과 같이 말한바, 도산은 외교론자에 속박되지 않은 외교론자이기도 했다. "이번 대전에 영국, 프랑스 양국이 미국의 각계를 향하여 거의 애걸복걸로 외교하던 모습을 보시오. 독일이 터키 같은 나라라도 애써 끌어넣은 것을 보시오. 그러므로 진정한 독립전쟁의 의사가 있다면 외교를 중시하여야 할 것이니, 군사에 대하여 지성을 다함과 같이 외교에 대해서도 지성을 다해야 하오."[11] 따라서 도산의 독립노선과 혁명사상은 자치론의 비현실성을 배격하되 준비론, 외교론, 무장투쟁론이라는 통상의 삼분법에 구애받지 않는 보다 통합적인 차원이라고 할 수 있지만 1970년대 이후 남한 민중운동의 성장 속에 단재의 위상이 강화된 데 비해 춘원 이래의 왜곡된 도산 상을 바로잡을 기회는 희박해져갔다.

민족혁명의 영수

도산의 서거에 따른 추도식이 창사의 임시정부뿐 아니라 "조선민족전선연맹의 주최로 1938년 3월 23일 중국 한구漢口에서도 열렸다"는 점, 더구나 "조선민족혁명당·조선민족해방동맹·조선무정부주의자연맹·조선청년전위동맹 등 좌파 계열 4개 독립운동단체가 연합"한 이 연맹(김원봉, 류자명 등 주도)의 "사상과 이념은 아나키즘·사회주의·공산주의 등 다양한 성향"[12]이었다는 사실을 고려할 때 그를 특정한 계급, 이념, 노선에 속한 분파지도자 중 한 사람으로 분리시키기는 쉽지 않다. 그는 1926년 7월 연설에서 자신의 혁명론이 흔히 자치론의 유혹에 빠지곤 하는 단계론과 다른 일종의 중도 통합 노선임을 다음과 같이 천명했다. "오늘날 우리의 혁명이

---

11   안창호 「우리 국민이 단정코 실행할 6대사(大事)」(2), 『독립신문』 1920. 1. 10.(이 책 116~17면)
12   장석흥 『한국 독립운동의 혁명영수 안창호』, 역사공간 2016, 16면.

란 무엇인고? 나는 말하기를 민족혁명이라 하오. 그러면 민족혁명이란 무엇인가? 비민족주의자를 민족주의자 되도록 하자는 것인가? 아니오. (…) 우리가 일본을 물리치고 독립하여 세울 국체 정체는 무엇으로 할고. 공산주의로 할까? 민주제를 쓸까? 복벽하여 군주국으로 할까? (…) 그러나 나는 말하기를 지금은 그것을 문제 삼아 쟁론할 시기가 아니오."[13] 그가 말하는 민족혁명에서 '민족'은 '민족주의'에 속박되지 않는 일종의 상위인지적 차원이라고 할 수 있다. 그것은 소위 자연발생적 민족감정에 근거한 것이 아니라 당면한 과제의 공통성에 의해 주체적으로 형성되는 공동체이다. 일명 갑자논설로 불리는 「국내동포에게 드림」(1925~26)에서 그는 "민족적 감정으로 하는 합동은 인류사회에 폐단을 주는 것이라 하여 깨뜨리어 없이하려고 하는 이조차 있"음을 고려하면서 "우리가 요구하고 힘쓸 것은 민족의 공통한 생활과 사업을 위하여 하는 합동" 그러니까 "'일을 위한 합동'"임을 분명히 한다. 무슨 일을 어떻게 하자는 것인지 공동의 목표와 방법을 두고 총의가 형성되지 않으면 민족적 '합동'의 효과와 신뢰성은 물론 "합동을 요구할 이유도 발생하지 않"[14]는다는 것이다.

'민족'의 의미가 벌써 이러하다면 그가 말한 혁명의 함의도 단순치 않다. 복벽復辟론까지 예거하는 그의 논법으로 보건대 그것은 서구적 개념의 근대혁명과는 일정한 거리를 지닌 무엇일 것이다. 그러나 그것은 단순히 반서구주의적 관념이 아니라 근대 자본주의에 대한 날카로운 통찰에 기반을 둔 것이었다. 일각의 내정자치 노선을 비판하는 도산의 논리를 통해 그 일단을 엿볼 수 있다.

우리의 독립은 순서를 밟아야 한다고, 참정參政이니 자치自治를 주장하는 자가 있습니다. (…) 나는 자치나 참정이 악하다는 것이 아니라 그 생각이

---

13   안창호 「오늘의 우리 혁명」, 『독립신문』 1926. 9. 3, 전집 6권, 793면.
14   이 책 206~07면.

어리석음을 말함이외다.

만일 우리가 장래에 독립할 수 있을 정도가 될 만한 자치를 얻을 수 있다 하면 그는 곧 자치보다 독립을 얻기에 더 용이할 것이외다. 보시오. 지금 일인은 우리에게 자치를 주려 합니다. 왜 자치를 주려 하는가? 그는 우리의 민족을 영멸시키자는 계획이외다. 보시오. 경제의 압박이 얼마나 심한가, 상업이나 공업이 우리의 수중에 있는가. 우리는 다만 토지를 근본 삼아 농사를 주업으로 하여오는 민족인데 경상남북도, 전라남북도 어디 어디 할 것 없이 옥야천리沃野千里가 모두 일본놈의 수중에 들어가고 말았습니다. 그뿐 아니라 서북이나 경기도에도 다 그러합니다. 서울도 큼직큼직한 가옥은 모두 일본놈의 것입니다. 서울뿐 아니라 원산이나 부산이나 다른 각 항구에도 큰 집을 갖고 있는 자들은 전부 일본놈이외다. 나는 일전에 정주定州 사람을 만나 그곳 현상을 물은즉 이렇게 말합디다. "초가는 없고 기와집만 있으니 개량은 썩 잘되었지요. 그러나 우리 사람은 있을 곳이 없어서 걱정"이라고 합니다. 이처럼 전국에 있는 부동산이 일본놈의 소유가 되어 있는 까닭에 일인은 아무쪼록 속히 자치를 세우려 합니다. 자치가 되는 때는 경제의 주인 되는 일인이 주장하게 될 것은 정한 이치외다. 그러므로 오늘날 일인의 주장은 한인에게 자치를 주어 가면적假面的으로 한인에게 만족을 주고 내면으로는 자기네의 착취세력을 영원히 보전하자는 것입니다. 행정관으로 그들이 누구를 임명할 줄 압니까? 일본놈이 아니면 아주 일본화한 조선놈이겠습니다. 그런고로 이러한 위험성이 있는 자치를 하기 위하여 운동하는 것은 어리석은 일이라고 하겠습니다.[15]

요컨대 식민지조선과 제국일본 간 자본의 비대칭이 일정하게 극복되지 않는 한 내정자치를 징검다리로 하는 독립은 불가능하며 만일 그러한 비

---

15   안창호 「대혁명당을 조직하자. 임시정부를 유지(1)」, 『신한민보』 1926. 10. 14.(이 책 243~45면)

대칭의 극복이 가능하다면 애초에 내정자치의 단계를 거칠 필요가 없다는 것이다. 『아리랑』의 김산金山은 "금강산 승려 출신의 공산주의자인 김충창金忠昌(金星淑의 이명—인용자)" 이후 자신에게 가장 큰 영향을 끼친 인물로 도산을 꼽기도 했거니와 그는 "손문과 중국 민족주의자들이 중국의 복잡다단한 문제를 해결하기 위하여 마르크스주의로 전향함(1차 국공합작을 가리킴—인용자)과 동시에 안창호는 공산주의 이론과 전술에 관심을 가지게 되었다"고 술회함으로써 도산의 사유가 당시의 동아시아 정세와 긴밀히 연동되어 있을 뿐 아니라 단순한 자본주의 근대 따라잡기와는 다른 방향의 것임을 암시하기도 했다. "안창호는 프롤레타리아의 혁명적 역할을 인정한다. (…) 안창호는 결코 공산주의자가 되지는 않았다. 하지만 아직 미숙한 한국공산당을 반대한 적이 한번도 없다."[16]

도산 사상의 '중도'와 그 성격

그의 사상이 지닌 기본 성격을 규명하고 그것이 어디서 어떻게 발원한 것인지를 파악하기 위해 앞의 연설을 좀더 자세히 읽어볼 필요가 있다.

누군가는 나에게 묻기를 "네가 갖는 주의는 무엇이냐?" 하겠지만 내가 가진 주의가 무엇인지 나도 무엇이라고 이름 지을 수 없습니다. 민족주의도 아니요, 공산주의도 아닙니다. 그러나 나는 사유재산을 공유하자는 데 많이 동감합니다. 왜 그런가 하면, 우리 민족은 전부 빈민의 현상을 갖고 있는 까닭에 부자와 자본가의 권리를 깨뜨리지 않고는 빈민의 현상을 바꾸어놓을 수 없기 때문입니다. 그러나 이미 말한 대로 오늘날 우리의 경제적 곤란이

---

16   님 웨일스·김산 『아리랑』, 조우화 역, 동녘 1984[발췌], 전집 13권, 151면.

심하다고 단순히 경제혁명만 할 수는 없으되 우리 민족을 압박하는 일본에 대항하며 나아가자는 민족적 현상을 절규함에는 자기의 주의가 무엇이든지 같은 소리로 나아갈 수 있습니다. 대한 사람이면 어떤 주의 주장을 물론하고 이 민족혁명에 같이 나아갈 수 있습니다.[17]

성장기의 유교수업과 만 2년 정도의 신학문 수학(구세학당)을 제외하면 특별한 학업경력도 눈에 띄지 않는 만큼 그가 "경험의 학교에서"[18] 많은 것을 공부했으리라는 서재필徐載弼의 지적은 예리한 것이었다. 그가 받들었던 최고의 스승은 당대의 구체적 현실과 정세였다. 도산은 1925년의 미주 여자애국단 설립 기념식에서 연사로 나선 서재필을 소개하며 다음과 같이 말했다. "서박사는 첫 유신(갑신정변―인용자)의 한 사람이요, 낡은 정부를 개혁할 첫 정신을 가지고 일하신 서박사요. (…) 그때 서박사의 주의는 낡은 정치를 개혁하고 백성이 마음대로 복리를 누리도록 국가를 건설함과 탐관오리의 결재를 아니 받고 자주해 살자는 정신을 주장하였소. (…) 이 사람(도산 자신―인용자)도 서박사의 연설로 감동을 많이 받았소. 그래서 서박사가 연설한다면 밥 먹을 시간을 그만두고라도 따라 다녔소. 내가 지금 그전보다 얼마나 변하였다고 할진대, 그 변한 원인은 유길준 씨의 『서유견문』이라는 책과 서박사에게 감동을 받은 결과이외다. 그래서 나는 이 두 어른의 감화를 잊지 못합니다."[19] 이는 있는 그대로 도산이 독립협회 활

---

17 안창호, 앞의 글.(이 책 243면)

18 서재필 「역경에서 용감한 위인」, 박현환 편, 앞의 책 201면.

19 「女子愛國團 기념식에서 박사의 연설에 여자계에서 도덕 새문명 발명 운운」, 『신한민보』 1925.9.3, 3면. 유길준의 『서유견문』 외에 도산이 중요성을 강조한 당시의 책으로는 양계초의 『음빙실문집』이 있다. 이는 도산이 설립한 대성학교의 한문교재이기도 했다. "대성학교의 한문과에는 중국 양계초 저(梁啓超 著) 음빙실문집(飮氷室文集)을 사용하였다. 담임선생의 R한학자가 결석할 때에는 도산이 대리로 교수하였다. 어떤 점에 있어서는 R씨보다 훨씬 낮게 강의하며 해석하여 때때로 한학자 R씨로 하여금 경이(驚異) 탄복하게 하였다." 일문하생 「안도산의 교장시대(일화)」, 박현환 편, 앞의 책 239면. R씨는 아마도 대성학교 교사

동에 참여하게 된 이유를 설명해주거니와 훗날 유길준을 이어받아 흥사단을 재창립하게 된 경위를 분명하게 전하는 발언이기도 하다. 그런 점에서 도산은 우선 개화파의 사상적 전통에 가까웠던 인물이라 할 수 있을지 모른다.

그러나 서구화 또는 '미국화'로서 문명개화를 주장한 서재필에 비해 도산은 "사물의 이치와 근본을 깊이 연구하고 고증하여 그 나라의 시세와 처지에 합당케 하는 실상개화實狀開化, 곧 문명개화의 '조선적' 컨텍스트를 모색하였던 유길준과 비슷한 문제의식을 갖고 있었다".[20] 말하자면 도산은 당대 조선의 구체적 현실에 밀착된 정세인식을 바탕으로 자신의 혁명사상을 전개해나갔던 경우인데 그것은 갑신정변(1884)을 높이 평가하면서도[21] 갑오동학농민혁명(1894)을 우리 민족운동의 첫머리에 자리매김하는 관점을 통해 잘 드러난다. 상해 삼일당에서 열린 6·10만세운동 보고연설회(동년 7월 16일)에서 그는 이를 명확히 한다.

이 운동(6·10만세운동—인용자) 때문에 체포된 열사에 대하여 깊은 감사의 뜻을 표한다. 생각하건대 우리들의 운동은 보일보步一步 전진하고 있는데 이 민족운동은 멀리 갑오 동학당에서 발하여 이어 독립협회의 조직이 되었고 다시 3·1운동이 되어 널리 전족全族적으로 전개했고 이번 6·10운동과 같은 것은 전연 자각적으로 되어 나타났다. 고로 이 운동을 한층 유력한 것으로 만들려면 전민중의 중심이 될 통일 기관을 필요로 한다. 더욱이 이의 실현을 위해서는 내부의 쟁투를 그치고 공동의 적인 일본인과 싸울 준비를 하

로 근무했던 유학자 나일봉(羅一鳳)을 말하는 듯하다.

20 장규식 「서재필과 안창호: 서구 시민사회론의 안착과 토착화」, 『도산학연구』 제9집, 도산학회 2003. 12, 133면.

21 같은 글에서 도산은 "첫 유신이라 함은 중국의 속박을 끊고 정치 독립하려고 서박사, 박영효, 김옥균 3씨가 독립운동을 하다가 그만 역적으로 몰린" 사건이라 갑신정변의 성격을 규정한다.

지 않으면 안된다. 소인은 소리小利를 위해 민족상호의 싸움을 일삼으나 진보한 민족은 외적에 대해 내쟁內爭을 잊고 협력하여 이에 대항해야 할 것이다.[22]

그가 말하는 민족운동은 늘 민족혁명운동이었기에 이를 '유신維新'과 구별한 것은 의미심장하다. 갑신정변이 "낡은 정부를 개혁할 첫 정신"이긴 하지만 민족혁명의 본류는 갑오농민혁명에서 비롯된다는 인식은 가령 전자를 민족혁명의 기원으로 배치하는 박은식朴殷植 등의 논법[23]과 차별화되는 것이기 때문이다. 기독교도였고 유길준兪吉濬, 서재필에 공명했지만 도산은 단순한 개화파가 아니었다. 원불교 전신인 불법연구회佛法硏究會의 소태산 박중빈朴重彬과 도산의 만남(1936. 2)을 두고 백낙청은 "'개벽을 향해 열린 개화파'와 '개화를 수용한 개벽파'의 상징적 만남"[24]이라 평가한 바 있거니와 이는 과장이 아닐 것이다. 동학농민혁명과 청일전쟁이 접종한 1894년 전후 서당에서 도산과 동문수학한 동지적 선배 필대은畢大殷(1875~1902)이 동학당의 참모가 되기도 했다는 사실 또한 시사적이다. 필대은에 관한 기록은 많지 않고 불명확하지만 "안악安岳 출신의 한문 잘하고 중국 고전과 중국 당대 신서들을 많이 읽은 박식한 학도"였으며 "선각적 민족의식을 갖고 있던 청년으로 기록되어"[25] 있다. 신용하는 "백정 출신으

---

22 국회도서관 편 『韓國民族運動史料(中國篇)』, 1976, 601~02면. 김단야의 6·10만세운동 보고 연설에 대한 답사의 요지로, 조선총독부 경무국장이 외무차관에게 올린 보고서(1926. 8. 15)에 기록된 내용이다. 해당 연설회 개최소식은 『독립신문』(1926. 9. 3) 참조.

23 박은식 『한국독립운동지혈사』, 백암박은식선생전집편찬위원회 편 『백암박은식전집』 2권, 동방미디어 2002, 428면 참조.

24 백낙청 「3·1과 한반도식 나라만들기」, 『창작과비평』 2019년 여름호, 317면.

25 신용하, 앞의 책 18~19면. 저자의 이러한 판단은 주로 주요한 편저 『안도산전서』, 삼중당 1963에 의존한 것으로 보이는바 주요한의 해당 언급은 도산의 동지 이강(李剛)의 회고에 근거를 둔 것이다. 우리에게 필(畢)씨는 희성이지만 중국에서는 흔한 성씨다. 아마도 귀화 중국인의 후손이 아닐까 짐작된다.

로 후에 부자가 된 김종옥이 필대은의 정치활동을 끝까지 도운 것을 보면, 필대은은 동학의 평등주의와 인본주의에 공감했던 것으로 보인다"[26]고 썼는데 일리가 있다.[27] 도산이 개벽사상을 공유한 한반도 신종교에 두루 열려 있었다는 사실 — 오히려 기독교 관련 활동은 두드러지지 않은 편이다 — 은 대성학교 교장 시절 "그의 거실에는 단군의 초상화와 담배는 없지 못할 것이었다"[28]는 한 제자의 관찰을 통해서도 드러나는바, 평소 수양을 강조했던 도산이 "상해 모이명로慕爾鳴路에 단소團所(흥사단 상해지부 — 인용자)를 처음 냈을 제 도산은 아침마다 우리들과 더불어 정좌법靜坐法을 행하였다"는 주요한의 증언 또한 흥미롭다. "방석 위에 꿇어앉아서 아랫배에 힘을 주고 심호흡을 하면서 정신통일 즉, 무아無我의 경境에 들어가도록 힘쓰는 것"[29]은 성리학자들의 위좌법危坐法에 가까운 것으로 동학의 수심정기守心正氣 수련법에도 연결되기 때문이다.[30]

도산에게 당면 현실을 발판으로 한 자주와 자치, 자립의 강조는 평생에 걸쳐 일관된 것이었거니와[31] 그가 예의 소태산과의 만남에서 불법연구회

---

26   같은 책 19면, 각주 7 참조. 그러나 이강의 회고에 따르면 필대은은 본래 동학교도가 아니라 동학당에 납치되어 참모 노릇을 강제당한 것으로 되어 있다.

27   이와는 반대로 필대은이 동학당에 납치를 당해 별수 없이 협조했다는 이강의 증언도 있다. 박현환 편, 앞의 책 103면 참조.

28   일문하생, 앞의 글, 박현환 편, 앞의 책 235면.

29   주요한 「도산선생의 추억」, 박현환 편, 앞의 책 209면.

30   성리학과 동학의 정좌수련법에 대해서는 손병욱 「동학과 성리학의 수련법 비교: 수심정기와 경법(敬法)을 중심으로」, 『동학학보』 27호, 동학학회 2013 참조.

31   물론 이 일관성에 대해 따져볼 문제가 전혀 없는 것은 아니다. 이또오 히로부미가 이완용 내각에 회의를 느끼고 그를 대체할 목적으로 일진회, 서북학회, 대한협회 간의 이른바 삼파연합(1907)을 부추긴바, 일진회가 '합방선언'에 나서고 대한협회가 이를 반대하는 가운데 안창호가 포함된 서북학회는 중립적 자세를 취했다. 삼파연합은 끝내 결렬되지만 도산 측에서 삼파연합 청년내각을 중심으로 한 식민지하 내정자치 단계를 어느 정도 고려했다고도 해석할 수 있는 대목이다. 물론 이에 대해서는 좀더 치밀한 검증이 필요할 것이다. 도산이 통감부를 속이고 그 자금을 받아 중국으로 망명했다는 이른바 통감부자금설 논쟁(1956)이 뒤늦게 비화된 것도 같은 배경이거니와 이를 처음 제기한 사학자 황의돈(黃義敦, 1890~1964)은 「손병희傳」을 쓰면서 『동아일보』와 『신태양』지를 통해 주요한 등과 격렬한 논쟁을 벌이고

를 평가한 지점 또한 같은 맥락이었다. 국내외에서 이른바 이상촌운동을 펼치던 당시 "안창호가 꿈꾸었던 이상적인 농촌과 박중빈이 이루고자 한 공동체는 매우 유사한 점이" 있었다. "자립적인 생활을 하면서 동시에 종교적 교리를 탐구하는" 불법연구회의 소태산과 "무실역행務實力行을 통한 자립적인 경제를 꾸리게 하는 것을 이상적이라고 생각"한 도산은 "농촌에 대한 생각이나 활동 내용이 비슷하였"[32]던 것이다. 따지고 보면 재미 한인사회를 결속시켜 공립협회(후일 대한인국민회로 확대)를 조직하고 독립운동 자금을 조달한 도산은 일찍부터 탁월한 재정실무자로 자립에 기초한 물적 토대의 확충을 중요시했다. 3·1운동 직후 상해 임시정부에서 그는 자신의 독립운동 방침을 설하며 다음과 같이 강조할 만큼 실질에 민감했다. "임시정부가 한 일이 무엇이오? 동아시아(遠東)에 있는 이가 한 일이 무엇이오? 재정 모집과 시위운동을 계속 한 것이외다. 이것으로 외교와 전쟁과 모든 것이 될 것이오. 내가 며칠 후에는 피 흘리는 이에게 절하겠소마는 오늘은 돈 바치는 이에게 절하겠소."[33] 이러한 무실역행의 자립경제관이 어디서 어떻게 형성된 것인지를 탐색해볼 필요도 있다. 여기서 도산의 원두우학교(구세학당: 경신학교 전신) 관련 이력은 좋은 참고가 된다.

청일전쟁으로 평양성전투가 벌어지던 1894년 9월, 황해도로 피난을 떠났던 도산은 같은 해 10월 말 상경하여 스스로 "예수교 장로교 원두우(Underwood—인용자)학교"[34]에 입학한다. 이 학교는 미국 북장로회 선교사 언더우드가 1886년에 세운 것인데 도산은 만 2년 남짓 수학기간 중 1896년부터는 접장이 되어 급여를 받기도 했다. 1890년부터 언더우드는 중국에서 활약한 네비우스(John L. Nevius)의 선교정책을 수용하고 있었

도 정작 자신의 문집 『해원문고(海圓文稿)』(1961)를 펴낼 때는 해당 내용을 삭제했다.

32 김도형 「島山 安昌浩의 '佛法研究會' 방문과 그 성격」, 『원불교사상과 종교문화』 80호, 원광대학교 원불교사상연구원 2019. 6, 54면.

33 안창호 「독립운동 방침」(1919. 6. 25), 전집 6권, 79면.(이 책 95면)

34 「도산선생 심문기」(1932), 전집 11권, 130면.

다. "네비우스 제도의 근본사상은 자급의 요소"였다. "자생적인 교회는 어느 나라든지 기독교운동의 성공을 위해 궁극적으로 필요로 하는 것"인바, "한국은 네비우스 방법을 채택해왔고 적용해" "확실한 결과를 빠르게 나타냈다."[35] 물론 당시의 도산이 네비우스 선교정책에 대해 어느 정도의 이해를 지니고 있었는지를 명확히 입증하기는 어렵지만 급여를 받는 접장(조교) 역할을 했고 선교조직이 날로 성장세에 있었던 만큼 동향에 둔감할 수 없었을 것이다. 보다 정밀한 논의가 따라야겠지만 자치와 자급을 중심으로 하는 국내외 단체조직에 그것이 일정한 참조가 되었을 여지는 충분하다.

민족이 발 딛고 선 현실을 최우선의 지침으로 삼는 무실역행의 정신은 지금까지 본 것처럼 중도의 사상으로 통한다. 좌우와 동서의 대립을 가로지르는 중도의 자리에 서되 결국은 시세 편승의 기회주의로 떨어질 기계적 중립을 극복하자면 그 중도가 추구하는 변혁의 과제와 목표를 자기의 현실 가운데 정확히 설정해야 한다. 도산 당대의 변혁 과제가 민족해방과 독립국가 건설이었음은 두말할 나위 없거니와 그 실현을 위한 중도란 당연히 민족역량의 최대결집을 가능하게 하는 자리일 수밖에 없다. 다시 이 절의 맨 앞에서 인용한 「우리 혁명운동과 임시정부 문제」라는 연설로 돌아가 "오늘날 우리의 경제적 곤란이 심하다고 단순한 경제혁명으로만 할 수는 없으되 우리 민족을 압박하는 일본에 대항하며 나아가자는 민족적 현상을 절규함에는 자기의 주의가 무엇이든지 같은 소리로 나아갈 수" 있다는 대목에 주목하면 그러한 발상이 좀더 구체적으로 다가온다. 다음 대목이 핵심적이다.

첫째는 모이는 범위를 넓히자는 생각으로 힘써야 할 것입니다. (…) 조화

---

35 해리 로즈 『미국 북장로교 한국 선교회사(1884~1934)』, 최재건 역, 연세대학교 출판부 2009, 93~96면 참조.

책을 연구하는 사람이 있다 하면 그도 혁명운동에 소용이 있다고 하겠습니다. 혁명운동이란 그저 들고 나와서 부수는 것이지 조화는 해서 무엇을 하겠느냐, 하지마는 조화하는 자가 없으면 일을 합하여 진행할 수가 없습니다. 그렇다고 모두 조화만 주장하자는 것이 아닙니다. 소용없는 것 같지만 역시 소용이 있다는 것이외다.

또는 우리 사람은 혁명당을 조직하는 데 성현당을 조직하려 합니다. 누가 조금만 잘되는 것을 보면 목을 벨 놈이라고 합니다. 결백한 자가 아니고는 참가할 수 없으면 그것은 성현당일 것이외다. (…) 이와 같이 군중의 수준은 하나같지 않습니다. 한 길 되는 이도 있고 한 자 되는 이도 있고 최저로 한 치 되는 이도 있습니다. 그뿐 아니라 각 사람은 각각 가진 만큼 수준이 다릅니다. (…) 지금 내가 말한 대로 민족혁명, 이것은 곧 이민족의 압박적 현상을 파괴하고 본 민족의 자유적 현상을 건설하자는 철저한 각오하에서 일어난 것이므로 정치적 혁명이나 경제혁명이나 종교혁명 같은 부분적 성질에 있지 않고 우리 민족으로는 누구나 다 같이 어떤 혁명분자나 다 같이 힘 쓸 결심을 해야 할 것이외다.[36]

서로의 부분적 차이나 결함에 집착하기 말고 민족혁명이라는 대의를 기준으로 최대치의 통합에 집중하자는 이러한 노선을 변혁적 중도주의의 앞선 형태라 할 수 있다면[37] 도산이 1927년을 전후해 제기했던 대공주의大公主義의 핵심 또한 변혁적 중도주의에 근사한 무엇이 아닐 수 없다.

---

36 안창호 「대혁명당을 조직하자. 임시정부를 유지(3)」, 『신한민보』 1926. 10. 28. (이 책 248~51면)

37 이는 백낙청의 용어이다. 『어디가 중도며 어째서 변혁인가』, 창비 2009. 특히 「변혁적 중도주의와 소태산의 개벽사상」 중 317~24면 참조.

대공주의와 변혁적 중도주의

사실 대공주의는 논란 많은 개념이다. 1927년경부터 주장했다고 알려져 있지만 우선은 도산 자신이 체계적인 설명을 내놓은 바 없다. 독립운동 또는 민족혁명운동에 있어 특정한 이념이나 사상의 선차성에 유보적이었던 그가 하필이면 민족대당운동 시기에 접어들어 통합을 저해할 수도 있는 또 하나의 분파를 앞세우려 하지는 않았을 것이다. 동지들의 증언이나 기록을 제외하면 도산이 대공주의를 직접 언급한 문헌으로는 그가 미국 흥사단의 홍언洪焉에게 보낸 편지가 유일한 듯하다.

혁명이론의 기본원칙에 있어서는, 하나는 우리는 피압박 민족인 동시에 피압박 계급이므로 민족적 해방과 계급적 해방을 아울러 얻기 위하여 싸우자, 싸움의 대상은 오직 일본 제국주의임을 인식해야 할 것, 둘은 우리의 일체 압박을 해방하기 위하여 싸우는 수단은 대중의 소극적 반항운동과 특별한 조직으로, 적극적 폭력·파괴를 중심으로 선전조직 훈련 등을 실행하며 실제 투쟁을 간단없이 할 것, 셋은 일본제국주의의 압박에서 해방된 뒤에 신국가를 건설함에는 경제와 정치와 교육을 아울러 평등하게 하는 기본원칙으로써 민주주의 국가를 실현시킬 것, 넷은 일보를 더 나아가 전세계 인류에 대공주의를 실현할 것.[38]

요컨대 대중의 일상적 저항과 전위대의 간단없는 유격전, 선전 조직 등을 통해 민족해방과 계급해방을 동시에 추구하고 그 기반 아래 평등한 민주주의 국가를 실현함으로써 세계 공영에 이바지한다는 것이다. 이는 상해 임시정부의 내무총장 취임 당시 도산이 내놓았던 1919년의 구상과도

---

[38] 안창호 「홍언동지 회람」(1931. 11. 6), 전집 8권, 636~37면. 본서의 「민족적 해방과 계급적 해방을 아우르는 통일당: 홍언(洪焉) 동지에게 보내는 편지」(이 책 262면).

골자를 같이한다.

우리가 우리 주권만 찾는 것이 아니라, 한반도 위에 모범적 공화국을 세워 이천만으로 하여금 천연의 복락을 누리려 함이오. (…) 그뿐만 아니라 더욱 세계의 항구적 평화를 돕고자 함이오. 우리가 신공화국을 건설하는 날이 동양 평화가 견고하여지는 날이오. 동양 평화가 있어야 세계 평화가 있겠소.[39]

우리의 주권 회복과 모범적 공화국 건설이 민족적 요구에 따른 당위일 뿐 아니라 미·중·일·러가 교차하는 한반도를 세력균형의 완충지대로 만듦으로써 '동양평화'의 초석을 놓고 세계평화를 바룬다는 발상[40]은 만주사변(1931) 직후 작성된 앞의 서한에까지 유지된 것이다. 1931년 시점에서 차이가 있다면 좌우합작과 '평등' 그리고 중국과의 연대를 강조한다는 점 등이다. 1차 국공합작의 붕괴와 코민테른 12월테제(1928)의 원심력이 작용함으로써 국내운동의 좌우분열이 가속화되던 당시를 십분 의식한 도산의 대공주의는 따라서 일차적으로는 통일전선적 의미를 지닌 것이지만, 통일전선론이 어디까지나 좌파헤게모니에 의한 중도우파 통합을 뜻하는 한 그

---

39 안창호 「내무 총장에 취임하면서」(1919. 6. 28), 주요한 편저, 앞의 책 627~28면.

40 "우리가 신공화국을 건설하는 날이 동양 평화가 견고하여지는 날"이라는 도산의 인식에 대해 신채호 또한 유사한 발언을 후일 내놓은 바 있다. 단재는 말한다. "금일 동양의 평화를 말하려면 가장 좋은 방법은 조선의 독립만 한 것이 없다. 조선이 독립하면 일본은 방자하게 탐욕스러운 데 이르지 않게 되고 사방을 경영하여 그 힘을 모아 바다와 섬을 보호하게 된다. 러시아의 과격파 또한 약소민족을 돕는다는 평계를 대지 않고 날개를 접어 치타(러시아 남동부의 지역 ― 인용자) 북쪽에 잦아들어 있을 것이다. 중국 역시 한가히 수습하여 수년의 혁명으로 어지러운 국면을 정돈할 수 있을 것이다. 이것은 진실로 동양평화의 요의이다." 신채호 「조선독립과 동양평화」, 최광식 역, 『단재신채호전집』 5권, 독립기념관 한국독립운동사연구소 2008. 원문과 번역문은 독립기념관 홈페이지 한국독립운동정보시스템에서 제공하고 있다. 이 글은 원래 단재가 주도한 잡지 『천고(天鼓)』 창간호(1921. 1)에 한문으로 처음 실린 것이다.

것이 대공주의 그 자체일 수는 없다. '대공'의 핵심은 소아小我끼리의 타협이 아니라 소아의 극복에 있다. 따라서 대공주의는 각각의 소아에 해당하는 좌와 우 또는 그 타협형인 좌우합작 등의 갈래를 대공 안에서 해소하는 상위인지적 차원이라고 보아야 합리적이다. 대공주의를 변혁적 중도주의의 선취로 해석하는 것이 적합한 까닭 또한 여기에 있다. 그 또한 특정 이념이나 이론적 당파의 선차성이 아니라 과제의 공통성에 근거한 상위담론이기 때문이다. 변혁적 중도주의에 대한 백낙청의 다음 설명은 대공주의를 이해하는 좋은 참조가 될 것이다. "제가 보기에 비현실적인 이러저러한 급진노선들, 또다른 한편으로는 변혁의 전망을 배제한 순응주의적 개혁세력, 이 모두를 비판하고 변혁이냐 개혁이냐 하는 식으로 딱 갈라서 보는 이분법을 타파함으로써 시대적 요구에 부응할 다수의 결집을 가능케 해주는 유일한 노선이 변혁적 중도주의입니다."[41]

이렇게 볼 때 도산이 말하는 독립의 쟁취와 한반도 신공화국의 건설은 단지 동양평화, 세계평화로 이어지는 단계론의 첫 단추에 머물지 않는다. 이 세가지 과제는 그 성패가 유기적으로 연결된 하나의 혁명적 과제인 것이다. 그러므로 독립이면 다 독립이고 당장의 분쟁만 없으면 다 동양평화인 게 아니라 동양평화의 구조적 지속에 이바지할 수 있는 독립국가의 건설, 세계평화의 중심이 되는 동양평화여야 그 참뜻에 부합하게 된다. 그 과정이 어느 한날 단숨에 이루어지는 구체제의 전복 같은 좁은 의미의 혁명일 수 없음은 자명하다. 도산의 첫 독자활동은 최초의 남녀공학 초등교육기관인 점진학교漸進學校의 설립(1899)이었고 말년의 그가 내다본 세계는 사회주의국가, 그중에서도 "페이비언이 지향하는 그런 사회주의국가"[42]라고 전해져 있다. "파국론자들의 비아냥 속에서 바리케이드에 등을 돌리고 영웅적인 패배보다는 지루한 성공(즉 오랜 시간이 걸리는)을 택하기로 마

---

41   백낙청, 앞의 책 322면.
42   길영희·신연철 대담 『기러기』, 1987년 6월호, 140~41면 중 길영희의 회고.

음먹은"[43] 페이비언(Fabian) 사회주의에 대해 실제로 도산이 어느 정도 공명했는지를 측정할 다른 전거들은 없으나 그의 강조점은 아마도 페이비언 사회주의의 이념 자체라기보다 활동기간 내내 일관했던 점진주의에 있었을 것이다. "그때 우리 모두 어떻게 해야 하나, 독립을 해야 하는데 무슨 방법으로 독립을 해야 하나, 이것이 누구에게나 제일 고민이었는데, 도산 선생의 말은 힘을 기르는 수밖에는 없다. 먼저 교육을 통해서 우리가 지식을 닦아야 하고 그 다음엔 사업에 힘을 써서 경제력을 양성해야 하고⋯ 더딘 것 같지만 이 밖에 어떻게 다른 수가 있겠느냐는 것이야."[44] 도산이 혁명을 괄호 친 실력양성론이나 자력양성을 건너뛴 혁명주의에 비판적이었다는 사실은 더 부연할 필요가 없거니와 그는 자기 시대의 변화하는 역사와 현실, 유동하는 정세 가운데 치열하게 사유하고 실천하며 변혁적 중도의 길을 일관되게 걸었던 점진혁명론자였던 것이다.

그런 점에서 최근에 올수록 확대되고 있는 '한국혁명의 영수'로서 도산을 기리는 논의[45]에 대해서도 새로운 검토가 요청된다. 그러한 논의들은 민족주의 독립운동가나 인격주의 교육사상가에 그치지 않는 도산의 혁명가적 위상을 강조하지만 정작 그가 말한 혁명의 성격을 충분히 규명하지 않음으로써 그의 논리를 사민주의의 한 계열로 해석하거나 재래의 낭만적 혁명가 이미지에 수렴시키는 또 다른 편향을 범한다. 이는 그가 사회주의 사상의 문제의식에는 수용적이었다는 점, 대공주의의 체계가 경제, 정치, 교육의 평등이라는 기반 위에 서 있다는 점, 말년의 페이비언사회주의에 관한 발언 등에서 보듯 당사자의 직접적 관심 표명이 있었던 데에 주로 근

---

43 버나드 쇼「1908년판 서문」,『페이비언 사회주의』, 고세훈 역, 아카넷, 2006, 75면. 최원식「동아시아문학 공동의 집」,『대산문화』2018년 겨울호, 각주 4에서 재인용.

44 길영희·신연철, 앞의 대담, 같은 면.

45 앞서 인용한 장석흥, 이태복, 신용하의 저서를 비롯해 이명화『도산 안창호의 독립운동과 통일노선』, 경인문화사 2002와 김삼웅『투사와 신사 안창호 평전』, 현암사 2013 등이 여기에 해당한다.

거한다. 그러나 민족혁명의 역사나 자본주의, 제국주의에 대한 이해에 있어 누구보다 조선적 컨텍스트를 중시했던 도산을 서구의 난숙한 자본주의 사회를 토대로 산출된 사민주의에 재기입하는 것은 그 자체가 서구주의적 편향일 뿐 아니라 '대공'의 상위인지적 차원을 누락하고 그것과 서구 사민주의를 등식화하는 순환 오류에 지나지 않는다. 예의 혁명의 성격에 관한 구체적 해명에 소홀한 채 그를 혁명투사로 낭만화하는 후자는 말할 것도 없다. 도산이 국제정세 변동의 큼직한 계기마다 보여주었던 정확하고 냉정한 통찰들, 가령 1차대전 종전 직후 지식사회의 막연한 기대와 달리 윌슨(T. W. Wilson)의 민족자결주의에 별로 기대를 걸지 않았다든가,[46] 만주사변이 오히려 일본제국주의 붕괴의 신호탄이 될 것을 날카롭게 투시했던 사실[47]만으로도 그것은 충분히 불식될 수 있을 것이다.

도산 혁명사상의 참된 이해를 위해서는 무엇보다 그가 제시한 과제들이 아직 완성되지 않은 현재진행형이라는 인식이 중요하다. 그가 말한 독립국가 건설이 그렇고 동양평화와 세계평화가 그렇다. "한반도 근대의 나라

46　"우리가 윌슨 대통령에게 교섭한들 미국이 박애의 덕으로 아무 다른 이유가 없이 오직 대한의 독립을 위하여 미일전쟁을 일으키겠습니까? (⋯) 혹은 생각하기를 미국이 우리만 위함이 아니고 동양의 이권상 관계로 불가불 싸움이 되리라 예상할 수 있습니다. 나도 생각하기를 미국과 일본 사이에 한번 큰 충돌을 면치 못하리라 하지마는 (⋯) 미국이 여간 불만족한 관계가 있더라도 유럽에 보내었던 대군을 곧 돌리어 제3국과 싸울 뜻이 없을 터이요, 또한 일본은 미국으로 하여금 충돌되는 데까지 이를 만한 불만족한 일은 피하기를 꾀할지니 이 평화 끝에 곧 미일전쟁이 생기겠다고 예측할 바 아닙니다." 안창호 「전쟁 종결과 우리의 할 일」(1918. 10, 이 책 79면).

47　"지금 구미 각국이 전대미문의 경제공황과 정치적 불안에 처하여 있어서 극동을 돌볼 겨를이 크게 없다. 일본인들은 이 기회를 타서 그들의 침략정책을 실행하고 있지만 여러 열강들은 자신들의 이익 때문에 일본인들이 극동을 독점하여 국제의 균등한 세력을 파괴하는 것을 앉아서 보고만 있지 않을 것이다. 일본제국주의 내부를 살펴보면 정치적으로나 경제적으로 파멸되고 붕괴할 조짐이 날로 현저해지고 있다." 안창호 「警告中國同胞書」(1932), 전집 1권, 218면. 이 글은 중국의 항일투사들을 수신인으로 하는 한문서한이지만 피체 또는 기타 상황으로 인해 발송되지는 못한 것으로 보인다. 발신 명의는 도산이지만 필체는 도산의 것이 아닌 듯하다. 인용문의 번역은 독립기념관 한국독립운동사정보시스템에서 제공한 것이다.

만들기는 단계적으로 진행되어왔고 아직도 미완의 과제로 남아 있다. 단계적 건국이 세계사에 유례가 없는 건 결코 아니다. 하지만 근대 한반도 특유의 역사로 인해 유난히 긴 세월에 걸쳐 유난히 복잡한 경로를 밟게 되었고, 국민국가의 형색을 상당 부분 갖춘 두개의 정부가 남과 북에 자리 잡았지만 3·1이 요구한 의미의 '대한독립' '조선독립'에는 여전히 도달하지 못하고 있다."[48] 여기서 "3·1"을 도산으로 바꿔보면 이해가 쉬워진다. 이렇게 볼 때 도산의 사유를 따라 동양평화의 구조적 지속에 이바지할 수 있는 독립국가, 세계평화의 중심이 되는 동양평화를 실현하려면 현재로선 한반도 분단체제의 극복이 당면과제로 되거니와 분단체제를 보다 상위에서 규정하고 있는 자본주의 세계체제와의 상호작용에 대한 입체적 인식은 피할 수 없는 선결 과제가 된다. 이 지점에서 도산의 발언을 다시 새겨볼 필요가 있을 것이다. "우리가 신공화국을 건설하는 날이 동양 평화가 견고하여지는 날이오. 동양 평화가 있어야 세계 평화가 있겠소." 2차대전의 마지막 고비에서 연합국 승전의 당당한 일원이 될 기회를 갖지 못함으로써 결정적으로 예의 '신공화국'의 건설은 기약 없이 지연되었고 전쟁과 분단을 거쳐 오늘에 이르게 되었다. 도산이 말한 점진혁명으로서의 민족혁명은 갑오농민혁명으로부터 촛불혁명의 오늘에 이르기까지 지속되는 현재진행형인 것이다.

도산 상像의 복원

  도산 사상의 정수를 살아 있는 현재로 이월시키는 일차적 과제는 당연히 흩어진 자료의 온전한 수습이며 그다음으로는 적절한 원전비평에 기초

---

48   백낙청, 앞의 글(주석 37) 307면.

한 핵심텍스트의 선별과 정돈일 것이다. 다행히 도산안창호선생기념사업회의 값진 노력에 힘입어 원문 영인 중심의 『전집』이 공간되었으므로 첫번째 과제는 완료가 된 셈이다. 『전집』이 발간되기 전까지 사실상 전·선집 역할을 동시에 수행했던 『안도산전서』(주요한 편저)의 의의나 역할은 작지 않았다. 흥사단의 노고에 힘입어 증보를 거듭하면서 중요한 자료들이 추가되었고 많은 독자, 연구자들에게 든든한 이정표가 되어준 것도 사실이다. 그러나 증보를 거치며 오히려 원문 판독의 오류나 오기가 늘어나고 문헌의 출처 또한 여전히 불분명한 경우가 더러 있어 원전비평 문제와 관련해서는 남은 과제들이 적지 않다.

앞에서 언급한 바와 같이 서한과 일기를 제외하면 도산은 직접 글을 쓴 일이 거의 없는 웅변가, 연설가였다. 그의 말과 생각은 대개 신문·잡지 기자나 연설회 주최 측의 서기, 그도 아니면 요시찰 인물의 활동을 감시하는 일제관료의 보고서에 의해 남겨졌다. 도산의 연설 관련 문헌들 대다수가 연설 요지, 대지大旨라는 이름으로 전해지는 이유이다. 따라서 기록자나 수록매체에 따라 문체와 기록의 초점이 달라지게 마련이므로 어떤 의미에서는 원전 자체가 불안정하다고도 할 수 있다. 가령 청년 도산을 일약 명사로 만들어준 독립협회 시절 평양 쾌재정 연설[49]은 증언자들의 구전을 통해 내용의 핵심이 전해지긴 했지만 당시의 기록은 남아 있지 않다. 1926년 7월 8일 상해 삼일당에서 '우리 혁명운동과 임시정부 문제'를 주제로 행해진 연설은 그 전반부의 일단이 기록자 미상으로 『독립신문』1926년 9월 3일자에 게재(「오늘의 우리 혁명」)되었다. 해당 연설의 전모는 같은 해 10월부터 11월 초에 걸쳐 『신한민보』에 4회 분재되었으며 제목은 「대혁명당을 조직하자: 임시정부를 유지」였고 기록자는 당시 임시의정원 의원이기도 했던 곽헌郭憲(1891~1950, 본명 중규重奎)으로 표기되어 있다. 『독립신문』

---

49 쾌재정 연설의 배경과 내용에 대해서는 이강의 증언이 또렷하다. 박현환 편, 앞의 책 107~08면 참조.

에 실린 연설의 전반부와 『신한민보』에 게재된 해당 내용을 대조하는 것만으로도 기록자나 수록매체에 따른 문체·내용상의 차이가 적지 않다는 사실이 금세 드러나거니와 이 밖에도 1910년 이전의 국한문체 기록과 그 이후의 비교적 이완된 국한문체 및 한글체 간의 차이 그리고 검열이 엄격했던 국내매체 수록문헌과 검열에서 상대적으로 자유로운 해외발간 매체 수록문헌 사이의 표현·용어 선택의 차이 등도 고려될 필요가 있다. 기록된 최초의 문헌을 기준으로 삼으면서도 번역·교주 작업과 함께 이 책에서 최소한의 윤문을 가할 수밖에 없었던 이유이기도 하다. 순수한 원전의 정리 작업과 오늘날의 독서대중이 접근하기 용이한 교주본 가운데 적절한 중간 길을 모색하면서 「어제의 망국인은 오늘부터 나라를 회복할 자」(1911) 「국민회는 무형의 정부」(1916) 「과거 민족운동의 반성과 인권존중」(1925) 「죽는 날까지 희망을 가지고 일합시다」(1925) 같은 사상사적 의의가 적지 않은 문헌들을 처음으로 공간하고 삼선평 연설, 서북학생친목회 연설, 『을지문덕』서문, 홍언에게 보내는 편지 등 국한문체 문헌을 현대어로 번역하여, 도산의 활동 이력에 따라 배치함으로써 도산 사상의 전체적인 윤곽과 전개 과정을 시계열적으로 파악할 수 있게 한 데에 이 책의 목표가 있다고 할 것이다.

한평생 '일을 위한 합동'을 주창했던 이 평민출신 사상가의 호는 알다시피 도산이다. 우리말로 풀어 '섬뫼'라는 필명을 쓰기도 했거니와 그 유래는 첫 도미 여정에서 하와이섬을 보고 "어떤 대양大洋의 선구자나 만난 듯"[50] 감격했기 때문이라고 스스로 밝힌 바 있다. 그러나 이 이름은 대동강의 도롱섬이라는 자신의 가난한 출신지 그러니까 평민적 기원을 잊지 않겠다는 자긍도 포함하고 있을 것이다. 그런 점에서 그와 동시대를 살았던 많은 이들이 '도산'의 유래를 도롱섬에서 찾고 있는 것은 단순한 우연이

---

50 안창호 「太平洋上의 一小島」, 『朝光』 1937년 8월호.

아니며 따라서 도산의 삶과 사상을 만나는 일은 가장 낮은 곳에서 솟아오른 가장 원대한 이상과 마주하는 경험이기도 하다.

안창호

안창호(1878~1938) 초상

1장
독립전쟁의 길
을사조약 이후 1차대전 종전까지

절망을 이기고 선전포고를 준비하자 〔국한문 번역〕

―삼선평 연설(1907. 5. 12)[1]

오늘 이 삼선평三仙坪[2]에서 서북 학생들이 친목을 다지는 뜻으로 이렇듯 모임을 갖고 활발한 기상과 유쾌한 기량으로 각종 운동경기에서 승부를 다투며 종일 즐거워하니 청춘의 아름다운 한때를 만끽했다 할 만하지만 그렇다고 한 사람 한 사람의 가슴속에 못마땅한 마음이 없을 수 없는 것은 어찌하겠습니까? 다름 아닌 오늘날 시국의 참담함과 닥쳐오는 위기 때문입니다. 남의 노예가 되거나 혹은 나라가 망하고 겨레가 사라질 위험이 임박했으니 혈기 있는 자 누구라서 부끄럽고 원통하지 않겠습니까. 그러한 일이 벌어지는 때에 여러분은 벼슬길에 나서는 데나 급급하여 첫째가

---

1 『서우(西友)』 제7호, 1907. 6. 1. 유학차 1902년 9월 1차 도미했던 도산이 을사늑약 소식을 접하고 1907년 2월 귀국, 비밀결사인 신민회 국내 조직 활동을 시작하던 시기의 연설이다.

2 조선 후기 군사 훈련장이었던 서울 성북구 삼선동과 동소문동 일대의 들판. 갑오개혁 이후 각종 운동회 장소로 활용.

는 망국의 도적들인 대감大監이나 둘째가는 망국의 도적들인 영감令監, 셋째가는 망국의 도적들인 나리가 되고자 합니까. 이를 용납할 수 있습니까? 우리 서북3도(평안도, 함경도, 황해도)와 백두산, 구월산九月山에서 신령스러움을 기르고 나온 종족이 어찌 이 같은 과구科臼(함정) 가운데 떨어지겠습니까.

오직 가슴에 품은 마음과 머릿속 생각을 깨끗이 씻어내 지금부터 우리 나라를 침략하려는 강대국과 전쟁을 벌임으로써 국권을 되찾아야 할 것이니, 여러분은 나의 전쟁하자는 주장을 듣고 당장에 병력이 약하고 군함과 대포 등이 두루 부족한데 무엇으로 전쟁을 벌일까 분명 의아할 테지만, 러일전쟁(1904~1905)을 보십시오. 선전포고는 비록 2~3년 전이나 그 준비는 38년 전(명치유신을 가리킴)부터였습니다. 그것은 무엇을 말함입니까. 38년 전에는 일본도 야만의 미개한 나라로 요행히 그때 두세 학생이 미국에 유학하여 학업을 이루고 지식이 점차 발달하므로 멀리서 동양의 형세를 바라보매 만약 러시아를 격퇴하지 못하면 나라를 지키기가 어려울 것인즉, 그러한 까닭에 개전 준비 38년을 거쳐 결국 저와 같이 승리를 얻었으니 여러분은 이 일을 거울삼아 오늘부터 맹세로써 전쟁을 준비하십시오.

요즘 우리나라 사람들은 입만 열면 무슨 일을 해보려고 해도 길이 없다고들 말합니다. 이는 절망하는 병이 뇌수에 박혀 그런 것이니 어찌 애통하지 않겠습니까. 천하의 모든 일은 남다른 원인이 있은 뒤에야 남다른 결과가 생기므로 과거와 현재를 두루 살펴보십시오. 인생이든 일이든 노력 없이 얻을 수 있는 것은 없거니와 그것을 위해 있는 힘을 다했는데도 이루지 못한 사람 또한 아직 없으니, 어쩔 수 없다는 한마디 말로 앉아서 멸망을 기다리기만 하겠습니까. 우리 한국의 사회 수준은 비유컨대 어미 닭이 병아리를 이끌고 울타리 근처에서 노는 모습이나 다를 바 없습니다. 마침내 어미 닭이 그 울타리를 뛰어넘으면 병아리 떼는 울며불며 울타리 주위에서 어디로 갈지 갈피를 잡지 못하게 되는데 이는 힘을 키우지 못하고 지혜로써 환경의 변화를 파악하지 못하기 때문입니다. 만약 그 힘과 지혜가 완전했다면 울타리를 뛰어넘지 못할 까닭이 없고 또 울타리 주변에 구멍이라도 있으면 이를 통해 어미 닭 있는 곳을 찾을 수도 있을 터이나 구멍을 비집고 나갈 줄을 몰라 끝내 울타리 근처에서 방황하니 어찌 가엾지 않겠습니까!

또한 지극한 정성이 미치면 누구나 이루지 못할 일이 없습니다. 내가 고향에 살 때 이웃에 굿하는 노인이 있었는데 항상 다릿병을 앓아 그 근처 냇물 위 다리에만 오르면 두려워 감히 건너지 못했습니다. 그런데 하루는 그 아들이 물에 빠졌다는 소릴 듣고 평소 겁나서 못 건너던 다리를 부지불식간에 용감히 건너 아들을 건져내었으니, 이는 아들을 사랑하는 마음이 절실하여 자신의 위태로움을 돌보지 않은 까닭입니다. 그러므로 우리 한국의 인민들이 나라 사랑하기를 아들 사랑하듯 한다면 어찌 망설이고 물러설 생각이 감히 싹트겠습니까. 우리나라는 수천년 이래 나라와 백성 사이에 서로 칸막이를 쳐서 백성들이 나라를 바라봄에 있어서는 내가 아닌 다른 한 개인의 소유로만 알고 전대의 왕조시대에는 왕씨의 나라, 이번 왕조 들어서는 이씨의 나라라 함으로써 그 흥망이 자신과 무관하다 여기는데, 나라는 백성 대하기를 생선살 보듯 해 큰 고기가 중간 고기를 먹고 중간 고기가 작은 고기를 먹으니 착취하고 빼앗는 것을 할 수 있는 유일한 일로 삼아, 하물며 천지가 이리저리 뒤집히는 변화의 시기가 닥쳐와도 잠시도 돌아보지 않다가 노예문서를 받아드는 데 이르렀으되 지난날처럼 나라의 녹을 축내며 하는 일 없이 단지 남의 사정이 긴박함만 보고 자기의 편안함과 근심을 살피니 사람의 본성에 맞는 편안한 모습이 어찌 이와 같을 수 있습니까.

그러므로 국가는 한 사람의 소유가 아니고 우리 모두의 어깨 위에 '대한'이라는 두 글자를 각기 짊어진 것이므로 전처럼 생각하는 데 머물러서는 안 됩니다. 뒤집힌 둥지 아래에는 본래 온전한 알이 없고 하나가 상하면 모두가 고통 받습니다. 국가는 곧 한 몸입니다. 한 몸의 오장육부와 팔다리에 병이 생겨 맥이 끊기면 전체가 따라 죽게 마련이므로 한 나라 가운데 맥 끊긴 데가 있으면 국민 된 자 자신의 생명은 어찌 온전할 길이 있겠습니까. 나라 사랑은 당연히 자신을 사랑하는 것이 아닙니까. 요즘 우리 사회에 떠도는 말이 하나 있어 우리가 하늘을 믿으면 하늘은 반드시 그를 돕는다고들 합니다. 하지만 하늘이 우리나라를 보살피신 지 4천여년에 우리가 지킬 능력이 없어 멸망을 자초하고 어떻게 하늘의 도움을 바라겠습니까. 유대인은 하느님을 믿다가 망하고 인도인은 부처님을 믿다가 망했습니다. 지금 우리 한국인은 어떤 것을 믿습니까. 다수의 힘없는 사람들은 말하되 계룡산에 진인眞人[3]이 나타나면 외세가 스스로 물러나리라 하며 그보다 더 못난 자들은 말하기를 일본에 착하게 굴면 우리나라가 행복을 향유하리라 하며 누군가는 영국이나 미국이 우리 한국을 도와줄까 희망하니 이 모두가 믿지 못할 온갖 것을 믿는 것입니다. 계룡산의 진인도 결코 있을 수 없는 것이고 일본 사람들 또한 자기 나라 일을 위할 뿐 어찌 다른 나라 사람들을 자비할 생각이 있겠습니까. 영국과 미국은 더욱이 아주 먼 나라들이라 우리 한국의 독립이 그들에게 이익이 된다면 혹 도움을 주려니와 만약 이익 될 일이 없으면 그러한 생각조차 하지 않을 것입니다. 오히려 압도적 위력을 가해올지 모르니 도움을 구할 생각은커녕 믿어서도 안 될, 실로 두려운 존재가 되었습니다. 이러한 터무니없고 썩어빠진 소리들일랑 일절 걷어치우고 다만 우리가 마땅히 해야 할 일에 용감히 나아가 그 목적을 이루어야 합니다. 중국 고대에 역발산기개세力拔山氣蓋世하던 초패왕楚霸王도 절망병 때문에 오강烏江에서 스스로 목숨을 끊었습니다.[4] 이는 스스로 망한 것이니 어찌 하늘이 그를 버린 것이라 하겠습니까. 우리나라에도

---

3   『정감록』 등 민간에 떠도는 비기의 구세주.
4   초나라 항우(초패왕은 스스로 붙인 이름)가 한나라 유방에게 패해 자결한 고사를 소개한 대목이다.

얼마 전의 신조약(1905년 을사늑약을 가리킴) 후에 절개 있는 선비들이 울분으로 목숨을 끊는 경우가 있었고, 그 역시 절망병에 기인한 것입니다. 그러나 이처럼 죽을 결심으로 온 힘을 다한다면 천하에 어떤 일을 못하겠습니까. 오직 여러분께 바라는 것은 이런 일들을 염두에 두지 말고 우리 과업의 목적을 이루기 위해 용감히 나아가라는 것입니다. 수많은 방법이 그 이야기에서 말미암으나 해가 저물고 시간이 다해 얘기를 마치게 되니 오히려 마음이 답답합니다. 다만 오늘부터 함께 맹세하고 굳게 약속하여 앞으로 외세와의 전쟁을 준비하고 언젠가 먼저 선전포고함으로써 태극기를 세계에 휘날려봅시다. [한북漢北(함경도) 학생 김성렬金聖烈 기록]

도덕과 지식이라는 두 날개 〔국한문 번역〕
— 서북학생친목회 연설(1907. 12. 8.) [5]

나는 서북학생 모임에 모두 세번 참여했소. 서북3도의 총명하고 준수한 청년들이 집과 고향을 떠나 멀리 서울에 찾아오며 뜻한 바가 무엇이오? 학생이라는 이름을 짊어진 모든 이는 사람 되는 길을 배워 얻고자 함이 아니오? 사람이란 지구상의 모든 것 가운데 최령자最靈者 [6]인 까닭에 일체의 동식물이 인류에게 필요한 이상 아무리 호랑이처럼 강한 것이라도 포획해 그 살을 먹고 가죽으로 옷을 해 입으니 이는 인간종족이 우월해 이기고 짐승이 열등해 패한 것입니다.

오늘날 세계 인류의 형세를 보건대 인간과 인간 사이에도 우승열패와 약육강식이 통례가 되어 영국 같은 나라가 인도를 차지하고 프랑스가 베트남을 집어삼키며 러시아가 폴란드를 멸망시킴이 그렇습니다. 그렇다면

---

5   『대한매일신보』, 1907년 12월 13, 14, 18일에 세차례 나눠서 게재되었다.
6   인간이 만물 중에 가장 신령한 존재임을 뜻하는 유교와 동학의 개념.

지금 시대는 인류가 서로 먹고 먹히는 때이니 어찌 놀라고 두려워하지 않을 수 있겠소. 당장 우리 대한동포들에게 너희는 인간이 아니라고 말한다면 모두가 발끈하여 크게 노하겠지만 그 사람됨의 맡은 바 본분을 질책한다면 입을 열지 못할 사람이 많을 테니 더욱 한심하지 않을 수 없습니다.

학생 여러분, 진실한 마음과 각고의 공부로 간절히 바란다고 해서 사람이 되는 것이 아닙니다. 그 핵심으로 말하자면 첫째가 도덕이요, 둘째가 지식입니다. 그렇더라도 덕육德育이라 하고 지육智育이라 하는 데 대한 논의가 개론마다 다르고 명덕明德과 박식博識이라 일컫는 것 역시 다양한 설이 있으니 이 안창호의 말은 더 들을 필요 없다 할지 모르지만 그게 그렇지가 않소. 금과 물(水)을 갖고 귀천을 따지자면 모든 사람이 금을 귀히 여기고 물을 천하게 여기는 까닭이 무엇이오? 금은 희소한 물질이요 물은 흔한 물질이기 때문입니다. 그러나 나는 물이 귀하고 금이 천하다 말합니다. 무엇 때문이겠소? 금의 쓸모는 장식품에 지나지 않지만 물은 우리가 살아가는 데 있어 몸에 꼭 필요한 것이니 물은 귀하고 금은 천하다 하는 것입니다.(1회)

도덕과 지식은 흔히들 하는 얘기라 대수롭지 않게 여겨지곤 하지만 말이든 행동이든 잠시라도 그것을 떠나면 사람이 될 수 없음이니 여러분은 잠깐만이라도 들어주시기 바랍니다. 도덕이란 하느님(上天)이 내려주신 것을 받듦으로써 몸과 마음에 존재하는 것이니 사물로 나아가매 하늘을 따라 그것들을 차별 없이 아끼고(體天同仁) 남 또한 자신처럼 사랑함으로써 인류사회를 서로 살리고 길러내는(相生相養) 요소입니다. 사람이 만약 절해고도絶海孤島에 홀로 산다면 도덕이 모자라도 살아남을 수 있지만 보통세계에서 보다 복잡한 사회에서 공동생활을 하고자 한다면 어찌 하루라도 이를 떠날 수 있겠습니까. 개인이 선량한 도덕에 힘쓰지 않고 물욕과 탐음貪淫만 좇는다면[7] 몸을 망치고 집안에 화가 미칠 것은 분명하며 국가가 도덕의 기초를 닦지 않고 침략과 정략을 일삼아 귀중한 인명을 살육의 참화에 빠뜨리면 하늘의 도를 거스르는 일일 뿐 아니라 나라가 망하고 종족이 사라지는 것 또한 돌이킬 수 없을 테니 어찌 두렵지 않겠습니까.

지식이라는 것은 나의 고유한 지각으로 여러 사물의 이치를 연구하고 깊이 꿰뚫어 그 작용하는 바를 완전히 깨침으로써 이루어집니다. 새들을 보면 두 날개를 갖추고서야 날아오를 수 있고 한쪽을 잃으면 날지 못합니다. 우리가 가진 도덕과 지식은 새의 두 날개와 같으니 어떻게 하나라도 빠뜨릴 수 있겠습니까. 오, 지극히 어질고 존엄하신 하느님께서 뭇 백성들에게 내리신 것이니 누가 도덕이 없고 누가 지식이 없으리오만 각개 인류 중에서 그 능력을 부지런히 닦은 자는 안녕과 복지를 누리고 태만히 하고 버리는 자는 망하는 전철을 밟게 됨은 모든 역사가 입증하는 바입니다. 우리나라는 기자箕子가 동쪽으로 건너와 팔조법八條法을 시행한[8] 이래로 인민이 도덕과 정치, 종교가 있음을 알았고 그 뒤로 공맹孔孟의 가르침이 점차 퍼져 풍속이 순박하고 아름다워지는 효과를 가져오기도 했으나 오로지 도덕만 숭상하고 지식을 천시하여 우리 종족 가운데 입으로만 공맹을 외고 자리에 앉아 성명性命(사람의 본성과 천명)을 떠드는 자는 상층이라 부르고 농업이나 상업, 공업에 종사하는 사람은 하층으로 추락하여 사람 축에 들지 못하게 된 것이 그 폐단이었습니다.

이로 말미암아 삶 전반에서 이용후생利用厚生[9]하는 지식은 전혀 익히지 못했으니 땅은 넓되 사람이 적었던 원시시대에는 이만한 규모로도 구구하게나마 살 수 있었지만 인종이 점차 번성하고 구해 쓸 것이 점차 많아지는 오늘날에 이르러서는 결코 과거의 생산량으로 목숨을 부지할 수 없는 것입니다. 이제야 굶주림과 추위가 뼈에 사무쳐 부끄러운 줄도 모른 채 김金

---

7   원문 "徒事物慾之貪淫"의 '徒'는 '從'의 오식인 듯.

8   은나라 왕족인 기자(箕子)가 동쪽으로 건너와 고조선에 이어 기자조선을 세우고 8조법을 시행했다는 이른바 기자동래설(箕子東來說). 이는 사실 여부와 관계없이 우리 선조들이 중국과 대등한 문명국을 일찍이 형성해왔다는 자긍심을 반영한다.

9   기술을 편리하게 사용함으로써 백성의 생활을 넉넉하게 함.

이 가진 것을 이李가 빼앗는 식으로 서로 속이며 침탈하여 큰 고기가 중간 고기 잡아먹듯 생계를 꾸리니 결국 도적이 온 세상에 번져 불쌍한 우리 동포가 하루도 편히 잠들 수 없게 되었거니와 바닥에 떨어진 고유 도덕이 지금에 와서는 아예 사라져버린 셈입니다. 새가 한쪽 날개를 잃으면 날지 못할 뿐이나 두 날개가 모두 떠나면 어찌 죽음에 굴복하지 않을 수 있겠습니까? 이를 우리 한인들의 상황에 견주면 도덕과 지식이 존재하지 않음은 새가 두 날개를 잃은 것과 마찬가지니 어찌 통탄하지 않겠소.(2회)

그렇지만 도덕만을 받들고 지식을 천시한 폐해가 이처럼 오래된 것이라 해도 만약 오늘날 학생 여러분이 잘못을 바로잡으려다 오히려 그르치게 되어 도덕을 대수롭지 않게 여기고 지식으로만 기울게 되면 그 또한 심히 두려운 일입니다. 왜 그럴까요? 인류가 진실한 도덕 없이 단지 재능과 기술만 가진다면 악을 돕는 데 이용될 뿐이기 때문입니다. 한번 보십시오. 예나 지금이나 역사의 간웅난적奸雄亂賊이 어찌 재주가 없는 자이며 임금과 나라를 팔아먹고 동족을 학대하는 부류 또한 지식이 뛰어난 자가 아니었습니까. 여러분은 이를 깊이 성찰하여 도덕과 지식 두가지를 함께 갖춤으로써 두 날개를 지닌 새와 같이 됨이 마땅하오. 내가 지난 개학식에도 삼가 여러분을 위해 다소 강조한 바 있듯 배움의 길은 반드시 작고 가까운 것부터 시작해 소홀함이 없이하고 순서대로 차츰 크고 먼 것을 달성함이 옳다 했거니와 나아가 여러분은 마음속으로 자신에게 물어보시기 바랍니다. 나는 과연 사람됨의 본분을 잘 닦아 기르고 있는가. 하여 일체의 작은 행동 하나에서까지 낡은 것을 물리치고 새로운 것을 도모하며 오직 신사상과 신지식을 머리에 쏟아부어 신선하고 완전한 동량棟梁이 됨으로써 신세계의 신문화 발달에 힘써야 할 것입니다.

여러분, 다시 한번 말하거니와 오늘날 우리가 공동의 사업을 벌이려면 공동의 참된 노력이 반드시 필요합니다만, 우리 한인사회는 그렇지가 못해 오늘 남쪽 마을에서 모임을 만들면 내일 북쪽 동네에서 단체를 일으키고 이 사람이 한 사업을 만들면 저 사람이 다른 한 사업을 시작합니다. 그러나 이처럼 서로 달리 힘을 써서는 아무것도 이룰 수가 없고 네 편 내 편 시기하고 의심하고 갈라져서는 조개와 도요새가 서로 버티다 어부 좋은 일만 시켜주는 꼴이 되고[10] 뽕나무와 거북이 서로 삼가지 않아 무참히 희생되고 말 지경이니[11] 차마 이래서야 되겠습니까.

오직 여러분께 바라건대 모든 사업은 독단적으로 계획하지 말고 통일 단합으로 실행해 나아가야 할 것입니다. 넉넉히 사는 농부도 가까운 이웃끼리 짝을 지어 요령껏 힘을 합침으로써 봄갈이 가을걷이를 한가지로 해내거니와 만약 한 사람 또는 한 집안이 저 홀로 경작하고 수확하면 결코 원하는 만큼 쌀을 얻지 못할 것입니다. 여러분! 기왕의 실패를 거울삼아 절대 편 가르기를 일삼지 말고 독단을 능력으로 여기지 말며, 사람을 대하여 사업을 하매 시기하지 말고 반드시 함께 도울 생각을 하며, 뜻을 모은 단합된 주장으로 일의 성공을 도모함으로써 무궁한 공동의 이익을 함께 지키는 데 부디 힘쓰기 바랍니다. (3회 완료) [김하염金河琰 기록]

미래의 을지문덕을 기다리며 〔국한문 번역〕
— 신채호 『을지문덕廣學書舖』, 1908 서문[12]

무애생無涯生 신채호申采浩 군이 『을지문덕乙支文德』이라는 책 한권을 써서 내미는데 나는 그것을 받아 읽고 탄식했다. '을지문덕 공의 위대한 업

---

10   방휼상지(蚌鷸相持)의 고사.

11   신상구(愼桑龜)의 고사.

12   일기와 편지를 제외하면 도산은 거의 직접 글을 쓰지 않았고 대다수의 발언은 다른 사람에 의한 연설 채록으로 전해진다. 그런 의미에서 공식 출판을 위한 도산의 문장으로는 이 글이 최초라고 할 수 있다. 단재의 이 책에는 도산의 서문 외에도 변영만(卞榮晩)과 이기찬(李基燦)의 서문이 함께 수록되어 있다.

적이 이제야 드러나게 되다니 비통하고 부끄러운 일이다.' 해외 각국을 다녀보면 그 나라의 영웅이 검을 휘두른 곳에는 수많은 사람이 찾아와 찬양의 노래를 부르며 그가 피 흘린 자리에는 더 많은 이들이 모여들어 몸이 있는 사람은 몸을, 재주가 있는 사람은 재주를 그리고 학문이 있는 사람은 학문을 바쳐 온 나라가 그 이름을 부르짖고 함께 나아감으로써 영웅이 만들어진다. 워싱턴George Washington(1732~1799)이 있은 뒤에야 수많은 워싱턴이 나오며 나폴레옹이 있은 후에야 수많은 나폴레옹이 나타날 터인데, 을지공은 이천년이나 지난 오늘에 이르러서야 이 책으로 드러나게 되었으니 안타깝고 부끄러운 일이 아니겠는가.

　대체로 나는 을지공의 고향에서 자랐기 때문에 어려서부터 우리 조국의 영웅 중에 공이 계신 줄 알고 있었으나 높다란 석다산石多山 오래된 바위는 아무 말이 없고 아득히 대동강에 가라앉은 비석은 모습을 드러내지 않았다. 지나가는 사람들이나 노인들에게 물어도 당시 일을 이야기할 수 있는 이가 없으며 우리 역사 기록을 뒤져본들 소략한 열 몇 줄에 불과한지라 분함과 안타까움을 이길 수 없었는데 오늘날 신채호 군의 이 책은 조사와 고증이 벌써 폭넓고 논리와 평가 또한 정밀하여 이천년 뒤의 글로써 이천년 전 인물의 정신을 솟아오르게 했으니 지금까지 이 책이 없었음은 비록 부끄러운 일이나 군의 고심과 힘찬 필치는 또한 흠모할 만한 것이다. 저자는 독자들에게 술 먹고 차 마시는 자리에서나 써먹을 이야깃거리를 제공하고자 함이 아니라 조국의 명예로운 역사를 들어 보임으로써 어리석고 못난 이들을 깨우치려 하는 것이며, 단지 독자의 어둡고 낡은 공부방에 학문의 조류를 일으키고자 함이 아니라 선대의 큰 업적을 기려 국민이 영웅을 숭배하는 마음을 고취하되, 이천년 전 격동의 전쟁사를 한가로이 읊조리자는 게 아니라 열성적이고 모험적이었던 옛사람의 발자취를 그려내어 이천년 후 제2의 을지문덕을 불러일으키려는 것이니 무릇 우리 독자들은 항상 이러한 뜻으로 읽을지어다.

도산 안창호는 서하노라.

단군사천이백사십일(1908)년 4월 한양여관

어제의 망국인은 오늘부터 나라를 회복할 자
— 샌프란시스코 동포 환영회 연설[13]

　내가 다시 이곳을 향해 고국을 떠날 때 마음이 대단히 아프고 비창한 것은 우리의 동지들이 모두 위태로운 함정에 빠져 무진한 고초[14]를 당하는 중에 홀로 위험을 피하여 떠나왔기 때문이오. 시베리아 만릿길에 어느 곳이 내게 수심을 보태지 않았으리오만[15] 뉴욕항에 닻을 내리고 미주대륙을 훑어 이곳까지 오는 동안 지나는 곳마다 우리 동포의 정황을 살펴보면서 오히려 무한히 기쁘고 즐거운 마음이 생겼습니다.

　그 기쁘고 즐거운 것은 무엇일까요? 내가 이곳을 떠난 지 다섯해 동안에 우리 동포들이 각 방면으로 점점 나아가 변하고 또 변하여 전에는 학생이 없었으되 오늘에는 대학생, 중학생이 있으며 소학교생이 많으니 이는 학생계의 변화요, 전에는 실업實業이 없었으되 오늘에는 곳곳에 농장과 상점이 있으며 회사가 조직되어 장래의 무궁한 희망을 두었으니 이는 실업계의 변화요, 전에는 나의 집이 없었으며 활자로 인쇄하는 신문이 없었으

13　『신한민보』, 1911. 10. 4. 원문 네번째 단락 말미에 "(중간은 생략함)"이라는 문구가 있어 이 글 또한 연설 요지를 채록한 것임을 알 수 있다. 원문에서 교인 관련 발언은 두번에 걸쳐 등장하거니와 맥락의 자연스러움을 위해 재편집했다. 재편집한 부분에 (*)로 표시했다.

14　'105인 사건' 등을 염두에 둔 말이다. 1911년 조선총독부가 민족해방운동을 탄압하기 위해 총독 암살 미수사건을 조작하여 105인을 투옥시킨 사건으로 이는 신민회 해체의 원인이 되었다.

15　1911년 5월 시베리아횡단열차를 타고 상뜨뻬쩨르부르끄, 베를린, 런던을 경유하여 9월 3일 뉴욕항에 도착했다.

되 오늘에는 나의 집에서 나의 활자로 선명한 신문이 발간되어 동서양에 널리 전파되니 이는 신문계의 변화요, 전에는 통일된 단체가 없었으되 오늘에는 미주, 하와이, 멕시코와 동아시아 각지에 있는 동포의 단체가 모두 대한인국민회(이하 '국민회') 이름 아래 통일된 정신을 가졌으니 이는 단결력의 변화입니다. 심지어 남녀동포의 체격과 행동까지, 언어와 의복 제도까지 일층 변하여 밖으로 나서면 헌헌軒軒한 장부의 기상을 가졌고 안으로 들어오면 유한幽閑한 숙녀의 태도를 가졌으니 이는 풍속 습관의 변화요, 그중에도 더욱 기쁜 것은 동방에 있는 학생들이 여름방학을 이용하여 병兵학교를 세우고 상무尚武의 정신을 단련함이니 이 어찌 5년 전과 오늘날 사이의 큰 변화가 아니겠습니까. 그래서 나는 무한히 기쁘고 즐거운 마음이 생겼다 한 것입니다.

사람들이 가끔 말하되 재미동포의 열성이 전보다 쇠했다 하지만, 아니요, 내 생각에는 결단코 그렇지 않소. 우리가 처음 이곳에 올 때에 맨주먹만 들고 온 사람 육칠백명이 무슨 사건 무슨 사건에 연조捐助(재물을 내어 돕다)한 재물이 얼마나 많으며 어떤 사업 어떤 사업에 기울인 정성이 얼마나 높았습니까? 실로 일본인과 중국인은 적은 수의 사람으로 이와 같이 큰일을 치르지 못했을 것이오. 또한 오늘날 사업의 발전을 보면 날마다 늘어가고 달마다 줄어든다 할 수는 있지만 열성이 쇠했다 함은 겉보기가 그럴 뿐실상을 알지 못하는 말입니다. 사실 처음 미주대륙으로 건너올 때 혹시나 다른 민족만큼 되지 못할까 은근히 걱정하고 근심했지만 오늘에 이와 같이 발전된 것은 여러분이 모두 잘해서 범사에 남만 못한 일이 없을 뿐 아니라 남보다 나을 수 있다는 희망이 있으니 나는 여러분의 열성과 변화를 마음 깊이 기뻐하며 치하합니다.

우리가 서로 만나 이야기하자면 통곡만 하여도 시원치 않을지 모르나 오늘 저녁에는 여러분께 국내 형편을 말하면서 다만 기쁜 소식만 전하고자 합니다. 나라가 망하고 민족이 사라질 지경인데 무슨 기쁜 소식이 있으리오만 그럼에도 실로 기쁜 일이 있습니다. 나라가 망한 것은 세상 사람들이 임금의 죄라거나 오적칠적五賊七賊(을사오적과 정미칠적)의 죄라 하지만 이천만 인구와 삼천리 강토를 어찌 이완용李完用, 송병준宋秉畯 등 몇 사람의 힘만으로 팔아먹을 수가 있겠습니까. 그 밑에 이름 없는 이완용, 송병준이 많았기 때문에 나라가 망했으니 누구누구 할 것 없이 한국인은 다 망국의 죄가 있소. 나도 한국인이므로 내가 곧 망국한 죄인입니다. 그러나 어제 나라를 망하게 한 자는 곧 오늘 나라를 회복할 자입니다. 이제 여러 방면으로 보건대 현재의 활동과 장래를 가꾸어 나아감에 있어 무궁한 희망이 있다는 것이 내가 전하고자 하는 기쁜 소식입니다.

어떤 사람은 한국에 있는 기독교인도 모두 일본인의 세력으로 들어갔다 말하지만 결단코 그렇지 않습니다.[16] 이는 전부 일본 언론에서 정치적 계산으로 하는 말일 뿐 실상은 애국정신이 제일 풍부한 사람들은 모두 교회 안에 있소. 그이들은 나라 잃은 자를 나라 찾는 자로 다시 만들기에 온 힘을 다합니다. 나라 안에서 제일 공이 많은 것은 교인이라고 나는 담보라도 하겠습니다. 교인 중에서 일본인의 심복이 된 자가 있다고 하지만 이는 본래 교인이 아니고 앞으로의 교인도 아닙니다. 이는 일본이 교계의 내부 사정을 알고자 은밀히 보낸 정탐꾼으로 교회의 세례를 받게 한 자이니 그 거동을 보면 참교인과 같이 찬미를 하며 기도를 하지만 제 어찌 구세주의 뜻을 몸 받은 진정한 교인을 끝내 가장할 수야 있겠습니까. 참교인들은 과연 오늘에 대단히 공이 많은 동포들입니다. [*] 교인들은 동족을 구제하기에 다른 이들보다 몇 갑절 더 힘을 쓸 것입니다. 지난번에 인도 사람을 위하여 교회에서 의연義捐(찬조)을 청할 때에 어떤 부인은 자기의 비녀까지 뽑는 것을 내가 목도했소. 보지도 못한 인도인을 위해서도 이렇게 하는데 눈앞에 보이는 동포를 도탄에서 건지는 일에야 오죽하겠습니까. 그러므로 우

---

16 이는 기독교계가 신민회 운동의 주축이었음을 염두에 둔 발언이지만 도산 자신이 기독교도이면서도 기독교 관련 발언이 드물었다는 점을 감안할 때 주목할 만한 것이다.

리 동포 중에 애국심이 제일 많기는 교인이라 하겠습니다.

또 어떤 사람들은 말하길 일본의 개명開明이 한국보다 먼저 되었다 합니다만 나는 한국의 개명이 먼저 되었다고 생각합니다. 왜 그러느냐면 개명하는 길이 둘로 나뉘어, 일본인은 정치상으로 물질적 개명은 한인보다 먼저 되었을지 모르지만 도덕상으로 정신적 개명은 결단코 일본인이 한국인을 따를 수 없습니다. 우리가 이제 물질적 방면으로 힘을 더 쓴다면 이른바 일본 문명은 뿌리가 없는 꽃과 같을 뿐이니 어찌 뿌리를 박고 피는 꽃을 따를 수 있겠습니까.〔*〕 우리의 동지 중에 지금 당장 고난을 받는 이도 많으나 신진청년들 가운데 막을 수 없고 꺾지 못할 열성을 가진 이도 많습니다. 일본 사람들이 겉으로는 무엇이 어떠니 하지만은 그중에도 지식이 있는 자는 우리 동포의 정신적 발전을 크게 겁내는 중입니다.

우리 모두 일본인의 노예가 되었다고 한탄만 하지 말고 남녀노소를 막론하고 각자가 일본인과 싸움할 준비를 서두릅시다. 그 준비는 무엇입니까? 대포입니까, 군함입니까, 아닙니다. 우리가 시급히 준비할 것은 각자 자기의 하는 일을 일본인과 비교하여 일본 사람보다 앞에 설 생각을 하는 것입니다. 공부를 하여도 일인보다 앞서게 하고 농사를 짓거나 장사를 하거나 노동을 하거나 모든 일을 다 일본 사람보다 더 낫게 하면 그날이 곧 승전勝戰하는 날입니다. 남녀노소 우리 동포들은 어서 바삐 이와 같은 전쟁을 준비하십시오. 이와 같은 전쟁을 준비하는 두가지 요소는 학식과 자본입니다. 한편으론 지식을 양성한 후에야 우리에게 만족한 일이 있을 것입니다. 사람 수가 적은 것도 한탄하지 마십시오. 아메리카의 역사로 말하면 일백여섯 사람이 건너와 터를 잡았으니 우리들이 과거 사오년간에 발전한 것과 같이 변화를 쉬지 말고 우리의 단체를 날로 확장합시다.(손뼉 소리가 집을 움직이다)

건전한 개인주의는 인류 행복의 기초

— 중앙총회장이 해외 한인의 주의主義를 보신 것[17]

우리 한인은 예로부터 공동생활을 중시하던 민족이라 해외에 나와서
도 이를 중히 여겨왔습니다. 최근 나라의 위기가 절박하던 때(1910년 한일병
탄을 가리키는 듯)를 당해서도 땀 흘린바 모두를 공익에 바침으로써 대한인
국민회라는 큰 단체를 세워놓았으니 그때의 우리 열성을 돌아보건대 과
연 공동의 사업을 위해서는 자기의 몸을 잊는다고 칭찬할 만합니다. 그러
나 이는 일시적 풍조로 외부의 자극을 받았기 때문이지 결코 스스로 깨닫
고 스스로 움직인[自動自覺] 것은 아니었습니다. 이 말이 좀 섭섭하게 들리
겠지만 그것도 실은 상식이 부족해 그런 것입니다. 우리의 현재 사정은 공
동주의를 절대적으로 요구하는 시대이니 뜻있는 사람[有心人]들이 땀 흘
려 이리저리 뛰어다니며 큰소리로 외치는 것이 바로 이 공동주의입니다.
현재의 상황에서 벗어날 수 없는, 이나마 유지하는 것으로도 다행인 우리
로서는 어떠한 공동주의든지 굶주린 자가 음식을 대할 때같이 반겨 맞아
야 할 것입니다. 그러나 소위 공동주의란 것은 건전한 인생관으로부터 길
러져 나온 것이 아니면 돌밭에 뿌린 씨와 같아서 겨우 움이 돋아나오다가
도 떡잎을 피워보지 못하고 곧 말라 죽게 되니[18] 이러한 공동주의는 그 원
질原質이 박약하여 사업상의 좋은 결과를 얻을 수 없는 것입니다.

대체로 불건전한 공동주의는 불건전한 개인주의를 길러내는 온상[暖氣
室]이라 할 수 있으니, 여기서 생기는 개인주의는 결국 세상을 메마르게
하며 인류를 스스로 소진케 하여 돌이면 돌이 부스러지고 쇠면 쇠가 녹아

---

17   『신한민보』 1916. 6. 22.

18   '돌밭에 뿌린 씨'의 비유는 성경의 차용이다. "씨를 뿌리는데 어떤 것은 길바닥에 떨어져 새
       들이 와서 쪼아 먹고 어떤 것은 흙이 많지 않은 돌밭에 떨어졌다. 흙이 깊지 않아서 싹은 곧
       나왔지만 해가 뜨자 뿌리도 내리지 못한 채 말라버렸다."[마르코 4:4-6](공동번역)

없어지게 합니다. 이 말을 얼른 못 알아듣는다면 풀어서 말하겠거니와 이른바 공동주의가 불건전하면 굳게 잡을 능력이 없어 끝에 가서는 변하는 날이 있으며, 변하는 때에는 무엇으로 변하느냐 하면 불건전한 개인주의로 변합니다. 바꾸어 말하면 내가 아무리 힘을 쓰고 애를 써도 한가지도 되는 일이 없으면 이러다가는 나까지 망하겠다 싶게 되고 끝내는 나라도 살아야겠다는 식이 되는 것이지요. 이러한 개인주의는 나아갈 때가 아니라 물러설 때에 생기는 것이며 건강할 때가 아니라 지쳤을 때 생기는 것이어서 마치 갑옷 벗고 도망하는 군사가 창을 베고 누운 것도 같고 발톱이 물러진 호랑이가 산을 의지하여 주저앉은 것도 같아서 그 뒤의 일은 나 하나 살아남는 것밖에 없는 줄로 믿게 되는 것을 말합니다. 그러므로 그 깨달음이 몹시 나약해서 "세상이 다 이러니 뜻을 펴기가 어렵고 뜻을 편다 한들 장차 무엇을 하겠는가?" 하는 식으로 기회가 오면 기회를 버리고 사업이 있으면 사업을 파괴하니 이들은 인류사회에 혜성彗星(떠돌이별)이요, 뒤진 이들입니다.

제 자신이 먼저 자기 위치를 깨달아 튼튼히 서 있을 곳을 정해놓았다면 어째서 중도에 겁먹고 주눅들 리가 있겠습니까. 내가 일찍이 보니 묘향산, 구월산으로 사냥 들어간 자가 먼저 초막草幕을 매지 않고 풀숲이나 나무 밑에서 며칠밤 이슬을 맞고 자다보면 피연疲軟(지치고 나른함)히 돌아갈 생각을 합니다. '자아'를 모르는 자의 중도中途(일하는 도중)는 매양 이와 같습니다. 먼저 '나'가 있는 줄 알고 '나' 밖에 남이 있는 줄을 깨달은 뒤에 나라를 편안히 하고 천하를 다스림으로써 그 몸을 세운다면 그 몸은 과연 박람회의 주탑主塔같이 될지니 이는 크게 보아 인류사회의 3대 '주의'라 합니다. 철학이 발달한 지금 세상에서는 이를 조리 있게 구분해 첫째는 개인주의, 둘째는 소수인의 특종特種주의, 셋째는 공동주의라 하거니와 개인주의는 한 개인인 '나'가 나의 생활과 수양을 위하여 농사나 장사나 학업에 그 힘을 완전히 쏟아붓는 것을 말하고, 소수인의 특종주의는 사업에서든

수양에서든 혼자서는 만들고 유지할 수 없는 경우 소수의 타인들과 힘을 합치는 것을 가리킵니다. 공동주의는 목적한 사업이 소수인의 힘으로는 도저히 원하는 효과를 얻지 못할 경우 모두가 하나로 힘을 합치는 것을 말합니다.

'주의'는 욕망의 실상이니 욕망은 한쪽으로 기울어지기 쉽습니다. 그러나 발달하는 나라의 사람은 결단코 그렇지 않으니 이에 실증을 들어 말하면 우리가 지금 목격하고 있는 저 미국 사람들을 보면 됩니다. 저들은 실로 개인주의가 풍부한 사람들입니다. 저들이 개인 생활에 힘쓰는 것과 기타 행동하는 것을 보면 특종주의나 공동주의에는 전혀 뜻이 없는 것 같지만 실제로는 그렇지가 않아서 상업, 농업, 공업 등 기업상의 단체에 힘을 아울러 쓰는 동시에 공동생활을 보존하는 공심公心의 힘이 넉넉하여 학교 건축과 병원 설립과 도로, 공원의 수축修築과 박물관, 도서관 등의 공공시설〔博愛館〕을 구비하고 무거운 부담으로 해군·육군을 확장하여 전체의 행복을 도모함에 게을리 하지 않으니 이것이 미국 사람의 미국 사람 된 근본입니다.

예전 우리나라 사람이 행한 일을 보건대 미국인의 현행 제도와 비슷한 점이 많으니 농촌의 통공이사通功易事(일을 나누어 서로 도움)와 동계洞契(동네 일을 위한 계) 등 약간의 작은 단체들이 있었지만 정치상, 교육상 일반 공동생활에 이르러서는 당초에 꿈조차 꾸지 않았으니 하나는 전제정치專制政治가 인민의 자치생활을 방해한 까닭이고 다른 하나는 상식이 부족한 까닭에 개인생활이 소수와 공동사업에 모두 관계되는 것을 알지 못했으며, 소수와 공동사업이 또한 개인생활에 관계되는 것을 알지 못했기 때문입니다. 이상 두가지 병근病根(병의 뿌리)으로 인하여 이미 나라를 잃어버렸으며, 이 나라를 회복하자는 목적으로 설립한 단체를 유지하기에 매우 힘이 드는 것입니다. 우리 태평양 연안에 있는 형제들이 이 나라에 와서 미국 상류사회와 교류하거나 직접 교육은 받지 못했더라도 10년 세월이 되도록 문명의 공기를 흡수하며 눈에 보이고 귀에 들리는 것만 갖고 짐작하더라도 미국인들의 생활상 규모를 충분히 알 만하거니와 지금까지 오히려 전연 모르는 것은 무슨 까닭일까요? 이는 기왕의 습관을 씻어버리기 어려운 데다 자기 자신에 대해서조차 연구해보지 못한 까닭에 완전히 다른 사람의 표본도 우리의 탐구대상으로 되지 못했기 때문입니다.

그러나 요즘 재외한인의 심리를 돌아보건대 개인주의로 흘러들어가는 경향이 많으니 이는 불건전한 공동주의에서 물러나온 결과입니다. 이러한 개인주의는 우리의 몫이 아니니 맹렬히 깨달아 건전한 개인주의를 획득하십시오. 사람이라는 가치를 존중하여 개인주의를 획득하십시오. 이것이 진실로 건전한 개인주의입니다. 이러한 개인주의를 획득하거든 각기 농사에 힘쓰며 장사에 힘쓰며 학문을 힘쓰십시오. 이것만 하고 그치면 나의 일신의 멸망을 면치 못하느니 지식, 금전으로 단결하여 특종 조직에 힘쓰십시오. 이것만 하고 그치면 또 멸망을 면치 못하느니 재외 한인의 일동단결을 도모하여 공동생활에 힘쓰십시오. 그다음에는 해외 한인 전부와 국내 한인 전부까지 이루어나갈 것입니다. 그때쯤이면 개인주의가 성공하는 것이니 이렇게 건전한 개인주의는 인류 행복의 기초라 하는 것입니다. [강영대姜永大(1885~1948) 기록]

국민회는 무형의 정부
──로스앤젤레스 지방회 연설[19]

소회를 풀어놓음

오늘 밤 귀 지방에 와서 경애하는 여러분을 만나니 기쁘며 여러분도 응당 제가 밉지는 않으실 줄 압니다. 그래서 여러분이 이러한 성대한 식장을 꾸미고 이 사람을 기쁘게 맞아주시는 것이니 여러분의 많은 사랑에 깊이 감사합니다.

오늘 밤 준비 없이 자리에 올라서서 순서에 따라 거행되는 예식을 구경하는 중에 어떤 감상이 저절로 생겨 마음에 부대끼는 자못 중대한 논제가 떠올랐으니 "이러한 성대한 환영을 받는 것이 마음에 부끄러운 것이 없느냐" 하는 것이올시다. 나는 무슨 한가한 겨를이 있어서 몸을 쉬려고 다니는 것이 아니요, 몇 가지 중요한 사건 곧, 북미총회의 명령을 받들어 각 지방을 순행하는 길에 먼저 귀 지방에 왔거니와 환영을 받을 만한 공적이란 것은 원래 나에게 속하지 않은 것입니다. 그러나 여러분은 지방회원이요 나는 총회의 한 임원이니 지방회원으로 총회 임원을 대접하여주는 것은 우리 국민회의 통융通融하는 규모 덕이요, 상하동귀上下同歸(위아래가 같은 방향으로 돌아감)의 감정 덕이니 오늘밤 이 자리에서 나는 여기에 몸을 의지하여 부끄러움을 이기려고 합니다.

그렇지 않습니까? 오늘밤 환영회는 로스앤젤레스 지방회가 무슨 강영소姜永韶(1886~1934)를 환영함이 아니라 북미총회장을 환영하는 것이며 강영소는 무슨 로스앤젤레스 시내의 친구를 찾는 것이 아니라 국민회의 일부 지방회를 순행함인즉, 여러분이 듣고자 하는 것이 국민회 사정이요 나

19　『신한민보』 1916. 6. 15.

의 말하고자 하는 것이 또한 국민회 사정이올시다. 우리가 같은 목적 아래 마음을 이어 일이 잘되도록 힘써온 것이 거의 10년이라 뜻이 같고 바람 또한 같아서 다시 말할 게 없다면 묵묵히 있어도 좋지만, 만일 오늘날의 상황에 비추어 마음에 새기고 품은 뜻을 다 풀어놓자면 오늘 밤을 하얗게 밝혀도 오히려 부족할 것입니다.

국민회와 해외 한인

로스앤젤레스 지방회는 여러 해 의무복역에 각근恪勤했으므로 국민회 각 지방회 중 가장 든든한 중견의 지위에 올랐으니 국민회 울타리로 국민회의 기초와 동량棟梁을 아늑하게 에워싸고 있는 여러분은 국민회 유지 발전에 고민이 깊고 근심도 많을 것입니다. 그러므로 나는 숨김없이 다 말하겠습니다. 내가 여러 해를 북미총회 간부로 있으면서 얻은 경험으로 우리 국민회가 우리에게 얼마나 깊이 연관되는가를 깨달았으니 국민회란 것은 해외 한인 생활의 대명사입니다. 바꿔 말하자면 국민회의 존재가 재외 한인의 만족한 생활을 보장하는 것이라 할 수 있습니다. 지금 우리에겐 이 단체를 어떻게 유지하느냐가 태산 같은 걱정이지만 처음에 이 단체를 조직하지 않았으면 여러분이 어찌할 뻔했는지 모르겠습니다.

우리가 나라를 잃고도 오늘까지 살아왔으니 아무려면 국민회가 없었어도 철 찾아 옷 입고 때 찾아 밥 먹어가며 한 세상 그럭저럭 지낼 수 있었겠지만 하느님이 우리 몸에 얹히신 한인이란 이름은 스스로 부를 수도 없고 누가 불러줄 사람도 없었을 것입니다. 죽어도 한인이요, 살아도 한인. 이렇게 영예로운 한인이란 이름은 만천풍우漫天風雨에 광하천간廣廈千間[20]과도 같고 정벌시대의 만리장성과도 같은 국민회가 오늘까지 지켜주고 있으

---

20 비바람 치는 날의 크고 너른 집.

니 우리는 국민회의 위망位望을 높이 우러러 봅시다. 우리는 국민회의 은혜를 영원히 마음에 새깁시다. 일인들은 우리를 신부동포新附同胞(새로 결합한 동포)라 하고 서양 사람은 우리를 뉴 재팬New Japanese이라 하여 우리와 관련된 사건이 생기면 일인은 간섭하려고 달려들며 서양 사람은 일인에게 내맡기려고 할 것입니다. 이러한 기막힌 처지에 국민회가 홀연히 우뚝 서서 천고에도 섞일 수 없는 한인과 일인 사이를 힘들이지 않고 말없이 갈라주는 것이 마치 양진격전兩陣激戰(양 진영으로 나뉘어 격렬히 싸움)에 창도槍刀가 어우러진 마당에서 부르는 곡호曲號(군대의 나팔)와도 같고 날리는 국기와도 같아서 전투선을 쫓아 나아가며 방위선을 따라 돌아감을 이끌고 있으니 우리는 이것이 국민회의 힘임을 깨달아야 합니다. 국민회가 없었으면 북미공화국에 몸을 의지하여 한국 의관儀觀(위엄 있는 차림새)을 죽도록 보존하려고 하는 일반 한인은 한마디로 말해 일본 영사領事 지휘 밑에 있었을 것입니다. 오늘날 영예를 돌아보십시오. 일본인과는 털끝만치도 연관이 없고 자치제도가 한인 전부를 포함하며 재류국 정부는 한인은 한인이라 하고 국제조약에 관계가 되는 사건에는 합병(1910년 한일병탄) 전 출국 여부를 살펴 한인이란 이름을 존중하며 따라서 이민국에서는 특히 한인을 우대하는 것이올시다. 생각해보십시오. 이 지구상 어떠한 부강한 나라의 인민이든지 여권 없이는 도저히 상륙을 허락지 않는 것입니다. 그런데 특히 한인에게 허락하는 것은 표면적으로는 합병 전에 떠나와서 일본 정부의 여권을 얻을 기회가 없었다는 것이지만 그 이면에 가려져 있는 것은 이 사람들은 한국 인민이라 이왕 그 정부와 함께 통상조약(1882년 조미수호통상조약)을 체결한 미국은 그 인민의 입경入境을 허락한다 함이니 이는 저들이 우리를 한국의 '그림자'로 보기 때문입니다. 그런고로 우리는 무형한 한국을 등에 지고 있으니 이는 국민회의 공이올시다. 내가 북미 지방총회를 대표하여 동양으로부터 오는 사람들을 거리낌〔拘礙〕 없이 인도하는 것도 국민회의 힘입니다. 가령 한 개인으로 학문이 도저하거나 명예가 높다면 외국인 사교 시에 융숭한 대접은 받을 수 있지만 국제적 교섭은 어쩔 수 없이 조약에 근거합니다. 한인의 사건을 일본 정부에 교섭한들 막을 힘이 없었겠지만 우리 국민회는 일본과의 연관을 엄중히 끊고 한인을 거느려 섰으며 미국 사람들도 이를 존중하여 한인의 입경을 국민회의 의견을 따라 처리하니 저들이 국민회를 한인의 무형한 정부로 여김을 알 수 있습니다. 단체 세력이 과연 이같이 막중한 것입니다.

우리가 큰 치욕을 당한 후부터 오늘날까지 바라고 힘쓰는 것은 일인의 세력에 쓸려 들어가지 않고 한인이 한인으로 있자는 것이 아닙니까. 우리는 다행히 국민회 세력을 얻어 한인의 이름을 변함없이 갖고 있으니 이것이 우리의 가장 만족한 일이올시다. "국민회로 능히 한국의 독립을 찾겠느냐" 하는 의문이 지금 학문이 있고 유력한 사람들 사이에 떠돌지만 이런 말을 내가 직접 듣게 된다면 한번은 분명하게 가르쳐주려고 했소. 내가 예언자가 아니니 장래 일은 말할 수 없거니와 지금 국민회의 이만한 힘으로도 무형한 한국을 보존할진대 다른 날 국민회의 힘이 더 자라면 유형한 한국을 건설하게 될 것이 분명합니다. 국민회가 우리 한인에게 이와 같이 중요하니 우리가 헐벗고 굶주리는 한이 있더라도 국민회를 유지하는 것이 국민된 의무이며 그것을 보호하는 데에도 게을러서는 안 되는 것입니다.

동포의 반성을 촉구

무릇 단체의 사업이라는 것은 여러 손이 한 그릇 물을 받들고 있는 것과 같으니 한 사람이 잡아당기거나 밀치면 그 물이 엎질러지거나 쏟아지는 법입니다. 그릇을 잡아당기거나 밀치는 자는 그만한 이유도 있고 힘도 있어서 그리 하겠지만 필경 물이 엎질러지기에 이르면 무거운 죗값을 피할 수 없을 것입니다. 나는 많은 지사志士와 동포의 반성을 촉구합니다. 한 개인으로는 아무리 경천위지經天緯地하는 재간을 가졌을지라도 다수인이 집합한 단체에 들어와서 독단주의를 펴려고 들면 그 단체가 반드시 어지러워지게 되는 것은 다수인의 공견과 맞지 않기 때문입니다. 근래에 어떤 인물들이 사리사욕에 빠져 공체공사公體公事를 돌아보지 않고 "내 주장 좀 펴보아야겠다" 또는 "내 속살 좀 찌워야겠다"고 하는 경우가 있는데 아무려면 국민회의 넓은 범위 안에서 이렇게 할 수도 있고 저렇게 할 수도 있습니다. 그러나 보십시오. 바다 가운데 연잎같이 떠 있는 섬이 있다고 칩시다. 물질로 말하면 흙과 모래와 돌이 모인 산이요, 이치로 말하면 해저 산호의 변화체이지만 한번 두번 조수가 밀려와서 조금씩 파괴되다가 그런 식으로 여러 번 반복하다 보면 그 섬은 반드시 무너질 것입니다. 그 섬이 품고 있던 동식물과 기타 모든 것이 다 바다 속으로 쓸려 들어갈 것입니다. 조수가 일찍이 섬을 무너뜨리는 일이 많지만 하늘에 닿는 물결이 덮쳐와도 그다지 놀라지 않거니와 날마다 계속하여 무너지다보면 로키Rocky산맥이라도 필경 평지가 되고 말지니 상전벽해桑田碧海가 예로부터 없는 일이 아니라 이와 같이 일개인 일부분씩 단체사업의 계통을 끊으며 의무를 지키지 아니하며 장구한 시일을 두고 해로움만 끼치면 끝에 가서는 큰 영향이 동서남북에 파급되어 국민회의 신성함이 없어질 것입니다. 그렇게 되면 자유로운 미국 천지에서 자유롭게 행동치 못하고 일인에게 혹은 외국인에게 붙어 지낼 수밖에 없을 테니 이는 우리 모두가 원치 않음에도 피할 수 없는 일이 될 것입니다. 그런고로 오늘날 국민회의 유지는 우리 한인의 가장 큰 과제입니다. 과제가 크다고 어렵게 생각하지 마십시오. 그 수행에도 조리가 있으니 1부 장정에 실린 원칙[21]만 따라 행하면 모든 일이 순조롭게 될 줄 믿습니다.

---

21   국민회 장정(1909. 2. 1)의 제1장 총칙을 가리키는 듯. 그 제2조의 "본회의 목적은 교육과 실업을 진흥하며 자유와 평등을 제창하여 동포의 명예를 증진하며 조국의 독립을 광복케 함에 있음"에 그 핵심이 담겨 있다.

신문사업을 유지

긴 시간을 허비하여서 여러분이 곤하겠습니다. 곤하십니까? 친정일가를 만나면 밤새 우는 일도 드문드문 있거니와 나는 모든 회포를 다 제쳐놓고 제일 긴요한 신문사 사정을 말하겠습니다. 우리 신문(『신한민보』를 말함)은 신식 활자로 발행한 후 경비와 시간을 쌍방으로 절약하게 되어 사업이 전보다 수월해졌으므로 이를 유지하려고 합니다. 또한 힘을 다해보려고 합니다. 신문을 계속 유지하자면 사백명 구독자만 있으면 될 터인데 그렇지 못하니 심히 답답한 일입니다. 재미 한인 천여명 중에 신문구독자 사백명이 되지 못한다면 가히 놀랄 만한 일입니다. 부수로는 좀더 되지만 대금을 보내주지 않으니 사실상 사백명이 되지 못한다는 것이요, 더구나 의무금 수입이 보잘것없고 멕시코 전 지방은 긴 세월에 혁명(1910~1917) 난리로 인해 부담을 지게 할 수 없으니 신문 유지가 참으로 어렵습니다. 만일 신문을 정지하게 되면 그 답답한 것은 말로 다 할 수 없으니 우선 각 처 동포의 사생존망死生存亡을 모를 것이 한가지요, 더욱이 갈수록 동양으로부터 오는 학생이나 약혼한 부인의 상륙이 잦은 때에 서로의 이목을 막고 있자면 그 영향이 어느 지경에 이를는지 모를 것입니다. 이는 나의 공상이 아닙니다. 앞서 신문을 두어주일 정간한 후에 경험하여본 일이올시다. 여러분은 힘쓰십시오. 사백명 구독자만 있으면 신문 유지가 과히 어렵지 않습니다. 사백명 구독자가 되도록 여러분은 힘쓰십시오. 힘쓰라는 것은 갑자기 열성을 내어서 마음을 피곤케 하라는 것이 아니라 의무 부담을 잊지 마시라 함이니 정해진 기한 안에 의무금을 보내주시고 신문대금을 정산하십시오. 『신한민보』의 유지 여부는 실로 북미총회 곧 재미 한인의 중요한 과제입니다.

하기夏期 강습소를 말함

어린아이들을 귀하다 하는 것은 고사리 같은 손과 해죽해죽 웃는 태도가 항상 장중보옥掌中寶玉(손에 쥔 보물)이 되기를 바람이 아닙니다. 그 아이가 자라서 장래 나라에는 국민이 되고 가정에는 자녀가 될 것을 귀히 여김이니 아무쪼록 잘 가르쳐서 쓸 만한 사람이 되어야 명실상부한 국민, 자녀일 것입니다. 그런고로 가정교육, 국민교육의 과제가 이왕부터 생겨나 오늘날에는 팽창하고 있으며 앞으로도 버리지 못할 것입니다. 혹시 어떠한 사람이 나의 아들이나 딸을 보고 소나 말이라 할 것 같으면 나는 반드시 얼굴빛을 바꿔 그 말이 무례함을 노여워할 것입니다. 저뿐만 아니라 여러분도 응당 다 그러실 겁니다. 귀한 자녀를 가르치지 않으면 필경 천한 우마牛馬가 되는 것입니다. 나의 귀한 자녀를 안 가르쳐 소나 말이 되게 한다면 차라리 없는 것이 낫습니다. 옛사람이 말하지 않았습니까. 이웃집에 두 아들이 있는데 하나는 용이요, 하나는 돼지라 했으니 이것이 잘 가르치고 못가르친 실제 증거입니다. 여러분이 자녀를 진실로 귀애하시거든 잘 가르치십시오. 내가 이같이 자녀교육을 간절히 말씀드리는 것은 영어를 잘 가르치라고만 권하는 것이 아닙니다. 아무려면 영어도 잘 배워야 하겠지만 국어교육에 더욱 힘써주라는 것입니다. 어린아이가 이 나라에 와서 물질에 취하여 자국을 우습게 아는 데다 국어까지 모르면 장래에 자라서 누런 얼굴을 갖고 백인 노릇을 할 것입니다. 차라리 처음부터 아무것도 가르치지 않았으면 소와 말이 될지라도 두만강 하류를 의지하는 우마가 되겠지만 어엿한 사람으로 대한 사람이 되지 아니하고 외국 사람이 되는 것은 더욱 미운 일입니다. 이에 하기 강습소의 필요가 생겨 실행을 모색하는 중이니 여러분 힘써 도우십시오. 힘을 모아서 하기 강습소를 만들어봅시다. 여러분 참 곤하시겠습니다. 이만 말씀을 그칩니다. [로스앤젤레스 지방회 서기 김덕준 기록]

오직 내 힘과 우리의 힘으로

— 로스앤젤레스 지방회 유학생 졸업 축하 연설[22]

나는 이와 같은 모임에서 기쁨과 슬픔을 아울러 느낍니다. 기쁜 것은 문학사, 법학사, 신학사가 적으나마 우리 중에 생겼기 때문이고 슬픈 것은 다른 나라에선 매 학기 학사, 박사가 다수 생기지만 우리 미주 유학계에서는 10여년 이래에 스물세명의 철학사, 문학사와 스물세명의 법학사, 신학사뿐이기 때문입니다.

한 시대를 공유한 다른 나라 사람들은 참전이니 중립이니 밀약이니 협상이니 하되[23] 우리는 거기에 대하여 아무 관감觀感(보고 느낌)이 없게 되었습니다. 어찌 관감이야 없겠습니까마는 힘이 미치지 못하므로 관감이 없게 된 것입니다. 그러나 우리는 지금에 와서 특별히 생각해야 할 것이 있으니 곧 '없는 것을 있게 하고 작은 것을 크게 하는' 것입니다. 예수 말씀에 "겨자씨는 백종百種 중에 지극히 적으나 한번 심어 자라면 수목樹木을 이루어 나는 새가 깃든다"[24] 함과 같이 오늘 우리의 경우를 슬퍼하지 말고 소수의 문학, 법학, 신학을 더 많게 하고 더 있게 하십시오.

오늘 저녁에 우리가 이와 같이 모인 것은 참 어려운 일입니다. 한두시간의 기회를 만드는 어려움이 아니라 5년, 6년, 10여년 직간접으로 참담간고慘憺艱苦를 겪어오신 세분 졸업생의 어려움입니다. 이렇게 어려움을 참아가며 자신이 뜻한 바대로 나아감은 학업을 성취코자 했기 때문입니다. 사람이 고생스러운 공부를 왜 하느냐 하면 오직 도덕, 지식, 체력을 키우고자 함입니다. 이를 키움에는 두가지 힘이 요구되니 곧 내 힘이란 것과 우리의

22　1917년 6월 22일에 행해진 연설로『신한민보』(1917. 7. 12)에 게재.

23　당시는 1차대전의 막바지로 중립을 지키던 미국이 독일에 선전포고를 한 직후다.

24　"하느님의 나라는 무엇과 같으며 또 무엇에 비길 수 있을까? 어떤 사람이 겨자씨 한 알을 밭에 뿌렸다. 겨자씨는 싹이 돋고 자라서 큰 나무가 되어 공중의 새들이 그 가지에 깃들었다. 하느님의 나라는 이 겨자씨와 같다."[루카 13:18-19](공동번역)

힘이란 것입니다. '내 힘'은 각 개인의 자력自力을 가리키고 '우리의 힘'은 민족 전체의 힘을 이릅니다. 오늘 우리 대한 사람이 각개의 힘을 키웠는가, 민족 전체의 힘을 키웠는가, 또는 그러한 생각이 있는가 묻는다면 나는 그렇다고 대답하겠습니다. 우리가 남의 나라 사람의 졸업식에는 별 감동이 없으되 오늘 저녁에 여기 모인 사람들은 매우 기뻐하니 이것이 그 증거입니다.

지금 세계 각국은 민족 전체의 학력을 키우기 위하여 막대한 재정으로 학교를 세우며 학술, 기예, 발명을 장려하고 있습니다만 여기에 대해서는 독일의 비스마르크Otto von Bismarck(1815~1898)와 중국의 이홍장李鴻章(1823~1901)이 다 같은 정치가라 하더라도 차등이 있는 것입니다. 그 민족 중에 과학이 발달된 경우는 전쟁을 하여도 힘이 있고 또 승리를 얻게 되니 여러분이 듣고 보는바 독일이 대전란(1차대전) 개시 이래로 연합군에 패배를 당하지 않는 것은 이미 민족적 전체 지력을 키워놓았기 때문입니다. 독일뿐 아니라 세계 각국이 민족 전체의 지력을 필요로 하여 힘써 길러냄으로써 박사, 학사가 많고 많되 오직 우리 대한민족은 그러지 못했고 소위 교육에 힘을 썼다 하더라도 몇 해 전에 도회나 촌리에서 불규칙적으로 학교를 세우고 양나팔로 잠시 떠들었을 뿐입니다. 이리하여 우리 민족은 극히 어둡고 빈곤한 가운데 있었습니다. 이제 세 학생의 졸업으로 말하면 하나는 자력이요, 다른 하나는 외국인들의 도움이었습니다. 우리는 자기 민족의 학력 양성을 돕지 못하는데 외국인들이 돕는 것을 볼 때는 응당 생각할 바가 있을 것입니다. 만일 과거에 이와 같은 생각이 있었다면 오늘날에는 큰 공효功效(공들인 보람)를 보았을 것입니다.

과거 미주 한인사회의 재정 수입을 보면 첫째는 달마다 내는 연금捐金이요, 둘째는 구제금이요, 셋째는 교육금입니다. 당시에 그 교육금을 갖고 실로 민족적 학력을 발달시켰더라면 과연 큰 공효가 있었을 텐데 그 수입이 오직 이름뿐이요, 실제가 없으므로 이렇게 하겠다는 것이 몇 사람의 공상을 오갈 뿐이었습니다.

다시 말하거니와 우리 대한 사람으로 공동의 행복을 얻으려면 오직 필요한 것은 '내 힘과 우리의 힘'입니다. 내가 국민회 중앙총회장의 직무를 받아 오늘까지 이 직무를 안고 있는 것은 허명이나마 없어질까 두렵기 때문이니 여러분은 '우리의 힘'을 키우려거든 중앙총회를 오랫동안 허위에 두지 말고 실제에 두십시오. 멕시코, 미주, 하와이에 재류한 동포를 오륙천명으로 가정하여 각기 1원씩만 교육금으로 내면 학생 양성에 터가 잡힐 것이니, 이로 보더라도 우리 힘이 그와 같이 광대한 것입니다. 그러므로 나는 이제부터 몇몇 동지들과 함께 전체 민족적 성장을 꾀하고자 하오니 여러분은 각각의 사업에 전력하시며 우리 한인의 공익에도 힘을 다해주십시오. [로스앤젤레스 지방회 서기 기록]

지금 갖지 못한 것을 낙심치 마시오
— 로스앤젤레스 지방회 국치國恥 8주년 기념회 연설(1918. 8. 29)[25]

나는 여러분과 더불어 이 애통한 날을 해마다 지켜왔소. 내가 작년에 디뉴바Dinuba(미 캘리포니아 소재)에서 이날을 지키고 멕시코로 건너가서 각처 동포를 심방하고 돌아오는 날이 공교롭게도 이날이어서 또 여러분과 슬픔을 같이하게 되었으니 감개무량합니다. 1년 동안 서로 보지 못하다가 반가이 만나는 오늘에 나는 실로 할 말이 많지만 다 접어놓고 오직 국치일을 맞는 심정을 말하여보겠습니다.

여러분, 우리 서로 봅시다. 미국에 있는 우리 동포는 불쌍한 사람들입니다. 이 세상 불쌍한 사람은 경우에 따라 여러 부류가 있거니와 불쌍한 사람

---

25   『신한민보』 1918. 9. 12(1회), 1918. 9. 19(2회), 1918. 9. 26(3회) 게재.

중에 더욱 불쌍한 것은 희락喜樂이 없는 사람이올시다. 어찌하여 우리 재미 한인이 희락이 없느냐 하지만 이 세상 사람이 누리는 희락은 한가지도 없구려!

정원의 희락이 없소

바다의 고기가 해초를 물고 희롱하고 날짐승이 수풀을 의지하여 깃드는 것은 미물일망정 저 있는 곳을 기뻐하기 때문입니다. 더욱이 사람은 의식衣食의 다음에 주택의 맛이란 맛을 알아서 산을 의지하든 물을 의지하든 제각기 저 있는 곳을 사랑하여 황토로 담을 쌓고 대를 엮어 문을 하면 소쇄청한瀟麗淸寒(맑고 깨끗함)을 기뻐하며, 대리석으로 주초柱礎를 박고 뽕나무로 난간을 두르면 부귀장려富貴壯麗를 자랑하여 거기서 자라서 거기서 늙도록 깊은 정을 붙이는 것이 인류의 일종 희락이지만 보십시오, 우리 재미 한인은 이러한 희락이 없습니다. 10년을 단봇짐을 지고 동서로 표령飄零(떠돌아다님)하는 때에 오늘 이 농장, 내일 저 농장에 모기장 하나로 모든 살림을 배치하고 시내에 들어오면 남의 집 뜰아랫방에 겨우 등을 대고 절반 죽는 잠을 잘 따름이니 북미대륙이 너르다고 하지만 우리는 마음대로 발길을 내어 디딜 곳이 없소! 이것이 오직 우리만 당하는 불쌍한 형편이오.

사업의 희락이 없소

사업의 희락이란 무엇이오? 나는 재미 한인의 긴급한 문제에 근거하여 오직 영리營利의 한 방면을 들어 말하여보겠습니다. 살려고 이 세상에 온 우리가 공업은 일찍이 배우지 못한 것이니 말할 것이 없거니와 그 밖에 농사를 하든지 장사를 하든지 자본을 던져 이익을 남기는 것은 오직 생활 유지에 요긴할 뿐만 아니라 재산이 차차 늘어가는 재미로써 한 몸의 수고를 잊기도 하는 것이오. 몇천만원의 대자본을 이용하는 자는 말고라도 단 몇십원의 소자본을 갖고 푼돈장사를 하는 자도 또한 영리 취미를 붙이는 것이오. 내가 보니 우리 한인은 그렇지 못하오. 근년 들어 북부 캘리포니아 한인농업이 발전하는 것은 다행이지만 그 밖의 대부분은 사업의 희락이 없으니 점점 쇠락하는 우리의 앞날은 참으로 위태합니다. 그러니 재산을 늘리는 낙도 없습니다.

학문의 희락이 없소

여보시오, 불쌍한 우리 동포들이여. 당신네들이 학문의 낙을 맛보았소? 대개 사람이 무엇을 배우든지 청년시대에 힘들여 배우는 것은 자라서 쓰자는 것이라고 하지만 그뿐만이 아닙니다. 배워서 나중에 쓰든지 못 쓰든지 그것은 차치하고 사람은 사람의 학문을 갖는 것이 당연하기 때문에 장차 죽을 사람이 "아침에 도리道理를 들으면 저녁에 죽어도 가하다"[26]고 담대히 말한 자도 있소. 과연 그럴까 의심하지 마십시오. 참으로 그러합니다. 그가 무슨 칭찬을 받으려고 이런 말을 한 것이 아닙니다. 고금의 학자들을 보시오. 그들이 배를 주리고 군축窘蹙(곤궁하여 쭈그러짐)을 받으면서 로즙滷汁('소금의 즙'으로 어려움의 비유)을 쥐어 짤 때에 그 괴로움 때문에 집어던지고 물러나려는 마음도 있으련만 참고 견디면서 나중의 성공을 얻는 것은 물론 용맹함이라고 할 수도 있으나 오로지 혈기의 용맹함만으로는 도저히 그렇게 할 수 없는 것입니다. 하나를 궁구하면 둘을 깨달아 점점 그 이치를 풀어내는 때에 심기가 유쾌하고 정신이 발월發越하여 어떤 곤란이라도 딛고 넘어서다가 그 혈기가 부족한 경우에는 생명마저 희생하고도 돌아보지 않으니 대개 배우는 자의 학문의 즐거움이란 것은 이 세상 무엇으로도 바

---

26   "子曰, 朝聞道, 夕死可矣", 『논어』「이인편(理仁篇)」.

꾸지 못하는 것이오. 여보시오, 우리가 이러한 희락이 있소? 없다고 과단을 부리긴 어렵지만 10년 노동에 학문의 희락이 없는 것은 사실입니다.

도덕의 희락이 없소

도덕의 낙이라 하면 이 세상 법도 밖에 있는 자는 귀찮은 속박으로 알겠지만 만일 그와 같이 생각하면 이는 오해라도 작지 않은 오해라고 하겠습니다. 내가 무슨 종파를 받들어 주장하든지 도리를 깨달아 덕을 닦는 때에는 말 조심, 걸음 조심, 몸 조심으로부터 그 지조와 행실을 조촐히 하여 가히 한 사회의 표준이 될 만하면 안으로 자괴하는 일이 없고 밖으로 남의 공경을 받을 터입니다. 사람이 이렇게 되면 말 한마디를 하여도 동포사회에 유익을 끼칠 것이요, 글 한자를 써도 인류사회에 행복을 끼칠 것이며 자기가 스스로 생각해도 정신적으로 공부가 점점 고상해져 묵시록을 펼치면 예루살렘의 황금길, 진주 문[27]이 눈앞에 열릴 것이요, 『금강경』을 헤치면 대천세계大千世界에 연화蓮花가 우거지고 오색의 구름이 영롱할 터이니 그 즐거움이란 제왕과도 바꾸지 않을 것입니다. 사람이 모두 그와 같기 어렵다 해도 또한 개의치 않을 말이로되 대개 도덕은 인류의 평안한 방석이니, 만일 학문의 도덕이 없으면 공공의 도덕이라도 있어야 합니다. 그리해야 이 세상에 있는 동안에 마음이 평안하고 몸도 평안할 것입니다.(1회)

이 밖에 인간 생활의 첫 조건이 되는 가정의 희락도 없고 사교의 희락도 없습니다. 일언이폐지一言以蔽之하고 이 세상 인류가 누리는 희락은 한가지도 없으니 우리는 자연히 비관에 빠질 것입니다. 그러면 이상의 여러 가지 희락이 있으면 마음이 기쁘겠소? 아닙니다. 가령, 이상 여러 가지의 희

락이 있을지라도 이하의 세가지 희락이 없으면 언제든지 우리는 기쁨을 잃을 것입니다. 만일 그렇지 않으면 그 사람은 인체조직 중에 무엇이 좀 잘못된 사람이라고 하겠습니다.

나라 없는 설움 어떠하시오

나는 여러분에게 간단히 묻습니다. 나라 없는 설움이 어떠하던가요? 여러분이 겪어보셨지요? 오늘 우리의 설움이 무엇이든 나라 없는 것보다 더 아픈 일은 없습니다. 무엇이 그리 아프냐 하면 전신이 다 아픈 우리는 앓는 소리로 8년을 지내왔으니 이것은 접어놓고 오늘은 거꾸로 나라가 있는 사람들을 봅시다. 먼저 세계대전에 참여한 영국, 미국, 프랑스, 독일 사람들을 보십시오. 그들은 선전宣戰을 하여도 '우리나라' 하고 강화講和를 하여도 '우리나라' 합니다. '우리나라' 하면 어쨌든 기뻐서 대포소리가 천지를 진동하고 칼날이 맞부딪쳐 살점이 떨어지고 피 흘려 산하를 물들이는 가운데 앞선 사람이 픽픽 거꾸러져도 어깨춤을 추며 발걸음을 맞추어 나아가는 것이니 이것이 오늘날 전쟁의 전무후무한 활동입니다. 또 강화로 말하면, 각기 자기 나라의 이익을 위하여 한가지 조건도 양보하지 아니합니다. 이편에서 옛 영토의 회복을 주장하면 저편에서는 배상을 주장하여 무엇이든지 '우리나라'를 먼저 생각합니다. 그런고로 미국인에게는 '아메리칸 제일주의'라는 기준이 있고 독일인에게는 '프러시안 제일주의'의 기준이 있습니다. 아, 저들이 어찌하여 저희 나라라면 이와 같이 기뻐합니까? 4년 전쟁에 독일은 통상길이 막혀 식량 공황이 야단입니다. 프랑스는 영토 절반이 대포탄자에 재밭이 되었고 벨기에, 세르비아[28]는 터무니도 없어졌소만 내 나라라고 기뻐하는 것은 나라가 없으면 죽을 것을 나라가 있어 살

---

[28]   원문의 '써비사'는 세르비아(Serbia)를 뜻하는 '써비아'의 오기.

아가므로 죽기를 싫어하고 살기를 좋아하는 인정이 자기의 생명을 위하여 나라 있는 것을 기뻐하는 것입니다. 이 사람들이 살아가는 재미가 어떠합니까? 제 강산에 나서 제 강산으로 돌아가는 일평생에 어렸을 때에는 부모의 사랑을 받고 자라서 정情이란 구멍이 뚫리면(정을 깨닫게 되면) 연애를 이으며 이로부터 가정의 기초를 잡고 세상에 맞서게 되면서 학문이 고상한 자는 몸을 청운靑雲에 두어 일국의 정사를 잡으며 그렇지 못하여 농상업을 경영할지라도 광막한 토지에 봄에는 심고 가을에는 거두어 내하외양內河外洋에 풍부한 물산을 운수, 무역하여 세계경제를 쥐락펴락하기도 하며 바다에서 고기를 잡고 산에서는 금은동철을 캐내어 먹고 싶은 것, 입고 싶은 것을 마음대로 하고 자녀를 노리개로 단장하며 늙어서 근골을 쉬일 때에는 뒷동산 해당화 밑에 손자를 안고 재롱을 보며 강호江湖의 낚시질과 수풀의 몰이사냥으로 온갖 재미를 다 얻으니 그들의 양심이 저절로 감동되어 그 나라를 사랑하는 것입니다. 그런고로 고등지식이 있는 자라도 제 나라면 기뻐하고 아무것도 모르는 자도 제 나라면 기뻐하며 불량한 무리라도 또한 제 나라면 기뻐하여 눈에서 비지가 흐르는 주정뱅이도 제 나라면 엉덩춤을 추고 꽁무니에 단총을 찌르고 손에 투전장을 쥐고 있는 노름꾼도 제 나라면 그저 기뻐서 좋아합니다. 여보시오, 우리는 8년 동안 이상의 모든 희락을 모르고 지냈으니 그 설움이 어떠합니까?

자유 없는 설움 어떠하시오

대개 나라가 없는 자는 따라서 자유가 없소. 자유가 없으면 그 사람은 죽은 사람과 같습니다. 그런고로 워싱턴이 "자유를 못하겠거든 차라리 죽음을 주시오"라고 기도했으니 자유가 얼마나 귀중한지를 알 것입니다.[29]

---

29   실제로 이 발언을 한 사람은 마찬가지로 '미 건국의 아버지'인 패트릭 헨리(Patrick Henry)다.

무릇 자유가 없는 자는 죽은 것과 같음을 실상을 들어 말하겠습니다. 이 세상에서 옥에 갇힌 자들이 일신의 자유가 없는 자들입니다. 그들은 철창 냉옥冷獄에 갇혀 있어 발을 갖고도 마음대로 걷지 못하고, 입을 갖고도 마음대로 말하지 못하니 그 불쌍한 모습을 있는 그대로 말하자면 죽은 사람과 같은 것이 아니라 죽은 사람만도 못하다고 하겠습니다. 사람이 죽으면 아예 아무것도 모를 텐데 살아서 죽은 사람 노릇을 하려니 그 괴로움이 죽은 사람보다 더할 것입니다. 대개 이런 사람은 죄가 있어 벌을 받은 것이거니와 우리는 무슨 까닭으로 죽은 척 해야 하며 남들이 죽은 사람으로 보게 되었습니까. 여보시오, 자유 없는 우리 동포들이여. 일신의 자유 없는 설움이 어떠합니까? 내가 일찍이 통 속에 갇힌 새를 보니 그 둥지는 채색 단청에 금은 장식을 하여 진흙을 쥐어 붙인 보금자리보다 낫고, 그 먹이는 순전한 쌀알을 때 없이 뿌려주니 궂은 비, 찬바람에 버러지를 쪼아 먹는 것보다 낫습니다. 그렇지만 사람의 손에 길들여지지 않고 아무쪼록 빠져 나가려 하는 것은 무슨 까닭입니까? 하늘이 주신 두 날개를 죽치고 좁은 속에 갇혀 있기가 싫어서 끝없이 슬퍼하는 것입니다. 미물도 이러한데 하물며 사람으로 어찌 자유 없이 살아가겠습니까.

그러니까 나라가 없어지면 그 나라에 딸린 사람은 나라가 없어지는 그때 깡그리 따라 죽는 것입니다. 그 후에 사는 것은 제가 살고 싶어 사는 것이 아니라 육체를 주체 못하여 그 몸이 썩을 때를 기다리고 있는 것입니다. 이에 한 비유가 있으니 좀 들어보시겠습니까? 십리장정十里長亭에 죽은 나무가 꽃도 피지 못하고 열매도 맺지 못하는데 무엇을 위하여 처량하고 적막한 가운데 지엽枝葉을 다 꺾어 날리고 등걸만 우뚝 서 있습니까? 할일이 없으니까 동설추상冬雪秋霜(겨울눈과 가을서리)에 뿌리가 뽑히기를 기다릴 뿐이올시다. 나는 이번 멕시코를 다녀오는 길에 자유가 없는 것을 슬퍼했소. 노갈레스Nogales[30]는 미·멕시코 양국의 국경이올시다. 이민국 관리가 묻기를, "네가 중국인이냐?" "아니오." "그러면 일본인이냐?" "아니오,

나는 대한인"이라고 하니 그때는 내가 심히 듣기 원치 않는 말을 하오. 그리하여 나는 미국에 들어올 길이 망연하여 여러 날 묵으며 애를 쓰다가 나의 신분과 이력의 증거를 들어 보이니 충후한 이 사람이 장애 없이 입국을 허락했소. 당시 내가 지경地境을 넘어 들어오며 묵묵히 생각하니 뼈아픈 일이올시다. 시대는 요란하고 행동의 자유가 없으니 내 몸은 장차 어느 곳에 붙이며 나의 사랑하는 가족은 장차 어느 곳에 두어야 근심이 없겠습니까. 나는 내 몸 내 가족으로부터 여러분을 생각했소. 여러분도 나와 같이 자유가 없는 자로 부모도 있고 처자도 있지만 부모를 어느 곳에 모시며 처자를 어느 곳에 살릴 터이오? 대개 자유가 없는 설움이 이와 같으니 여러분은 응당 이 설움이 주는 아픔을 깨달으실 것입니다.(2회)

오늘 우리 한인은 개인으로 보아도 희락이 없고 공동체로 보아도 희락이 없소. 그래서 집에 들어도 희락이 없고 밖에 나와도 희락이 없소. 만일 여러 사람 가운데 한 사람이라도 기쁨이 있을 것이면 그 기쁨을 빌려 서로 마음을 위로할 수 있을 것이거늘, 우리는 김서방을 보아도 그러하고 이서방을 보아도 그러며 어디를 가든지 다 그러하여 희락을 얻을 구석이 없으니 대개 나라 없는 화는 한때의 전염병보다 더 고르게 퍼지는 것이요, 더 혹독한 것이올시다. 기쁨이 없으면 그 사람은 슬픈 사람이올시다. 대개 사람이 슬프면 생각이 좁아지고 감정이 편벽되며 기운이 움츠러들어서 생리에도 해로운 것이니 이런 이치는 학리로 연구할 것이 아니요, 각각 거울을 보고 찾을 것이올시다. 보시오. 오늘 우리 한인은 늙은이도 허리가 구부러지고, 젊은이도 허리가 구부러졌소. 얼굴은 병들어도 누르고 성하여서도 누르오. 첫째, 면목이 어엿하지 못하여 남의 앞에 내뛸 힘이 없고 신기身氣가 국축跼縮(굽고 오그라듦)하여 자꾸 뒤로 물러가기만 하오. 이리하다가는

---

30   미국 애리조나주와 멕시코 소노라주에 반씩 귀속된 분할도시. 원문은 '로갈네츠'.

그 몸까지 건지기 어려울 터이니 나라는 누가 회복하여주겠소. 생각할수록 모골이 송연한 일이니, 우리는 먼저 천하에 흉폭하고 두려운 슬픔을 끊어버립시다. 우리 민족 가운데 슬퍼하는 사람보다 기뻐하는 사람이 많으면 그때에는 우리나라를 회복할 기회가 절로 열릴 것이올시다.

기쁨의 방법은 희망이 하나

아무것도 없는 우리가 무엇을 갖고 기뻐하겠느냐고 물을 테니 나는 오늘 우리 민족의 기뻐할 방법을 말하겠소. 우리에겐 희망이 아니면 다른 기쁨의 방법이 없습니다. 대개 희망은 장차 얻을 것을 믿고, 보지 못하는 가운데 사실을 만들어 기다리는 것이올시다. 이를테면.세끼를 굶은 자가 내일 풍족히 먹을 것을 생각하며 삼동三冬에 헐벗은 자가 내일 따뜻이 입을 생각을 하면 우선 마음이 위로되어 차마 목숨을 끊지 못하는 것과 같이 오늘 일인에게 학살을 당하지마는 내일 우리가 일인을 학살할 줄로 믿고 기다리는 것이 곧 우리가 마땅히 가질 희망이니, 대개 이런 희망은 절대의 용맹과 절대의 이상이 아니면 도저히 가질 수 없는 것이올시다. 오늘 우리는 이상을 발하고 용맹을 발합시다. 이에 한 증거를 들어 말하리다. 연전 교회 핍박으로 120여명을 잡기 전, 소위 총독부 학무국 관리가 각 학교를 순행하는 길에 선천 신성信聖학교[31]에 들어와서 생도들이 모두 기운이 펄펄하고 면목이 깨끗하여 조금도 움츠리는 빛이 없음을 보고 놀라 이상히 여기어 말하기를 이 사람들이 무슨 믿는 구석이 있기에 저같이 활발한 것인가 의심하기를 시작하다가 소위 음모사건이라는 사실에 없는 일을 얽어 잡은 일도 있습니다. 저들이 "믿는 구석이 있다" 함은 저희들도 번연히 아는 바에 사실로 믿는다는 것이 아니라 희망으로 믿는다 함이니 대개 희망은 우

---

31 1906년 평북 선천에 설립된 기독교계 중등 사립학교. 앞뒤의 교회 핍박, 음모 사건은 105인 사건(1911)과 관련됨.

선 그 생리상에 유익함이 이와 같습니다. 우리도 오늘부터 희망을 갖고 내일 거울을 봅시다. 우선 얼굴이 좋아질 것이요, 허리도 차차 펴질 것이올시다. 그리한즉 우리 가슴속에 쌓여 있던 슬픔이 다 풀려나가고 기쁨이 들어와서 그 자리를 채워갖고 이 세상 분투하는 마당에 내세울 것이니 오늘 우리 사람의 몸속에 가장 먼저 잡아넣을 것이 희망입니다.

나약한 의심을 깨뜨리시오

여러분 생각해보십시오! 이렇게 하면 우리가 능히 독립을 하겠소? 이것은 우리 민족의 품질稟質(타고난 성질)로써 단정할 것이올시다. 오늘 우리 사람을 갖고 영국, 미국, 프랑스, 독일 사람에 비하면 하나도 같은 것이 없소. 첫째, 학문이 그와 같이 고상치 못하고, 기개가 그와 같이 강장치 못하고 돈도 없고 세력도 없소. 무엇으로든지 저들을 따를 수 없는 고로 멀리 내다보지 못하는 사람들은 그만 낙심하여 "우리나라가 독립한다는 것은 다 헛말이다"라고 하는 이가 점점 많은 수효로 증가하니 이는 오해라도 적지 않은 오해입니다. 오늘날 배우지 못한 우리 사람을 갖고, 발달한 저들과 비교하며 같지 못하다고 낙심하는 것은 마치 30여세의 장년이 할 일을 7, 8세의 유년에게 맡기고 그와 같지 못함을 꾸짖는 것 같으니 이는 자기 민족을 보는 눈이 심히 공평치 못한 것이올시다. 그러하니 저들이 요사이 얻은 것을 빼고 우리와 평균을 잡아 다시 비교하여봅시다. 이같이 비교하는 마당에는 국민회 총회장과 미국의 윌슨 대통령이라든지, 『신한민보』의 기자와 『런던타임스』기자는 말할 것이 없고, 오직 무식한 사람과 무식한 사람을 비교하면 백인의 무식한 사람은 우리의 무식한 사람보다 더 무식합니다. 내가 유럽으로부터 미국에 와서 또 미국으로부터 멕시코까지 다니며 보니 우리나라 사람은 아무리 노동을 할망정 사오십원짜리 양복에 머리부터 발끝까지 지르르 흐르게 차립니다. 이것이야 분수 밖의 일이지마는 어찌했든지 같은 노동자로 서양인의 호보(hobo, 떠돌이 일꾼)처럼 하고 다니기 싫어하는 것은 그 기백이 저들보다 나은 것이니 독립의 원소 되는 민족의 타고난 기질로 보면 우리나라 사람은 무궁한 낙관을 가질 수 있습니다. 지금 갖지 못한 것을 보면서 낙심치 마시오. 내 비유로 말하오리다. 여기 복숭아 씨 둘이 있는데 하나는 10년 전에 심어 열매를 맺고, 하나는 1년 전에 심어 이제 겨우 뿌리를 박으므로 아직 꽃이 피지 못할 지경이면 열매를 맺지 못하는 나무라고 베어버릴 자가 있겠습니까? 이와 같이 우리도 상당한 시기를 기다리면 본래 좋은 품성을 갖고 오히려 저들보다 앞설 수 있는 것이니 나의 경애하는 동포들이여, 자존 자중하시고 일시 세리勢利로 생기는 나약한 의심을 깨뜨려버리시오.

그러면 협력을 하여봅시다

무궁한 희망을 품은 우리는 고상한 품격을 가졌으니 이로부터 진취할 길로 나아갑시다. 대개 우리 한인의 진취할 길에는 3종의 사람을 요구하나니 하나는 유식한 사람이오. 또 하나는 넉넉한 사람이오, 또 다른 하나는 협력하는 사람이올시다. 일언이폐지하고 동심협력同心協力합시다. 무엇을 동심협력이라 합니까? 한가지 일에 마음도 같이하고 힘도 같이하는 것이 올시다. [로스앤젤레스 지방회 서기 박영로朴永魯 기록]

전쟁 종결과 우리의 할 일

── 캘리포니아 흥사단 담화[32]

이즈음에는 천지를 진동하고 원극참극(怨劇慘劇)이 극도에 달했던 유럽대전쟁(歐洲大戰爭, 1차대전)이 멎었습니다. 강화담판이 열린다 하는 소문이 전파되매, 연합국 측의 사람들은 기뻐 뛰놀고 있습니다. 이러한 동시에 벌써부터 전쟁 후에 우리에게 무슨 영향이 미칠까, 우리는 어찌될까 하는 생각을 많이 하던 세계 각 사람의 뇌는 더욱 분주하여 전쟁 후에 우리나라의 정치는, 교육은, 실업은, 군사는, 외교는 어찌할까, 우리 단체의 사업은 어찌할까, 우리 집과 내 몸의 일은 어찌할까 하는 문제들을 걸고 각각 자기의 처지와 경우를 의지하여 좋은 판정을 얻으려고 연구에 노력을 다하고 있습니다. 큰 뜻을 품고 밝은 자각을 요구하는 우리 동지 제군들도 응당 때의 감촉으로 인하여 많은 감상이 일어날 것이며 우리의 앞길을 위하여 연구가 많을 줄로 압니다. 박애의 정으로는 많은 목숨의 참살이 그치고 많은 몸의 곤란이 쉬이고 많은 재산의 소비가 덜림에 대하여 기쁜 감상이 있을 것이며, 스스로를 돌아보는 마음으로는 남들은 이겼다, 졌다, 얻었다, 잃었다 하는데 우리는 이것도 저것도 아무것도 없으니 분하고 슬픈 감상이 아울러 발할 것이며, 반성하는 생각으로는 남들이 어떠한 덕의(德義)와 기운과 재능으로 큰일을 어찌어찌 헤쳐가는 것을 보는 동시에 내가 얼마나 부족하고 못났는가 하는 것을 일층 더 깨달아 부끄럽고 자책하는 감상이 일어날 것이며, 이 밖에도 여러 방향의 감상이 없지 않을 것 같습니다.

그러나 감상은 일시적이라 말할 것 없거니와 이 처지에 앉은 우리가 우리의 앞길을 위하여 연구함은 중대한 사안입니다. 정력을 다하여 주의를

---

32 주요한 편저 『안도산전서』, 삼중당 1963, 519~24면. 1차대전의 휴전이 성립되었을 때 미국 캘리포니아에서 도산이 흥사단우들에게 발표한 담화문. 『안도산전서』는 그 시기를 1918년 10월로 표기했으나 1차대전의 휴전 시기는 11월이므로 착오인 듯.

더하지 않을 수 없습니다. 우리는 턱없이 허망한 욕심이나 요행의 희망을 갖고 공상하다가 말려는 사람이 아니요, 사실과 이치에 의지하여 적당한 판단을 내리고 힘써 행하려 합니다. 제군의 연구하는 결과가 어느 방면에 이르는지 나는 사실과 이치를 기준으로 많이 생각하여도 전쟁 후에 우리는 준비를 그냥 계속해야겠고, 우리가 하고자 하여 노력을 더하기만 하면 준비의 효력이 더 있을지니, 이러한 시기를 헤아려 준비의 방침을 바로하여 일치 행동하기를 결단하고 나아가면 전쟁 후에 우리는 앞에 다시 오는 시기에 적응할 만한 준비의 기초가 세워지겠다 싶습니다. 이제 몇 가지 문제를 들어 여러분에게 참고가 되고자 합니다.

1. 우리나라의 독립을 운동하여볼까

혹자는 말하기를, 윌슨 대통령이 선전포고서에 어찌어찌 했고 평화 조건 제출에 어찌어찌 했으며 또는 어떤 약소국은 독립의 승인을 얻는다니, 우리도 이 시기에 독립을 유동하자 합니다.

독립을 무슨 방면으로 운동하겠는가 하면 두가지로 말하리니, 하나는 독립전쟁을 일으키자, 둘은 윌슨 대통령에게 한국의 독립 승인을 요구하자 함입니다. 독립전쟁 문제로 말하면 연래로 저 원동遠東(동아시아)에서는 모씨 모씨 등이 해마다 두만강을 건너간다 하여왔고, 하와이에서도 모씨 등이 달마다 태평양을 건너간다 하여 무식한 동포들은 전쟁이 어떤 물건인지도 모르고 그런 말에 돈도 바치고 시간도 허비하여 속는 이가 많던 중에 이런 시기를 맞아 또다시 그러한 문제를 제출할는지 모르나 우리 동지 중에서는 아무리 무식하여 판단력이 부족한 줄로 자처하는 이라도 전쟁이 어떤 것임을 알고 오늘에 그런 문제를 제출하는 것은 허망한 것으로 역력히 아는 바니 다시 말할 필요가 없겠고, 후자에 대해서는 윌슨 대통령에게 독립 승인을 요구하여 교섭한다, 장서長書(길게 편지를 써 보내다)한다 함에 대하여는 어떠할까 하고 생각이 혹 주저하는 이가 있을는지 모르겠으나 이런 일을 함으로써 한갓 한인이 일본의 굴레(羈絆)을 원치 아니하는 뜻이나 발표하여 이 후일에 다소간 찬조贊助자료가 되는지 하고 혹 한인의 공통한 기관의 명의로 교섭을 제출할지 모르나, 사실로는 오늘에 무슨 효과가 있을까 하면 이는 어리석은 희망입니다. 자기의 일을 자기가 스스로 아니하고 가만히 앉았다가 말 몇 마디나 글 몇 줄로써 독립을 찾겠다는 것이 어느 이치에 허락하겠습니까.

먼저 생각할 것은 일본이 어느 나라가 권고한다고 예, 하고 한국을 쉽게 내어놓겠는가 하는 것입니다. 그렇다면 저는 응당 그렇지 아니할 것이라고 대답하겠습니다. 저 일본이 조선이란 영토를 보전할 주의가 옛날 우리 사람들이 조상 나라 대한을 보전하겠다던 뜻보다 몇십배가 더 굳지 않습니까. 조선을 내어놓지 아니하여 자기 나라 일본의 운명이 끊어질 지경에 이르면 모르겠거니와 그렇기 전에는 내어놓지 아니하려 할 것입니다. 그러면 우리가 윌슨 대통령에게 교섭한들 미국이 박애의 덕으로 아무 다른 이유가 없이 오직 대한의 독립을 위하여 미일전쟁을 일으키겠습니까? 자기의 나라 일을 자기가 스스로 돌아보지 않고 각각 자기의 똥집만 위하겠다는 대한 사람을 귀엽고 가엾이 보아서 전국의 재정을 기울이고 수백만의 목숨을 희생하여 싸워줄 이치가 있을 듯하지 않습니다. 혹은 생각하기를 미국이 우리만 위함이 아니고 동양의 이권상 관계로 불가불 싸움이 되리라 예상할 수 있습니다. 나도 생각하기를 미국과 일본 사이에 한번 큰 충돌을 면치 못하리라 하지마는 혹 특별한 사건이 갑자기 생길는지 예측하기 어려우나 현상을 의지하여 보건대 미국이 여간 불만족한 관계가 있더라도 유럽에 보내었던 대군을 곧 돌리어 제3국과 싸울 뜻이 없을 터이요, 또한 일본은 미국으로 하여금 충돌되는 데까지 이를 만한 불만족한 일은 피하기를 꾀할지니 이 평화 끝에 곧 미일전쟁이 생기겠다고 예측할 바 아닙니다. 한마디로 한국이 독립하려면 한국 민족이 정신상 독립과 생활상 독립부터 먼저 되어야 하겠거니와 오늘 우리 민족의 정신상과 생활상 두 방면이 다 어떠한지를 여러분은 밝히 아시는 바라 독립의 운동을 생각하는 것이 요행을 바라는 이의 일이라 하는 것입니다. 우리는 이 앞날에 우리를 향하여 오는 독립을 잘 맞아들이기 위하여 우리 민족으로 정신상 독립이 되도록, 생활상 독립이 되도록 또는 대동단결이 이루어지도록 준비에 노력을 더하고 더함이 가하다 하겠습니다.

2. 해외 한인의 대동단결을 주선하여볼까

혹자는 우리 한인들이 비상한 감촉이 있는 이때를 타서 해외 한인의 대동단결을 조직하여볼까 할 것입니다. 해외에 거류하는 우리 한인 전체가 대동단결만 하고 보면 우리 민족의 세력이 크게 떨치어 우리의 품은 뜻을 가히 펼 수가 있을 것입니다. 이러므로 우리는 이것을 간절히 원하고 이것을 노력하는 가운데 있습니다. 그러나 오늘에 당장 구체적으로 해외 한인의 대동단결을 이루겠느냐 하면 아직은 몽상일 뿐이요, 실로는 못 될 일입니다. 대동단결을 이루려면 몇 가지 먼저 요구하는 것이 있으니 첫째, 다수 동포가 대동 집합할 만한 상식常識이 있어야 할 것이요, 둘째, 큰 단체를 옹호할 만한 중추력中樞力이 있어야 할 것이요, 셋째, 중추의 중심으로 단체 전부를 통어할 만한 인물이 있어야 하겠거늘 지금에 요구하는 이 셋이 다 있는가, 더러 있는가. 나는 살피건대 장차는 있겠지만 오늘에는 이 셋 중에 하나도 없다 하겠습니다.

첫째, 다수 동포의 단결적 상식으로 말하면, 극히 흑암黑暗하여 단결의 필요를 자각함이 너무도 없고 또는 고유한 단결의 관습까지 없으므로 단체가 무슨 명의인지 모르는 이가 많을뿐더러 단체가 무엇인지 안다고 하고 단결의 필요를 입으로 말하는 이 중에 실상으로 깨달은 사람은 몇이 못 됩니다.

둘째, 중추력으로 말하면, 다수 동포 이상의 지식과 덕의를 가진 고등한 인물들이 단체 중심에 처하여 힘과 뜻을 같이하여 단체의 유지와 발전을 특별히 책임짐으로써 중추력이 이루어지거늘 우리 민족 중에 좀 낫다는 이들이 장차 더 자라면 되겠지만 아직은 중추력을 이룰 만한 상식이 부족한 가운데 함께하는 이들 사이의 동등한 의리와 일을 위하는 정성까지 부족합니다.

셋째, 중심적 위대 인물로 말하면, 불편불의不偏不倚하여 둥그럽고 안과 밖이 일치하여 순정하며 굳게 지키고 힘써 나아가는 충성의 덕이 있고 세계적 큰 지식이 있어 능히 일만 사람을 통솔하고 일만 일을 아우를〔總孤〕만한 자격을 갖추어야 하겠거늘 장차는 많은 수양가 중에서 생겨나겠지만 아직은 발현되지 않았습니다. 도틀어 말하면 다수는 모르고 소수는 일을 시작도 하기 전에 일을 하려는 생각은 뒤에 두고 나중에 누구에게 영예와 권리가 주어질까부터 계산하여보고 자기에게 영예와 권리가 좀 적게만 올 듯하면 그만두려고 하며 심하면 무너지기까지 하여 구름 속의 영리를 갖고 싸우다가 헤어지는 시대인 것입니다.

그러한즉 대동단결을 오늘에 이루지 못함은 형세상 사실이라 하겠습니다. 우리는 참으로 원하는 대동단결을 이루고자 하면 형세 밖의 일을 몽상만 하다가 몽상대로 아니 된다고 낙심하지 말고 다수 동포에게 상식이 자라도록, 중추력이 생기도록, 위대한 인물이 발현되도록 노력에 노력을 더함이 가하다 하겠습니다.

3. 우리의 소망과 할 것은 무엇인가

독립의 운동과 대동단결의 주선이 다 아직은 그 시기가 아니라 하면 이것 외에 이 전쟁 후에 우리의 받음직한 소망이 무엇이며, 할 것이 무엇인가. 우리의 받을 것은 잎과 꽃이 아니라 뿌리이며, 난간과 지붕이 아니고 기초입니다. 우리의 할 것은 이것을 정성스럽게 받고 이것을 공고鞏固하게 함입니다. 이 전쟁 후에 우리 가운데 몇만원 자본이 뭉칠 터이니 이는 실업 발전의 기초요, 많은 수학자修學者(학문을 닦는 이)가 일어날 터이니 이는 수학 발전의 기초요, 많은 영업자가 생길 터이니 이는 생활 독립의 기초요, 우리 기관 안에 적립이 증가할 터이니 이는 우리 단(흥사단)의 실무가 점차 진흥할 기초입니다. 이것이 요행이나 쳐다보고 빈 생각과 빈 말이나 하는 우활迂闊한 사람에게는 매우 적은 것이라고 시들하게 보일는지 모르나 공고한 기초 위에 좋은 건설이 있고 튼튼한 뿌리 위에 좋은 꽃과 열매가 있음을 아는 우리는 매우 크고 중한 줄로 알고, 기초와 뿌리가 생길 만한 싹도 잘 보이지 아니하여 한恨하던 우리는 이것을 받을 수만 있으면 행여나 놓칠까 두려워하여 받는 데 정성을 다하고 보전함에 노력을 다해야 할 것입니다. 다시 묻건대 어찌하여 이 시기에 이 몇 가지 기초를 받음직하며 무엇을 함으로써 이것을 잘 받겠는가.

실업 발전의 기초

우리는 벌써부터 금전력이 없으므로 무엇이든지 못 함을 한하고 금전력이 생기려면 실업을 발전시켜야 되겠다 하여 실업을 발전시킬 기관인 북미실업회사를 오랫동안 붙들어왔습니다. 그랬던 바, 지금에 와서 자본이 7만원 이상에 달했기에 오늘날 노동과 농업 형편이 좋으며 많은 동포는 우리의 일이 참이요, 실지實地임을 깨닫고 응합應合하는 이 시기를 타서 우리가 힘을 좀더 쓰면 수년 안으로 10만원 이상의 자본이 세워질 것이요, 또는 당장은 어렵겠지만 요즘에는 노동만 하여도 일년간에 천원 이상을 저축하는 이가 적지 아니한 때라 우리 백여 동지 가운데, 혹은 전날에 내려오는 채무債務가 있으므로, 혹 가권家眷(식구들)이 많으므로, 혹은 몸이 공무에 매이므로 남같이 천원 이상을 저축하기가 불능한 이도 없지 아니하나 이런 처지에 있는 이가 많지 아니하여 불과 열에 하나쯤 되니 열에 아홉은

다 일년에 천원 이상 만들지 못한다 하더라도 일년 반이면 넉넉히 만들겠고, 혹은 농업으로 몇천원을 만들 수도 있으니 우리 백여 동지가 이때는 자본 저축의 특별한 시기임을 알아서 모든 일을 잠시 정지하고 각각 천원 이상을 만들어 우리 저금기관에 집합하면 동맹 저금부 안에 또한 10만원 이상의 자본이 쌓일 터이니 실업회사와 동맹 저금부에 모이는 총계가 20만원 이상에 달할 것이므로, 일이백원의 금전도 온전히 모으지 못했던 우리에게 20만원 자본이 서는 것을 어찌 크지 않다 하겠습니까. 실업회사의 자본은 물론 실업 발전상으로 활용이 될 것이요, 저금부에 모인 돈이 합동체로 되든지 각각 나뉘어 쓰이든지 이것도 각 개인의 학비 기금이 아니면 실업 기금이 될 터이니, 이같이 되고 보면 실업 발전은 기초가 공고하여 멕시코·하와이·원동까지 우리의 실업이 점차 진취하지 않겠습니까. 아니 하려면 모르겠거니와 하려고만 하면 안 될 리가 없습니다. 1년간이나 혹 2년간에 20만원의 대자본을 모아 실업 발전의 기초를 든든히 세움으로써 우리의 공통한 실력과 우리 각 개인의 실력까지 아울러 증진케 할 것을 받으려는가, 사양하려는가, 여러분들은 깊이 연구하여 택하십시오. 이것을 받는 시간도 과히 오래지 않고 받는 일도 과히 못 견딜 것이 아닙니다. 노동과 농업 형편이 갑자기 떨어지면 모르거니와 그렇지 아니하면 다만 우리가 하여놓자고 결심하고 1년 혹 1년 반 동안에 부지런히 일하고 용도를 특별히 존절撙節(알맞게 절제함)히 하면 되겠습니다.

학업 발전과 생활독립의 기초

우리는 일을 참으로 하여보자고 하므로 품격이 부족하고 지식이 없고는 아니 될 것을 더욱 밝히 알았습니다. 이러므로 우리부터 한가지 이상을 배우면서 전국 청년이 다 같이 배우게 하려고 수학동맹을 목적으로 정했던 것입니다. 그러나 저간에 혹은 노동으로 시간을 소비하고 혹은 몇 달은 공부하고 몇 달은 일하여 이럭저럭 수학주의를 완전히 지키지 못했지만 지금으로부터 1년 혹은 1년 반 후에는 각각 그 정도와 처지를 따라 혹은 대학으로 혹은 중학으로 혹은 소학으로 혹은 단기학교로 혹은 전습소傳習所로, 그렇지 아니하면 말 기르고 양 치는 마당으로, 삼림과 과목果木을 재배하는 동산으로, 생선 잡는 바다로, 쌀 찧고 밀가루와 죽가루 만드는 용정간舂精間(방앗간)으로, 장막 짓는 데로, 양철통 만드는 데로, 철공창鐵工廠으로, 비누와 양촉 만드는 데로, 캔디와 쿠키 만드는 데로, 어디든지 배울 구멍을 뚫고 들어가 배워야 하겠고, 하려고만 하면 할 수 있습니다. 지난날에 못한 것을 어찌하여 이 전쟁 후에 이루게 되겠는가, 지난날에는 우리 동지 중에 본국에서 새로 온 이는 가정의 관계 혹 채무상 관계로 자연 시일을 지체遲就했으나 지금은 거의 다 지나갔고, 오래전에 건너온 이 중에도 생활상 관계로 뜻을 이루지 못한 경우가 있었거니와 지금은 전에 비하여 생활이 핀 이의 수가 많으니 능히 입학할 수가 있고, 또는 이번에 남들이 일하는 것을 보고 수학의 뜻이 더욱 간절한 때라 지금은 입학할 뜻도 뜨겁고 입학할 형편도 되는 이가 많으니 많은 수학자가 일어나겠다 싶습니다. 우리 백여명 동지 중에 혹은 영업에 헌신하느라 속히 몸을 빼기 어려운 이와 혹은 남의 채무에 걸린 이와 혹은 공무에 매인 이들 몇몇은 이를 실행키 어려우나 많은 수는 족히 할 수 있을 것이니, 우리의 많은 동지가 각각 수학하여갖고 저금부에 자본 모으듯이 기능을 집합체로 활용하고 보면 우리의 사업은 물론 크게 떨칠 것이요, 많은 청년을 수학동맹에 끌어들일 수 있을 것이니 이것이 큰가, 작은가 각자 생각해보십시오.

　이것을 시작하여 끝까지 이룰 수 있는 한가지 다른 이유는 이 위에 동맹 저금 문제에 말했거니와, 여지껏 공부하지 않다가 상당한 학자금을 저축하기 좋은 기회에 공부하겠노라 하다가 또 중도에 폐하지 말고, 한번 힘써 일하여 천원 혹은 이상을 저금부에 세워놓고 우리 동지 중 영업자들에게 고본股本(투자금)으로 던지어 배당해주는 이식利殖(이자)으로 학자금의 부족을 깁다가, 대학에 들어가 시간을 많이 필요로 할 때에는 그 본전까지 가져다가 공부를 성공할 때까지 계속케 해야 할 것입니다. 그런즉 노동과 농업의 모든 형편이 좋은 이 시기에는 잠시 모든 것을 다 정지하고 노동에 모험하며 용도를 존절함이 크게 필요하다 하겠습니다.

생활 독립으로 말하면 이것을 우리가 원한 지 오래였지만 이루지…(이하 미상)

2장
문명 개조의 대세와 우리의 할 일
3·1운동 이후 임시정부 재임기

재산과 생명을 바쳐 독립을 완성하자

— 대한인국민회 중앙총회 위원회 연설(1919. 3. 13)[1]

오늘 우리는 기쁨과 슬픔이 아울러 발하여 뜨거운 피가 도수度數 이상 끓어오르니 마음을 진정하기 어렵소. 우리는 오랫동안 마음이 아프고 얼굴이 뜨거운 비애와 치욕을 받아오다가 오늘에야 비로소 역사상에 큰일을 버르집어놓았으니 기뻐서 일어나는 동시에 느낌이 간절하여 도리어 슬퍼하며 또 이 앞에 성공이 간난艱難한 것을 두려워하오. 우리가 독립선언의 대사건(3·1만세운동)이 발생하기 전에는 국내 동포의 사정을 몰라 앞뒤를 돌아보며 주저했지만 오늘 전국 민족이 나라를 위하여 생명을 바치는 때에는 대한민족의 일분자 된 우리는 재주와 힘을 다하며 생명을 희생하여 죽기까지 용맹스럽게 나아갑시다. 죽기를 맹세하고 앞으로 나아가는 우리에겐 서로 의리의 감동이 있으리다. 믿건대 마음을 넓게 갖고 강하게 쓰

---

1   『신한민보』 1919. 3. 20. 『안도산전서』 수록본 제목은 「3·1운동을 계승」.

며 정을 뜨겁게 붓고 깊이 맺어 시기와 미움이 없어질 것이요, 무서움과 두려움도 없을지니 이왕으로부터 이승만, 안창호가 어떠하다, 이대위李大爲 (1878~1928), 박용만朴容萬(1881~1928)이 어떠하다는 와언訛言이 스스로 소멸되겠고, 따라서 지방에 있는 동포들도 서로 느끼며 사랑하여 정성을 기울이겠고, 그 밖에 노름하는 동포는 투전을 끊고 술 먹던 동포는 술잔을 던지고 일제히 일어나서 하느님의 지휘명령 아래 죽음이 아니면 독립, 두가지로써 뒤를 이어나갈 것이올시다. 세계 역사에 근거하여보건대, 국가의 독립이 한번의 싸움으로 성공하는 일이 드물고, 또 지금 우리가 스스로 돌아보더라도 무수한 피를 흘려서 일본의 섬을 바다 속에 잡아넣어야 우리 한국의 독립이 완전히 성공할지니 우리는 죽고 또 죽음으로써 독립을 회복하기로, 사람이면 모두 내어 쓰는 대로 쓰고 주먹으로 쓰다가 나중에는 생명을 바칩시다. 무릇 용감한 자는 큰일에 임하여 담대하고 침중하게 주어진 책임을 치러가는 것이니, 용감한 우리는 허열虛熱을 경계하고 모든 일을 침중히 하여 우리 독립단을 끝까지 응원합시다. 이제는 나의 주의를 말하리다.

(1) 우리는 피를 흘린 후에 비로소 목적을 관철할지니, 이로써 준비하여 마땅히 지킬 비밀 외에는 비밀을 지키지 않을 것이오.

(2) 북미, 하와이, 멕시코에 재류한 한인은 특별히 짊어진 책임을 깨달아야 할 것이오. 특별 책임이 무엇이냐 하면, 미국에 있기 때문에 짊어진 책임이올시다. 미국은 지금 세상에 가장 신성한 공화국으로 자유와 정의를 힘써 창도하고 있으니, 장래에 미국이 활동하면 우리에게 큰 관계가 있을 것입니다. 우리는 지금부터 준비하여 널리 유세하며 각 신문·잡지를 이용하여 여론을 불러일으키고 종교계에는 지금 한국 교도의 악형받는 참상을 널리 고하여 우리를 위하여 기도하여주기를 청구합시다. 이렇게 하여 미국 전국 상하로 하여금 사람마다 한국의 사정을 알아서 많은 동정을 기울이게 되면 장래 우리 활동에 힘 있는 도움을 얻을 것이올시다. 이것이 곧

외교의 활동이니 우리 미국에 있는 동포들이 특별히 짊어진 책임이오.

(3) 재정 공급이 또한 북미, 하와이, 멕시코 재류동포의 가장 큰 책임이올시다. 이천오백만 민족이 다 일어나는 이때에 우리는 대양을 격하여 왕래가 자유롭지 못함으로 말미암아 몸을 바치는 대신에 재정 공급의 무거운 책임을 짊어졌으니, 우리는 금전으로써 싸우는 군인으로 생각합시다. 지금 맨주먹으로 일어난 우리 독립단들은 먹을 것도 없고 입을 것도 없어서 바다 밖에 있는 동포들이 도와주기를 바라고 기다리는 터이니 우리가 금전으로 싸우는 것이 생명으로 싸우는 이만큼 요긴합니다. 그래서 재정 공급이 가장 큰 책임이라 하는 것이올시다. 재정 모집에 이르러서는 일찍이 정비례로 의연義捐하자는 의견도 있었고, 또 당장의 민심을 보건대, 사람마다 더운 피가 끓어서 있는 것을 다 바치기로 생각하고 만일 바치지 않으면 강제로 걷어 오기로 생각하거니와, 이렇게 하여서는 큰일을 헤쳐갈 수가 없소. 독립단의 벌어진 형편을 보건대 1년도 가㠰하고 이태도 가하여 한량없는 재정을 요구하는 터이거늘 단번에 그 생활 기초를 흔들어놓으면 다시 뒤를 이을 여지가 없을 것이니 우리는 마땅히 이때에 경제정책을 취하여 동포의 영업을 이왕보다 더 힘 있게 장려하고 그 이익에서 힘에 맞도록 의연을 걷되 무슨 벌이를 하든지 매달 혹 매주일 수입에서 20분의 1을 거두어 들이게 합시다. 이를 실시하려면 부득불 4월부터 시작하게 되리니, 이달에는 마주, 멕시코, 하와이 재류동포 전체가 한 사람 평균 10원 이상의 특별 의연을 내게 합시다. 종합해 말하면, 우리는 국가에 일이 있는 이때에 있어 생명과 재산이 내 것이 아니요, 나라의 것이니 어느 때에 바치든지 다 나라에 바치기로 생각합시다. 나는 북미, 하와이, 멕시코 전체 동포를 대표하여 갈충보국竭忠報國을 결심했음을 공변되이 말씀하오. [위원회 서기 홍언洪焉(1880~1951) 기록]

한국 여자의 지위와 역할

—대한애국부인회 연설(1919. 6. 6)[2]

내가 다른 때보다 더욱 오늘은 한국 부인을 존경하고 사랑하는 마음이 많습니다. 한국 여자는 본래 그 절조가 세계 중 가장 높고 굳어 가장 존경을 받을 만했소. 그러나 다만 한가지 흠은 그들이 스스로 생각하여 사나이의 부속물로 여기고 여자도 떳떳한 사람의 권리를 가진 것을 깨닫지 못했고, 사나이도 또한 여자를 한 부속물로 생각했습니다. 그러므로 과거 여자의 큰 잘못은 스스로 몸을 낮추어 그 권리를 버리고 사나이에게 붙은 물건으로 여긴 것이올시다. 오늘날 여러분을 더 존경하고 사랑한다 함은 그런 여자 가운데서 새로운 정신이 일어나 이번 독립운동에 사나이보다도 먼저 부인들이 시작하고 피를 흘리는 가운데서 끝끝내 유지하여온 까닭이외다. 국내나 해외에 있는 부인들이 자각하여 그들이 사람 된 책임을 다하게 된 것을 더욱 존경합니다. 또 사랑하는 것이외다.

지금 여러분의 일이 시작이므로 모든 것이 서투르다고 스스로 업신여기지 말고 또, 업수이보지 맙시다. 쉬지 말고 나아가면 큰일을 이룰 수 있소. 구미 각국에서 교육계에, 실업계에, 저술계에, 정치계에까지 남자뿐만 아니라 여자도 많으오. 여러 부인들이 참정권을 위하여 오랫동안 싸우고 지금도 싸우고 있습니다. 나는 우리나라가 여자의 힘으로 독립하는 날이 될 것을 기뻐하는 것보다 더, 여자의 자격을 기뻐합니다.

내가 미주에서 돈을 모집할 때 나는 여자의 자각을 위하여 여자는 여자끼리 모여서 돈을 모집하기를 바랐소. 그때 남자들은 자기 수입 중에서 20분의 1을 바치라고 할 때에 여자들은 그의 생활비에서 하루 음식을 줄여서라도 그 돈을 모아서 바치겠다 했습니다. 여자는 일정한 직업도 없다

---

2   주요한 편저 『안도산전서』, 삼중당 1963, 529~30면. 본제는 「한국 여자의 장래」.

고, 집안 살림에 매였다고, 부모 슬하에 있다고 돈을 거둘 수 없다 마시오. 제 힘 닿는 데까지 할 것뿐이오.

여러분은 지금 생각하는 세가지 일 다 좋습니다. 그에 더한 방침이 없겠습니다. 여러분 그것을 계속하여 진행하시오. 전 대한 여자가 한 덩어리가 되어가기 위하여 연락하기를 시작했으니, 그것을 그대로 진행하시오. 그동안 한국 여자가 받은 욕을 온 세상에 광포廣布하라 하는 것, 그대로 할 것이오. 돈 모아 바치는 것 그대로 하시오. 별다른 일을 할 것 아니라, 이 세가지가 가장 좋은 방침이외다. 상해에 있는 부인들이 서로 멀리 있어도 나라 일을 도울 수 있습니다. 늙은이, 젊은이가 다 애국부인회 회원이 되어 전국이 함께 합동하면 이 부인들이 세계에 주는 감동이 남자보다 더하겠소. 미국이 참전한 후로 부인의 활동이 비상했소. 부인들은 각기 돈을 내고 또 거리에 나서서 남자도 돈을 내라고 했소. 이 까닭에 많은 돈을 모집했습니다. 나라 일은 정부나 청년이나 유지자가 한다고 생각지 마시오. 여자도 큰 직업을 가진 줄로 알고 다 합심하여 함께 나아갑시다.

독립운동 방침
— 상해 교민친목회사무소 연설(1919. 6. 25)[3]

나는 이 자리에서 여러분의 의견을 많이 듣고 싶소. 나라 일은 사사로운 일이 아니오. 공변된 일이니까 여러분의 여론을 들어서 행해야겠소. 지금 13도와 각처 여론이 일치하지 못하면 그 영향이 전국에 미칠 줄로 압니다. 혼자 생각하실 때 품은 생각, 연구, 불평, 토론할 것, 다 이 공변된 자리에서, 진정된 자리에서 진정으로 토론하여주시오.

---

3   주요한 편저 『안도산전서』, 삼중당 1963, 531~33면. 교민친목회는 1918년 결성된 상해고려 교민친목회.

만일 이 자리에서 말 아니하고 집에 돌아가서만 시비를 하면 이는 정당치 못한 일이외다. 마음에 생각 숨기지 말고, 헐기 위하여 말고, 찢기 위하여 말고, 쟁론하기 위하여 말고, 모으기 위하여 진정의 사상과 마음을 발표하여주시기를 바랍니다.

말씀하시는 이가 아니 계시니 미주 소식을 말하겠습니다. 이박사(이승만)가 맨더토리mandatory rule(위임통치)를 청한 것은 우리 독립운동(3·1만세운동) 나기 전에 미주 국민회를 대표하여갖고 화부華府(위싱턴)에 가서 빠리로 가려다가 전시조례戰時條例 때문에 여행권을 얻지 못하여 가지 못하고 있다가, 어떤 법학자의 의견이 '한국독립으로 말하자면 한국 내에서 아무 거동이 없는 한, 해외에 있는 몇 사람이 화회和會(빠리강화회의)에 한국독립을 청구하더라도 용이하게 제출되지 못하리니 완전한 독립 요구의 전 단계로 우선 위임통치를 요구함이 유리하다'고 권고하므로 그렇게 요구한 것이외다.

이것은 끝내 정식으로 제출되지 못했습니다. 그러나 3월 1일 독립선언 이후로는 그는 절대적으로 독립을 위하여 일하나니, 그가 제출한 청원서가 여기 있는데(신문 낭독) '절대독립' 소리가 여러 번 있소. 물론 어떠한 이유로든 한번 맨더토리를 요구한 인물을 국무총리로 선정함은 안 한 것보다 못하겠지만, 이미 선정된 그가 국무총리로서 '절대독립'을 청원한 이때에 그이를 배척함은 대단히 이롭지 못한 일이외다. 앞서 어떠한 문제가 있었더라도 오늘날 우리가 그 세력을 후원하는 것이 우리에게 큰 이익이외다.(박수)

여러분 중에 한 분이라도 빠리와 워싱턴에 위로하는 편지 한번 하신 이가 있습니까. 없나 보오. 잘못한 것은 추호만큼이라도 알아내려 하지만 잘한 것이 있으면 눈을 감고 맙니다. 우리가 이 버릇을 고쳐야 하겠소. 우리 이천만을 대표하여 간 이는 다만 김규식金奎植(1881~1950) 씨 한 사람이오. 다른 나라와 같이 여러 몇백명씩 간 것이 아니오. 만일 다른 나라 같으면 그의 책상 위에는 위로 전보가 수백장 쌓였을 것이오. 실수한 것은 책망해야겠소마는 용감히 나아가게 하기 위하여 도와주어야 하겠소.【말을 잠깐 그치고 미국 각계에서 우리를 원조하는 상황과 서재필 박사 부부의 비상한 활동 등 미주에서 온 소식을 전함.】

순전한 애국심

내가 독립운동의 방침을 말하기 전에 말할 것은, 우리가 3월 1일에 독립만세 부르던 그 순전한 애국심을 잊지 말자는 것입니다. 이 순전한 애국심만 있으면 다투든 싸우든 근심이 없소.

상해에 지방열地方熱(지역주의)이 있다고 근심하는 이 많으나 내 눈으로 보아서는 오히려 지방열이 없어서 걱정이오. 이것이 무슨 말인가. 미국이 참전하고 돈 걸을 때에 지방이 제각기 많이 내려고 경쟁하는 것을 보았소. 우리도 각 지방이 서로 피를 많이 흘리려고, 돈을 많이 내려고 경쟁합시다. 한 지방 사람이 한 자리 얻어갖고 있다고 그것이 지방열이라 하오. 너무 유치한 관찰이오. 만일 내 처가 있으면 편당 가르지 않으려고 다른 아내와 같이 있을 터이오? 어서 색안경을 다 벗읍시다. 진정한 애국심만 갖고 '나'란 것을 다 잊어버리고 나라만 위해 일합시다. 늙은이, 젊은이, 유식한 이, 무식한 이, 미주놈, 상해놈 할 것 없이 다 같이 일합시다. 이 생각이 있어야 실로 방침도 쓸 데가 있지, 만일 이 생각이 없으면 천만가지 방침이 다 쓸데없이 되는 것이오.

금후의 방침

방침이라, 계획이라 하나 이 안창호에게도 별다른 방침이 없고 다만 독립뿐이오. 단결하자, 외교하자, 군사행동 하자, 이것이 3월 1일에 반포한 우리 방침이오.

1. 통일

우리 목적의 하나가 일전에도 말한 바와 같이 우리 대한 사람은 스스로 한 뭉텅이가 되어 다른 나라 사람이 독립을 승인하여주기 전에 나라를 이룹시다. 우리가 원수의 손아귀 아래 물질로는 나라를 이루지 못하나 정신상으로 나라를 이루기 위하여 임시정부를 세웠으니 이제는 불가불 일치단결해야겠소. 독립운동이 일어나 우리나라 최고 기관을 세우려 할 때 서로 소통이 쉽지 않아 동서에서 기관이 일어났으니, 오늘날은 이를 다 통일해야겠소.

아령국민회俄領國民會⁴가 있소. 이로 인하여 각처에서 의혹이 많으오. 그런즉 우리가 다시 정식 대의사代議士를 소집하되 이미 있는 대의사와, 러시아, 중국, 미주 각지에서 정식으로 투표한 의정원議政院을 다시 모아 거기서 지금 있는 7총장(상해 임정의 각부 총장) 위에 우리 집권執權 셋을 택하여 이 세 사람으로 빠리와 워싱턴의 외교도 감독시키고 군사상 행동도 통일적으로 지휘함이 어떻소?(만장 갈채) 그러면 이 계획은 길어도 2개월이면 성공하겠소. 그러니까 그동안은 현재 급한 일은 그대로 처리해갈 것이오.

지식계급 여러분이 반성해야 할 일이 있소. 여러분이 나라를 위하여 따로따로 여러 가지로 일하는 정성은 대단히 감사하나 오늘날은 따로따로 일하기보다 합하여 일하는 것이 좋겠소. 북간도에서 따로 하고 서간도에서도 따로 하고 어디 어디서 따로만 일하면 이는 우리가 스스로 멸망을 취함이외다.

나는 내무총장으로 있는 것보다 한 평민이 되어 어떤 분이 총장이 되든지 그분을 섬겨서 우리 통일을 위하여 힘쓰고 싶소. 그러므로 일전에 취임

---

4 재(在)러시아국민회라는 뜻으로 블라디보스톡에 설립된 최초의 임시정부 대한국민의회를 말함.

식을 하려다가도 주저를 했소. 다른 것 다 잊어버리고 큰 것만 보고 나아
갑시다. 내 부모라도 우리 일에 충성되지 못하면 원수요, 내 원수라도 우리
일에 있어서는 친구가 될 수 있소. 우리가 돈에 대하여서도 많은 돈, 적은
돈 할 것 없이 이제는 동서로 분산되지 말고 다만 한곳으로 도웁시다. 재정
과 의사가 서로 통일되게 일합시다. 내가 잘못하는 것 있으면 책망하십시
오. 하지만 언제든지 나하고 나뉘지 맙시다.(박수) 장난이라도 우리 사이에
혁명이 생긴다는 둥 소리를 하지 맙시다.

2. 외교

우리가 오늘날 하는 외교는 정책이나 수단으로 하는 외교가 아니요, 다
만 정의와 인도로 하는 외교이외다. 우리가 10월에 연맹회(국제연맹)가 열
리기 전에 외교를 많이 해두어야 하겠소. 한일관계를 조사하는 것도 그전
에 해야겠소. 중국하고도 과거부터 미래까지 관계가 그치지 않겠소마는
외교를 따로따로 하지 맙시다. 따로따로 외교하면 오히려 신용을 잃는 것
이외다. 만일 외교하시려거든 정부 허락을 맡아갖고 하시오.

3. 군사행동

우리는 군사 행동의 수양이나 군비나 다 일본보다 못하나 우리는 그렇
게 생각할 것이 아니외다. 다만 일인이 피로 우리나라를 빼앗았으니 우리
도 피로 회복할 것만 생각합시다. 우리가 다 합해도 부족한데 따로따로 나
면 어찌합니까. 피를 흘리되 통일적으로 싸워야 이익이 있겠소.

4. 재정

금전을 모아야겠소. 큰 부자에게 가서 가져올 것도 아니요, 빈부를 물론
하고 다 제 힘껏 내어야 하겠소. 상해에 있는 동포들은 한달에 얼마씩 작정
하고 꼭꼭 냅시다. 부자한테만 바라면 돈이 아니 되오. 힘자라는 대로 내겠

다는 이는 거수하시오.(만장 거수) 그러면 재정 방침이 다 되었소.

결론

임시정부가 한 일이 무엇이오? 동아시아(遠東)에 있는 이가 한 일이 무엇이오? 재정 모집과 시위운동을 계속 한 것이외다. 이것으로 외교와 전쟁과 모든 것이 될 것이오. 내가 며칠 후에는 피 흘리는 이에게 절하겠소마는 오늘은 돈 바치는 이에게 절하겠소. 돈 한푼 갖다 주지 않고 일만 하라 하니 답답합니다.

내가 취임할 때 또다시 무슨 말할지 모르나 오늘 밤만은 "원망도 말고 시기도 말고 딴 집 세우지 말고 무슨 일을 당하든지 지금은 다만 한곳으로 모여 돈을 모으고 통일, 외교, 전쟁 세가지를 잘해나가자" 하는 말뿐이오.

문명 개조의 대세
─상해 연설(1919년 월일 미상)[5]

여러분! 우리 사람이 일생에 힘써 할 일이 무엇일까요. 나는 우리 사람의 일생에 힘써 할 일은 개조하는 일이라 하오. 이렇게 말하니까 혹은 오늘 내가 '개조'라는 문제를 갖고 말하기 위하여 이에 대한 여러분의 주의를 깊게 하려는 것 같소만 나는 결코 그런 수단으로 하는 말은 아니오. 내 평생에 깊이 생각하여 깨달은 바 참마음으로 하는 참된 말씀이오.

우리 전인류가 다 같이 절망하고 또 최종의 목적으로 하는 바가 무엇이오? 나는 이것을 '전인류의 완전한 행복'이라 하오. 이것은 동서고금 남녀노소를 물론하고 다 동일한 대답이 될 것이오.

---

5   주요한 편저 『안도산전서』, 삼중당 1963, 544~49면. 원제는 '개조'.

그러면 이 '완전한 행복'은 어디서 얻을 것이오? 나는 이 행복의 어머니를 '문명'이라 하오. 그 문명은 어디서 얻을 것이오? 문명의 어머니는 '노력'이오. 무슨 일에나 노력함으로써 문명을 얻을 수 있소. 곧 개조하는 일에 노력함으로써 문명을 얻을 수 있소. 그러므로 내가 말하기를 "우리 사람이 일생에 힘써 할 일은 개조하는 일"이라 했소.

여러분! 공자가 무엇을 가르쳤소? 석가가 무엇을 가르쳤소? 소크라테스나 똘스또이가 무엇을 말씀했습니까? 그들이 일생에 많은 글을 썼고 많은 말을 했소만 그것을 한마디로 말하면 다만 '개조' 두 글자뿐이오. 예수보다 좀 먼저 온 요한(세례 요한)이 맨 처음으로 백성에게 부르짖은 말씀이 무엇이오? "회개하라" 했소. 나는 이 '회개'라는 것이 곧 개조라 하오.

그러므로 오늘은 이 온 세계가 다 개조를 절규합니다. 동양이나 서양이나, 약한 나라나 강한 나라나, 문명한 민족이나 미개한 민족이나, 다 개조를 부르짖습니다. 정치도 개조해야겠다, 모두가 개조해야겠다 하오. 신문이나 잡지나 공담이나 사담이나 많은 말이 개조의 말이오. 이것이 어찌 근거가 없는 일이며 이유가 없는 일이겠소? 대세요,[6] 당연의 일이니 누가 막으려 해도 막을 수 없는 일이오.

우리 한국 민족도 지금 개조! 개조! 하고 부릅니다. 그러나 나는 우리 이천만 형제가 이 '개조'에 대하여 얼마나 깊이 깨달았는지 얼마나 귀중히 생각하는지 의심스럽소. 더구나 문단에서 개조를 쓰고 강단에서 개조를 말하는 그들 자신이 얼마나 깊이 깨달았는지 알 수 없소. 만일 이것을 시대의 한 유행어로 알고 남이 말하니 나도 말하고 남들이 떠드니 우리도 떠드는 것이면 대단히 불행한 일이오. 아무 유익이나 효과를 얻을 수 없소. 그런고로 우리 이천만 형제가 다 같이 이 개조를 절실히 깨달을 필요가 있소.

---

6   원문의 '勢요'는 '대(大)' 자의 누락인 듯.

여러분! 우리 한국은 개조해야 하겠소. 이 행복이 없는 한국! 이 문명되지 못한 한국! 반드시 개조해야 하겠소. 옛날 우리 선조들은 개조사업을 잘하셨소. 그런고로 그때에는 문명이 있었고 행복이 있었소만 근대의 우리 조상들과 현대의 우리들은 개조사업을 하지 않았소. 지난 일은 지난 일이거니와 이제부터 우리는 이 대한을 개조하기를 시작해야겠소. 1년이나 2년 후에 차차로 시작할 일이 못 되고 이제부터 곧 시작해야 할 것이오. 만일 이 시기를 잃어버리면 천만년의 유한遺恨이 될 것이오. 여러분이 참으로 나라를 사랑하십니까? 만일 너도 한국을 사랑하고 나도 한국을 사랑할 것 같으면 너와 나와 우리가 다 합하여 한국을 개조합시다. 즉, 이 한국을 개조하여 문명한 한국을 만듭시다.

문명이란 무엇이오? 문文이란 아름다운 것이오, 명明이란 것은 밝은 것이니 즉, 화려하고 광명한 것입니다. 문명한 것은 다 밝고 아름답되 문명치 못한 것은 다 어둡고 더럽습니다. 행복이란 것이 본래부터 귀하고 좋은 물건이기 때문에 밝고 아름다운 곳에 있으되 어둡고 더러운 곳에 있지 않습니다. 그런고로 문명한 나라에는 행복이 있으되 문명치 못한 나라에는 행복이 없습니다. 보시오, 저 문명한 나라 백성들은 그 행복을 보존하며 증진시키기 위하여 그 문명을 보존하고 증진시킵니다. 문명하지 못한 나라에는 행복이 있지도 않거니와 만일 조금이라도 남아 있다면 그 상존한 문명이 파멸을 좇아서 그 남은 행복이 차차로 없어질 것입니다. 이것은 우리가 다 익히 아는 사실이 아니오? 그런고로 "행복의 어머니는 문명이다" 했소.

우리 한국을 문명한 한국으로 만들기 위하여 개조의 사업에 노력해야겠소. 무엇을 개조하자 합니까? 우리 한국의 모든 것을 다 개조해야겠소. 우리의 교육과 종교도 개조해야겠소. 우리의 농업도 상업도 토목도 개조해야겠소. 우리의 풍속과 습관도 개조해야겠소. 우리의 음식, 의복, 거처도 개조해야겠소. 우리 도시와 농촌도 개조해야겠소. 심지어 우리 강과 산까지도 개조해야겠소.

여러분 가운데 혹자는 이상하게 생각하실 겁니다. "강과 산은 개조하여 무엇하나?" "그것도 개조했으면 좋지만 이 급하고 바쁜 때에 언제 그런 것들을 개조하고 있을까?" 하실 겁니다. 그러나 그렇지 않소. 이 강과 산을 개조하고 아니하는 데 얼마나 큰 관계가 있는지 아시오? 매우 중대한 관계가 있소. 이제 우리나라에 저 문명답지 못한 강과 산을 개조하여 산에는 나무가 가득히 서 있고 강에는 물이 풍만하게 흘러간다면 그것이 우리 민족에게 얼마나 큰 행복이 되겠소. 그 목재로 집을 지으며 온갖 기구를 만들고 그 물을 이용하여 온갖 수리에 관한 일을 하므로 이를 좇아서 농업, 공업, 상업 등 모든 사업이 크게 발달됩니다.

이 물자 방면뿐 아니라 다시 과학 방면과 정신 방면에도 큰 관계가 있소. 저 산과 물이 개조되면 자연히 금수禽獸, 곤충, 어오魚鰲(어류와 자라)가 번식됩니다. 또 저 울창한 숲속과 잔잔한 물가에는 철인哲人, 도사道士와 시인, 화객畵客이 자연히 생깁니다. 그래서 그 민족은 자연을 즐거워하며 만물을 사랑하는 마음이 점점 높아집니다. 이와 같이 미묘한 강산에서 예술이 발달되는 것은 사실이 증명하오.

만일 산과 물을 개조하지 아니하고 그대로 자연에 맡겨두면 산에는 나무가 없어지고 강에는 물이 마릅니다. 그러다가 하루아침에 큰비가 오면 산에는 사태가 나고 강에는 홍수가 넘쳐서 그 강산을 헐고 묻습니다. 그 강산이 황폐함을 따라서 그 민족도 약해집니다. 그런즉 이 산과 강을 개조하고 아니함에 얼마나 큰 관계가 있습니까? 여러분이 다른 문명한 나라의 강산을 구경하면 우리 강산을 개조하실 마음이 불 일 듯하실 겁니다. 비단 이 강과 산뿐 아니라 무엇이든지 개조하고 아니하는 데 다 이런 큰 관계가 있는 것이오. 그런고로 모든 것을 다 개조하자 했소.

나는 흔히 우리 동포들이 원망하고 한탄하는 소리를 듣소. "우리 신문이나 잡지야 무슨 볼 것이 있어야지!" "우리나라에야 학교라고 변변한 것이 있어야지!" "우리나라 종교는 다 부패해서!" 이 같은 말을 많이 듣습니다.

과연 우리나라는 남의 나라만 못하오. 실업이나 교육이나 종교나 무엇이든지 남의 사회만 못한 것은 사실이오만 나는 여러분께 한마디 물어볼 말이 있소. 우리 이천만 대한민족 중의 하나인 여러분 각각 자신이 무슨 기능이 있나요? 전문지식이 있소? 이제라도 실사회에 나가서 무슨 일 한가지를 넉넉히 맡아 할 수 있소? 각각 생각해보시오.

만일 여러분이 그렇지 못하다 하면, 여러분의 주위를 둘러보시오. 여러분 동족인 한국 사람 가운데 상당한 기능이나 전문지식을 가진 사람이 몇이나 있소? 오늘이라도 곧 실사회에 나아가 종교계나 교육계나 실업계나 어느 방면에서든지 원만히 활동할 만한 사람이 몇이나 되오? 여러분이나 나나 우리가 다 입이 있을지라도 이 묻는 말에 대하여는 오직 잠잠하고 있을 뿐이오. 그런즉 오늘 우리 한국 민족의 현상이 이만하고 어떻게 우리의 하는 사업이 남의 것과 같을 수 있소. 그것은 한 어리석은 사람의 일이 될 뿐이오.

세상에 어리석은 사람들은 흔히 이러하오. 가령, 어느 단체의 사업이 잘못되면 문득 그 단체의 수령을 욕하고 원망하오. 또 어느 나라의 일이 잘못되면 그중에서 벼슬하던 몇 사람을 역적이니 매국적이니 하며 욕하고 원망하오. 물론 그 몇 사람이 그 일의 책임을 피할 수는 없소. 그러나 그 정부 책임이 다 그 벼슬하던 사람이나 수령 몇 사람에게만 있고 그 일반 단원이나 국민에게는 책임이 없느냐, 하면 결코 그렇지 않소. 그 수령이나 인도자가 아무리 영웅이요 호걸이라 하더라도 그 일반 추종자의 정도나 성심이 부족하면 아무 일도 할 수 없소. 또 설사 그 수령이나 인도자가 악한 사람이 되어서 그 단체나 나라를 망하게 했다 할지라도 그 악한 일을 다 하도록 살피지 못하고 그대로 내버려둔 일은 일반 그 추종자들이 한 일이오. 그런고로 그 일반 단원이나 국민도 책임을 면할 수 없소. 그런즉 우리는 이제부터 쓸데없이 어떤 개인을 원망하거나 시비하는 일은 그만둡시다.

이와 같은 일은 새 시대의 한국 사람으로는 할 일이 아니오. 나는 저 스마일스Samuel Smiles(1812~1904)의 "국민 이상의 정부도 없고 국민 이하의 정부도 없다"(『자조론』Self-Help) 한 말이 참된 말이라 하오. 그런즉 우리 민족을 개조해야겠소. 이 능력 없는 우리 민족을 개조하여 능력 있는 민족을 만들어야 하겠소. 어떻게 해야 우리 민족을 개조할 수 있소?

한국 민족이 개조되었다 하는 말은 즉, 한국 민족의 모든 분자 각 개인이 개조되었다 하는 말이오. 그런고로 한국 민족이라는 한 전체를 개조하려면 먼저 그 부분인 각 개인을 개조해야겠소. 이 각 개인을 누가 개조할까요? 누구 다른 사람이 개조하여줄 것이 아니라 각각 자기가 자기를 개조해야겠소. 왜 그럴까? 그것은 자기를 개조하는 권리가 오직 자기에게만 있는 까닭이오. 아무리 좋은 말을 그 귀에 들려주고 아무리 귀한 글이 그 눈앞에 펼쳐져 있을지라도 자기가 듣지 않고 보지 않으면 할 수 없는 일이오. 그런고로 우리는 각각 자기 자신을 개조합시다. 너는 너를 개조하고 나는 나를 개조합시다. 곁에 있는 김군이나 이군이 개조 아니 한다고 한탄하지 말고, 내가 나를 개조 못 하는 것을 아프게 생각하고 부끄럽게 압시다. 내가 나를 개조하는 것이 즉, 우리 민족을 개조하는 첫걸음이 아니오? 이에서 비로소 우리 전체를 개조할 희망이 생길 것이오.

그러면 나 자신에서는 무엇을 개조할까. 나는 대답하기를 "습관을 개조하라" 하오. 문명한 사람이라는 것은 그 사람의 습관이 문명하기 때문이오. 야만이라 하는 것은 그 사람의 습관이 야만스럽기 때문이외다. 그러므로 여러분의 모든 악한 습관을 각각 개조하여 선한 습관을 만듭시다. 거짓말을 잘 하는 습관을 가진 그 입을 개조하여 참된 말만 하도록 합시다. 글 보기 싫어하는 그 눈을 개조하여 책 보기를 즐겨하도록 합시다. 게으른 습관을 가진 그 사지를 개조하여 활발하고 부지런한 사지를 만듭시다. 이 밖에 모든 문명하지 못한 습관을 개조하여 문명한 습관을 가집시다. 한번 눈을 뜨고 한번 귀를 기울이며 한번 입을 열고 한번 몸을 움직이는 지극히 작은 일까지 이렇게 해야 하오.

어떤 사람들이 말하기를 "그까짓 습관 같은 것이야…" 하고 아주 쉽게 압니다마는 그렇지 않소. 저 천병千兵과 만마萬馬를 쳐 이기기는 오히려 쉬우나 이 일에 일생을 노력해야 하오.

여러분이 혹 우습게 생각하시리다. 문제는 매우 큰 것으로 시작하여 마지막에 이같이 작은 것으로 결말을 지으니까. 그러나 그렇지 않소. 이 세상에 모든 큰일은 가장 작은 것으로부터 시작했고, 크게 어려운 일은 가장 쉬운 것에서부터 풀어야 하오. 우리는 이것을 밝게 깨달아야 하겠소. 이 말을 만일 보통 하는 말로 여겨 우습게 생각하면 크게 실패하오. "그것은 한 공상이요 공론이지 어떻게 그렇게 할 수가 있나?" 이렇게 생각하실 이도 계시리다. 그러나 우리는 그렇게만 생각지 말고 힘써 해봅시다. 오늘도 하고 내일도 하고 이번에 실패하면 다음번에 또 하고… 이같이 나아갑시다.

여러분 우리 사람이 처음에 굴속에서 살다가 오늘 이 화려한 집 가운데서 살기까지, 처음에 풀잎새로 몸을 가리다가 오늘 비단 의복을 입기까지 얼마나 개조의 사업을 계속하여왔습니까? 그러므로 나는 사람을 가리켜서 개조하는 동물이라 하오. 이에서 우리가 금수와 다른 점이 있소. 만일 누구든지 개조의 사업을 할 수 없다면 그는 사람이 아니거나 사람이라도 죽은 사람일 것이오.

여러분, 우리는 '작지불이, 내성군자作之不已, 乃成君子(그치지 않고 힘쓰면 군자가 된다)'라는 말을 깊이 생각합시다. 오늘 우리나라의 일부 예수교인 가운데는 혹 이러한 사람이 있소. "사람의 힘으로야 무슨 일을 할 수 있나, 하느님의 능력으로 도와주셔야지!" 하고 그저 빈말로 크게 기도를 올리고 있습니다. 그러나 그들은 큰 오해요. 그들은 예수가 "구하는 자라야 얻으리라. 문을 두드리는 자에게 열어주시리라"[7] 한 말씀을 깨닫지 못한 것이오. 나는 그들에게 "먼저 힘써 하고 그 후에 도와주시기를 기도하라"고 말

---

7   "누구든지 구하면 받고, 찾으면 얻고, 문을 두드리면 열릴 것이다."[마태오복음 7:8](공동번역)

하고 싶소. "하늘은 스스로 돕는 자를 돕는다"라는 귀한 말을 그들이 깨달아야 하겠소.

여러분! 나는 이제 말을 마치려 하오. 여러분! 여러분이 과연 한국을 사랑하십니까! 과연 우리 민족을 구원하고자 하십니까? 그렇거든 우리는 공연히 방황, 주저하지 말고 곧 이 길로 나아갑시다. 오직 우리의 갈 길은 다만 이 길뿐이오. 나는 간절한 마음으로 이같이 크게 소리쳐 묻습니다.

"한국 민족아! 너희가 개조할 자신이 있느냐?"

우리가 자신이 있다 하면 어서 속히 네 힘과 내 힘을 모아서 앞에 열린 길로 빨리 달려 나갑시다.

무엇이 참된 기독교인의 사랑인가
─상해 한인교회 연설(1919년 월일 미상)[8]

【「요한복음」 1장 3절 이하를 낭독】

내가 이 자리에 나와 강도講道코자 함에 미안한 뜻이 많습니다. 강도라 하는 것은 하느님의 참뜻을 말함이라 내가 일찍이 도덕이나 철학의 경험이 없고 또 교인다운 생활의 경력이 없습니다. 내가 지금 말할 것은 "우리는 사랑합시다"입니다. 이 말은 성경 여러 절에 있습니다. 여러분이 이 문제를 들을 때에는 그 감정이 어떠하십니까. 교인이 된 이는 사랑을 구하고 힘쓰자고 말합니다. 그러나 비유하여 말하건대, 몽골 사막 가운데서 '물' 하는 말을 들을 때에 대단히 기쁩니다. 그러나 양자강 위에서 '물' 하는 말을 들으면 그렇지 않습니다. 물론[9] 알거나 모르거나 사랑을 구하는 정은 일반입니다.

---

8   주요한 편저 『안도산전서』, 삼중당 1963, 549~52면. 원제는 '사랑'.

9   원문의 "고로"는 문맥상 어울리지 않는 부사인 듯.

우리 민족에게 사랑을 위하는 마음이 발한 때가 사막 위에서 '물'이라 하는 말을 들은 때와 같습니다. 그런데 사랑을 너무 부르다 보니 점점 정성이 없고 의식이 없어져 마치 양자강 위에서 '물' 하는 소리와 같이 되었습니다. 고로 우리가 사랑이 어떤 것인가를 묻게 되었습니다. 사랑이라는 것을 보는 이가 없습니다. 이와 같이 한즉, 박애로 종지를 삼은 예수교가 그역적인 이기주의로 타락한 것입니다. 이 말은 처음 회개하는 이에게 사랑이 특별히 있다 함이 아니라 교인된 이가 자기 속에 있는 이기주의를 각성하기 바란다는 뜻입니다. 다음으로 말할 것은 '하느님께서 사랑을 전파'함에 관한 것이오. 우리가 어찌하여 이것을 중히 여기오? 누군가에게 군국주의, 사회주의 그 아래 정치, 상업, 그 아래 공부, 무엇 무엇 하는 것을 "너 무엇을 위하여 그러느냐" 물으면 행복을 위함이라 답할 것입니다. 사랑이라는 것은 인류 행복의 최고 원소이고 행복은 생존과 안락입니다. 생존과 안락이 인류의 행복이 되나니 사람이 생존하되 무엇으로 하나요? 의식주입니다. 이에 가장 필요한 것이 금력金力입니다. 우리의 만반 경영에 금력이 필요하니 금력은 천연 금력이나 인조 금력이라, 어떤 나라든지 삼림, 광산, 천택川澤(내와 못)을 잘 이용해야 금력이 많소. 금력을 잘 만들려면 지력智力이 많아야만 합니다.

　그런즉 지력이 더 필요합니다. 그런고로 세상에서 소학교, 대학교 공부하는 것이 다 지력을 위한 것입니다. 지력은 사랑에서 나옵니다. 큰 정치가는 정치에 큰 재주가 있소. 이를 생각한즉, 사랑을 가진 사람이오. 혹 사랑이 없이 지력이 있는 자가 있다 하여도 이는 세상을 이롭게 하지 못하고 세상을 해롭게 합니다. 안락은 무엇을 말하느냐, 누구든지 사랑이 있어야 안락이 있소. 내가 지금 누구에게든지 사랑을 주고받을 곳이 없으면 안락이 없습니다. 내가 국내에 있을 때에 한 젊은 여자가 우물에 빠져 죽는 것을 보았소. 이 여자는 재물과 전토田土도 많지만 남편의 사랑이 없고 또 시동생이나 부모의 사랑이 없어 항상 눈물을 흘리다가 빠져 죽었소.

사랑을 남에게 베푸는 이가 행복합니다. 우리가 산을 사랑하고 물을 사랑하고 달을 사랑하지만 그 물건에야 무슨 영향이 있소? 예수의 제자가 사랑으로 참혹한 일을 당했소. 그러나 부랑한 사람의 사랑은 이와 같음이 없소. 진정한 안락의 근본은 사랑이오. 그런고로 하느님이 사랑을 권했소. 독생자 예수를 내려 보내어 사랑으로써 피를 흘렸소이다.

내가 사랑이란 말은 정지하고 다른 말을 잠깐 하겠소. 신령한 교인, 신령한 장로, 신령한 목사 하지마는 신령은 눈으로 보지 못하고 귀로 듣지 못하고 손으로 만지지도 못하오. 모 목사의 신령, 모 장로의 신령이란 말이 예수교에 있소. 예수교에서도 특히, 한국 교인이 그러하오. 비유하건대 여러 자루를 들고 무엇이냐 물으면 그 물질로써 대답하오. 베면 베자루, 무명이면 무명자루, 비단이면 비단자루라 하고 물건을 담아 물은즉, 콩자루, 쌀자루, 겨자루라 하오. 같은 자루로되 쌀도 담고 겨도 담소. 그러므로 오늘 신령치 못한 교인이 내일 신령하여지고 오늘 신령한 교인이 내일 신령치 못하여집니다.

그러면 신령이 어떤 것을 이릅니까? 하느님이 내 속에 있음을 이름이오. 이것은 내가 이 방 안에 있는 것과 같지 않소. 하느님이 몇 분이냐 하면 하나라 하오. 하느님이 한국 사람의 속에 있다 하면 저 미국이나 유럽 사람 속에는 없다는 말씀이오? 이 자리의 한 사람에게 있으면 다른 이에게는 없다는 말씀이오? 마치 태양의 빛이 집집마다 비치는 것과 같소. 그 누군가에게 부처가 들어앉았다 하면 부처가 태胎와 같이 있다는 뜻이 아니오. 그 이상과 성품이 같다는 말이오. 또 석가여래가 재생했다 하면 죽었던 석가가 다시 났다는 말이 아니외다. 그러면 성신聖神(성령)이 내게 있다는 것도 또한 같습니다. 내가 국내에 있을 때에 전도사가 어떤 사람에게 말하기를 "저 굴통 속엔 하느님이 들어가지 아니할 것입니다. 당신이 담배를 즐기는데 신성한 하느님이 어찌 담뱃대 속에 있겠습니까?" 한즉, 그 사람 말은 내가 음식을 먹고 물을 마시는 고로 내 속이 더욱 깨끗지 못하다 하는 것과 같소. 이렇게 말할 바는 아니오. 하느님이 내 속에 있다는 것은 나의 신과 하느님의 신이 서로 영통靈通하여지는 것이외다.

「고린도전서」에 나오듯 창기를 가까이하면 창기와 한 몸이 되고 하느님에 가까이하면 하느님이 된다[10] 했소. 또「요한복음」예수 말씀에 나는 네 안에 있고 너는 내 안에 있다[11] 함은 서로 들어왔다 나갔다 함을 이름이 아닙니다. 어떻게 해야 나의 신이 하느님 속에 있고 하느님의 신이 내 속에 있게 하겠소. 마치 태양빛이 구멍이 있어야 들어오는 것과 같습니다. 예로부터 하느님을 본 이가 없지만 우리가 서로 사랑한즉 하느님이 우리 속에 들어오십니다. 고로 신성한 사랑이 있는 사람이 신령한 사람이오. 예수께서 30년 만에 사랑을 가르쳤소. 또 세상에 계실 때에 주림과 추위와 잘 자리 없는 것 등 모든 괴로움을 당하시다가 십자가에 못을 박히셔서 당신의 진정한 사랑을 피로써 시험했습니다. 이 성서가 창세기로부터 묵시록까지 이르는 것이 혹 겸손이니 선함이니 하여 좀 다르다 하나 한낱 사랑이외다. 그러면 예수교의 종지는 사랑이니 이를 행함을 절실히 해야겠소.

만약 어떤 빈곤한 사람이 앓는데 문병하러 가서 신령한 기도로써 병 낫기를 빌고 제 주머니의 돈은 한푼도 안 내어 약이나 미음으로 구원치 아니하는 것이 과연 신령합니까? 아무것도 아니하고 제 주머니의 돈을 내어 구원케 하는 것이 신령한 것이외다. 고로 사회 개량하는 그 공이 어떠하오? 한 사람의 몸을 위하여 돈 1원을 주는 것은 신령하다 하고 전 민족을 위하여 구원하는 것은 신령이라 아니합니다. 지금 어떤 이가 독립운동의 일로 나의 신령이 덜어진다 하며 벌벌 떨고 있소. 지금 독립운동을 위하여 힘을 많이 쓰는 이는 참 진정한 신령을 가졌소. 당장 죽느냐 사느냐, 아슬아슬한

---

10   "창녀와 관계를 하는 사람은 그 창녀와 한 몸이 된다는 것을 모르십니까? 하느님께서 '두 사람이 한 몸이 되리라'고 말씀하시지 않았습니까? 그러나 주님과 합하는 사람은 주님과 영적으로 하나가 됩니다."[고린토인들에게 보낸 첫째 편지 6:16~17](공동번역)

11   "그날이 오면 너희는 내가 아버지 안에 있다는 것과 너희가 내 안에 있고 내가 너희 안에 있다는 것을 깨닫게 될 것이다."[요한의 복음서 14:20](공동번역)

이때 금전과 생명을 희생하는 자라야 오직 신령한 교인이외다.

여러분에게 보이기 위하여 오늘 정부에서 들여온 것이 있소. 이 금반지(패물 등을 돌려 보이면서) 끼던 여자들이 진정 신령한 사람이외다. 이것을 보낼 때에 자기의 이름도 말하지 않았소. 이 여자들은 아무 희망도 없고 아무 요구도 없소. 지금 이 여자들이 깊은 방 속에서 진정한 마음으로 기도하오.

오늘 하느님 앞에서 사랑함은 아무 희망과 요구가 없는 사랑이오. 예전에 대신大臣에게 바치던 사랑은 관찰사觀察使나 군수를 위함이오. 창기는 누구를 사랑하오? 자기의 이해를 위하여 하는 사랑은 영업이지 사랑이 아니오. 영업이라도 협잡이외다.

이번에 큰일을 누가 해야겠소? 우리 교인이 할 일이오. 이천만을 건지는 일을 신령이라 아니하면 이는 허위요. 그러면 이번 운동을 어떻게 해야 하오? 모두가 마땅히 돈을 턱턱 가져오고 생명을 턱턱 바치고 있는데 우리 교인은 제 집에 재물을 많이 쌓아두고 내가 살아남은 후에야 독립이 필요하다 합니다. 내 생각에 이 정부 안에서 1주일 안에 돈 10만원 이상이 있어야만 유익한 일이 많겠소이다. 상해에 온 젊은 교인들은 자기의 몸을 본위 삼아 일하지 말고 대한의 국가를 본위 삼고 일하시오. 내가 간절히 비는바, 이때에 뜨거운 피를 뿌리면서 통일하기 위하여 활동합시다.(기도) 내가 오늘 한 말이 참으로 하느님의 뜻과 같으면 이 말씀을 들은 여러 사람이 이 일을 위하여 큰 힘을 많이 내어 실행하실 이 많을 줄 믿나이다.

방황하지 말고 전진합시다

— 민단강연회(1919. 12. 7)[12]

만일 할 수만 있다면 나는 이 말을 하늘땅 저 끝(天涯地端)의 한민족에게까지 전하려 하오. 같은 대한의 남자와 여자여, 이때는 방황할 때가 아니라 전진할 때라고. 우리 대업의 성패는 전혀 우리 민족의 방황 여부에 달렸소. 그러므로 우리가 각각 먼저 판단할 것은 '나는 방황하는 자가 아닌가' 함이외다. 우리가 방황하면 우리의 독립에 대하여 세계도 방황하고 일본도 방황하고 따라서 우리의 자유와 독립도 방황할 것이외다.

3월 1일 이래로 우리는 방황하지 아니하고 전진했소. 만일 지금 와서 방황하면 우리에게 올 것은 죽음뿐이외다. 우리는 배수의 진을 친 자이니 성공이 가까워도 나아가야 하고 멀어도 나아가야 하며 살아도 나아가려니와 죽어도 나아가야 하오. 독립이 완성되는 날까지. 그렇지 아니하면 우리가 다 죽는 날까지 전진해야 하오.

우리 중에 혹 비관하는 자가 있는 듯하나 그것은 잘못이니 대한민족은 낙관할 것이외다. 혹 우리의 실력이 남만 못한 것을 의심하여 비관을 낳는 지자知者가 있소. 그는 말하되 '우리에게는 병기도 무장도 숙련된 군사도 없으니 무엇으로 전쟁을 하며, 외교에 뛰어난 인재가 없으니 무엇으로 외교를 하랴' 하여 혹 물러나 숨으려는 자도 있거니와 이는 잘못이니 동포들은 낙관하십시오.

미국이 독립을 운동할 때에 미국의 지도자는 런던의 외교가만 못했을 거요. 미국의 인민도 수數로나 질質로나 부富로나 영국 인민만 못했을 것이오. 학자도 그러하고 군비도 그러할 것이외다. 만일 당시 미국 인민이 영국

---

12 원제는 '勿彷徨', 『독립신문』, 1919. 12. 27. '민단'이란 1918년 결성된 상해고려교민친목회가 임시정부의 산하조직으로 편제되며 개칭(1919. 9)된 상해대한인민단(上海大韓人民團)을 말함.

의 실력에 자신을 견주어 방황했던들, 미국은 독립하지 못했을 것이외다. 그러나 미국 인민은 자유가 아니면 죽음이라는 결심으로 혈전 8년에 마침내 독립을 얻었소. 그러므로 우리도 방황하면 독립을 얻지 못하고 전진만 하면 독립은 자연 얻을 것이외다.

과거의 지사들은 10년간 수천인이라도 일시에 일어나기를 꾀했으나 얻지 못했는데, 3월 1일에는 전국민이 일어나지 않았습니까. 이는 실로 반만년 역사 중에 극히 영광스러운 일이외다. 과거에는 우리가 세계에 대하여 우리를 존경하기를 청하여도 얻지를 못했거늘 지금은 세계가 우리를 존경하지 아니합니까. 처음 임시정부를 설립할 때는 각지의 우두머리가 모두 모이기를 바랐거늘 지금은 완전히 모여 그 열성과 화합하는 상태는 실로 기쁨을 억누를 수 없게 되었으며, 과거에는 국내 동포의 사상과 행동이 통일되기를 바랐거늘 지금은 통일되었소. 그리고 본즉 대한민족이 오늘의 행운을 맞는 데 필요한 것은 오직 인사(人事)뿐이외다. 각자가 결심하고 전진하면 우리 일은 성공할 것이요, 각자가 할까 말까 하고 방황하여 실제로 무엇이든 하는 일이 없으면 우리 일은 없어질 것이외다. '하겠다' 하시오. '할 것'이 무엇이냐, 물론 결국은 피를 흘리는 것이지요. 생명을 희생하는 것이지요. 그렇지마는 오늘 우선 할 것은 돈을 만들거나 몸으로 사역을 하거나 무엇이든지 하는 것이 있어야 할 것이오. '너는 무엇을 하느냐' 하고 물을 때에 대답 못 하는 자는 큰 죄인이라 하겠소.

작은 손으로 눈을 가리면 태산과 대양을 보지 못함과 같이 마음속 작은 감정은 큰 본분을 잊게 하는 것이오. 개인 간의 작은 감정을 일절 베어〔艾除〕버리시오. 사사로운 싸움을 겁내고 나라 위한 싸움〔公戰〕에는 용감하시오. 이 대통령(이승만)에게 불평이 있거든 버리시오. 그렇지 않으면 오히려 가인嘉仁[13]에 대한 불평을 덜게 되리다. 완전한 자유국민이 된 뒤에 자유로

---

13   요시히토 일왕, 1879~1926. 이하 본문 전체에서 요시히토로 표기.

논평하고 탄핵도 하시오. 미국에서도 전전과 전후에는 윌슨을 자유로 공격했으나 전쟁하는 동안에는 그를 공격한 자가 없을뿐더러, 집집마다 그의 사진을 걸고 혹은 아버지라 하며, 혹은 형이라 불러 그를 존경했소. 만일 이 총리(이동휘李東輝, 1873~1935, 당시 임시정부 국무총리)에게 허물이 있거든 그 허물을 내가 쓰고 가인과 원경原敬(하라 타카시, 1856~1921, 당시 일본 내각총리대신)을 적敵합시다. 오직 일본만 적하고 우리끼리 서로 싸우는 일은 없게 합시다. 허물 없는 사람이 없으니 모든 것을 다 용서하시오.

세상이 흔히 상해 임시정부에는 편당이 있네, 결렬이 있네, 그러니까 망했네 하오. 설사 상해 전체가 다 결렬된다 한들 이천만 인민이 다 결렬될 리야 있겠소? 가령 여운형呂運亨(1886~1947) 사건[14]으로 보더라도 양방이 의견이 상이할 뿐이요, 묵은 시비(孰是孰非)가 있음이 아니외다. 일 해가는 데 의견의 불합이 있음은 피치 못할 일이거늘 조금이라도 의견이 불합하면 '저놈들 또 싸우네'하며 '독립 다 되었다' 하오. 이리하여 말로 글로 있지도 아니한 파당이나 결렬을 있는 듯이 떠들어 적이 수백만을 들여서라도 하려는 악성 프로파간다를 하는구려. 개조(임시정부의 개편) 승인 문제에 관하여서도 양방에 다소의 의견이 있으므로 고려, 토의할 필요가 있다 하여 5차에 걸쳐 회의했을 뿐이거늘 세력 싸움을 하네, 지위 싸움을 하네 하여 인심이 요란하오.

전진하려면 힘이 있어야 하오. 만사는 힘에서 나오는 것이오. 우리에게는 힘이 있소. 다만 실현이 아니 되었을 뿐이오. 그런데 어찌하면 실현될까. 여러 가지 조건이 있지마는 통일이 으뜸이오. 즉 우리가 큰 힘을 얻으려면 전국민의 통일을 부르짖어야 하겠소. 무력도 통일하고 금력과 지력

---

14 일본 정부가 여운형을 친일자치론으로 회유하기 위해 토오꾜오로 초청하자 임시정부 내에서 찬반논란이 뜨겁게 일어났던 일을 가리킴. 여운형은 일본의 초청에 응해 토오꾜오를 방문, 오히려 토오꾜오 제국호텔에 모인 내외신 기자단 앞에서 우리 독립의 의지와 정당성, 방향을 천명하는 연설(1919. 11. 27)을 펼침으로써 하라 내각이 퇴진하는 계기를 만들었다.

도 통일해야겠소. 그러면 통일의 방법은 무엇이오? 첫째는 각지 각 단체의 의사를 소통하여 동일한 목적하에 동일한 각오를 갖게 함이니, 우리는 과거의 모든 악한 생각을 회개하고 하나가 될 결심을 해야겠소. 내 의견으로 보건대, 이미 성립된 정부에 복종하는 것이 으뜸가는 통일책이라 하겠소. 혹 말하기를 '정부가 인민을 통일해야지, 정부가 무능력하니까' 하지마는 정부가 능력이 없다고만 탓하는 까닭에 정부에 능력이 없는 것이오. 자기의 모든 힘을 다 정부에 바치면 정부는 능력이 있게 될 것이외다.

요컨대 그치지 말고 오래 견디어 나아갑시다. 저마다 나아가면 악이 아니 생길 것입니다. 과거 일은 다 잊어버리시오. 위임통치니 자치니 하던 문제도 다 잊어버립시다. 우리는 과거에 사는 자가 아니라 미래에 살 자이외다.

우리 국민이 단정코 실행할 6대사大事
─ 상해동포 신년축하회 연설[15]

병이 있어 말하기가 어렵소. 오늘날 우리 국민이 반드시 실행해야 할 6대사가 있소. 그것은 (1)군사 (2)외교 (3)교육 (4)사법 (5)재정 (6)통일이오. 본 주제에 들어가기 전에 딴말 몇 마디 할 필요가 있소.

오늘날 우리나라에는 황제가 없습니까? 있소. 대한나라의 과거에는 황제가 한 사람밖에 없었지만 지금은 이천만 국민이 모두 다 황제요. 여러분이 앉은 자리는 다 옥좌이며 머리에 쓴 것은 다 면류관입니다. 황제란 무엇이오? 주권자를 이름이니 과거의 주권자는 오직 한 사람이었으나 지금은 여러분이 다 주권자입니다. 과거에 주권자가 한 사람이었을 때는 국가의 흥망도 한 사람에게 있었지만 지금은 인민 전체에 있소. 정부 직원은 노복

---

15   임시정부 『독립신문』 1920. 1. 8 및 1. 10(총 2회 분재). 1회분은 1월 3일 연설을, 2회분은 1월 5일 연설을 기록한 것임.

奴僕이니 이는 정말 노복이오. 대통령이나 국무총리나 다 여러분의 노복이외다. 그러므로 군주인 인민은 그 노복을 바르게 다스리는 방법을 연구해야 하고 노복인 정부 직원은 군주인 인민을 바르게 섬기는 방법을 연구해야 하오.

정부 직원은 인민의 노복이지만 결코 인민 개개인의 노복이 아니요, 인민 전체의 공복公僕이오. 그러므로 정부 직원은 인민 전체의 명령은 복종하려니와 개인의 명령을 따라 마당을 쓰는 노복은 아닐 것이오.(웃음과 박수) 그러니까 정부의 직원으로써 친구나 사복을 삼으려 하지 마시오. 그러지 말고 공복을 삼으시오. 나는 여러 사람이 국무원을 방문하고 개인 감정을 논하며 사사로운 일을 부탁하는 것을 보았소. 이는 크게 불가한 일이니, 공사를 맡은 자와는 결코 한담을 마시오. 이것이 심상한 일인 듯하지만 기실 큰일이오. 지금부터 정부 직원은 아들이라도 아들로 알지 말고 친구라도 친구로 알지 마시오. 친구를 위하여 공사를 해함은 큰 죄요.

황제인 여러분은 신복臣僕인 직원을 부리는 법을 알아야 하오. 노복은 명령과 견책으로만 부리지 못하니 어르고 추어주어야 하오. 미국에서 동양 사람 많이 부려본 어떤 부인의 말에, 일본인은 매사에 일일이 간섭을 해야 하고 중국인은 간섭하면 골을 내며 무엇을 맡기고는 뒤로만 슬슬 보살펴야 하고, 한국인은 다만 칭찬만 하여주면 죽을지 살지 모르고 일을 한다 하오. 칭찬만 받고 좋아하는 것은 못난이의 일이지만 잘난 이도 칭찬하면 좋아하는 법이오.(웃음) 그러니까 여러분도 당국자를 공격만 말고 칭찬도 하여주시오.(박수)

또 하나 황제 되는 여러분이 주의할 것은 여러분이 나뉘면 개인이 되어 주권을 상실하고 합하면 국민이 되어 주권을 향유한다는 것입니다. 그러므로 여러분은 합하면 명령을 발하는 자가 되고 나뉘면 명령에 복종하는 자가 되는 것이오.

또 하나 여러분 중에 각 총장들이 총장인 체하는 것을 시비하는 이도 있거니와 총장이 총장인 체하는 것이 어찌하여 그르오? 국민이 위탁한 영직榮職을 영광으로 알고 자존자중함은 당연한 일이오. 만일 총장 또는 기타 정부 직원이나 독립운동의 여러 부문에서 일하는 이들이 자기의 직임을 경시하고 자존자중함이 없다 하면 이는 국가를 무시하는 교만한 사람이오.

또 하나 국무원의 내부 사정을 말하리다. 기존 인물〔舊〕만으로도 안 되고 새 인물〔新〕만으로도 안 될 때에 기존 인물도 있고 새 인물도 있소. 또 반신반구半新半舊도 있어 조화합니다. 늙은이도 있고 젊은이도 있는데 또 한 중년도 있어 이를 조화하오. 일에 적합한 재능으로 말하면 문文도 있고 무武도 있소. 각지에 있던 인재가 모이기 때문에 각지의 사정을 다 잘 압니다. 성격으로 논하건대 첫째, 여우를 앞에 놓고 그것을 먹으려고 눈을 부릅뜬 범 같은 이도 있소. 언젠가 여러분이 탄핵 비슷한 일을 할 때에 그는 "너희들 암만 그래도 나는 왜놈을 다 죽이고야 나가겠다" 했소. 또 예수의 사도같이 온후한 이도 있소. 평생을 소리가 없는 듯하나 속으로 꼭꼭 일하는 이, 도서관 같은 이, 천치같이 울면서도 심부름하고 일하는 이도 있소. 만일 이 종들이 불만이어서 다른 종이 필요하거든 다 내쫓고 새 종으로 갈아대시되 만일 쓸 만하거든 부족하나마 어르고 추어가면서 부리시오.

나는 단언하오. 장래에는 모르지만 지금 이 이상의 내각은 얻기 어렵소. 이혼 못 할 아내거든 분粉이라도 더 발라놓고 귀하게 여기시오. (웃음과 박수)

군사軍事

이제부터 본론에 들어가려 하오. 이 6대사는 가장 중요한 것이오. 이를 단행하려 하면 지극히 성실한 연구가 있어야 하고 그런 후에야 명확한 판단이 생길 것입니다. 우리의 사업은 강폭한 일본을 파괴하고 잃었던 국가를 회복하려 함이니 이러한 대사업에 어찌 심각한 연구가 필요하지 아니하겠소? 묻노니 여러분은 매일 몇 번씩이나 국가를 위하여 생각하나요?

우리는 날마다 때마다 생각하고 연구해야 할 것이외다. 어떤 이는 말하기를 저마다 생각하면 이상한 견해들이 여러 갈래로 쏟아져 나올 것이라 하나 지성至誠으로 연구한 경험이 있는 자는 결코 이상한 견해를 세우지 아니하오. 모르는 자들이 흔히 생각 없이 있다가 남이 무슨 말을 하면 "아니오, 아니오" 합니다.

우리가 당면한 대문제는 우리 독립운동을 평화적으로 계속하느냐, 방침을 고쳐 전쟁을 하느냐 함이오. 평화 수단을 주장하는 이나 전쟁을 주장하는 이나 그 성충은 하나요. 평화론자는 말하기를 우리들은 의사를 발표할 뿐이니 피아의 형세를 비교하건대 전쟁은 계란으로 바위치기이므로 차라리 세계의 여론에 호소함만 같지 못하다 하오.

주전파는 말하기를, 한인이 전쟁을 선포한다고 해도 결코 과격파의 혐의를 받지는 않을 것이니 남들은 남의 나라 독립을 위해서도 싸우는데 제가 제 독립을 위하여 싸우는 것은 당연한 일이 아닌가. 또, 피아의 세력을 비교하는 것은 어리석은 일이니 우리는 승리와 실패를 고려할 게 아니라 내 동포를 죽이고 태우고 모욕함을 보고 죽기를 각오함은 당연한 일이므로 우리는 의리로나 인정으로나 아니 싸우지는 못할 것이다.(박수와 열호) 또, 일본의 현 상황은 일본 유사 이래로 가장 허약한 지위에 처했으니 바깥의 원한과 내부분열의 격렬함이 오늘에 이르렀다. 그러므로 우리는 싸우면 승리할 것이다. 이렇게 말하오.(옳소 박수) 진실로 우리는 시기로 보든지, 의리로 보든지 아니 싸우지 못할 때라고 단정하시오.(박수갈채)

그러나 함부로 나갈까, 준비를 이룬 후에 나갈까, 어떤 이는 말하기를 혁명사업은 타산적으로 할 수 없으니 준비를 기다릴 수 없다 하오. 그러나 준비는 필요합니다. 물론 나의 준비라 함은 결코 적의 역량에 비할 만한 준비를 가리킴이 아니나, 그래도 절대로 준비는 필요하오. 편싸움에도 노랑이, 빨강이가 모여서 작전 계획에 부심하거니 준비 없이 나아가려 함은 독립전쟁을 너무 경시하는 것입니다. 군사 1인당 하루 20전이라 쳐도 1만명을 먹이려면 1개월에 6만원이나 되오. 준비 없이 개전하면 적에게 죽기 전에 굶주림에 죽을 것이오. 그러므로 만일 전쟁을 찬성하거든 절대로 준비가 필요할 줄을 자각하시오. 누군가는 말하기를 "준비, 준비하지 말라. 과거 1년간을 준비하느라고 아무것도 못하지 않았느냐" 하지만 과거 10년간 못 나간 것은 준비한다 하여 못 나간 것이 아니요, 나간다, 나간다 하면서 준비하지 않았기 때문에 못 나간 것입니다. 나간다, 나간다 말하는 대신 준비한다, 준비한다 했던들 벌써 나가게 되었으리라 믿소.(박수)

대포, 소총, 비행기, 여러 가지로 준비할 것 많거니와 먼저 준비할 것은 대한제국 시대의 군인이나 의병이나 기타 군사의 지식 경험이 있는 자를 조사 통일해야 할 것이오.(박수) 없던 군대를 새로 만들어 싸우려 하니 군사에 관계 있는 자들이 다 모여서 작전을 계획할 필요가 있소. 나는 서북간도의 장사將士들에게 묻노니, 네가 능히 혼자 힘으로 일본을 당하겠느냐? 진실로 네가 일본과 싸우려거든 합하여라. 혹은 정부의 무력함을 비웃거니와 합하면 너의 정부는 유력하리라. 우리 민족 전체가 합하고 나서도 오히려 외국의 힘까지 끌어와야 하겠거든 하물며 대한인끼리도 합하지 아니하고 무슨 일이 되리오? 만일 그들이 진실로 독립전쟁을 주장한다면 반드시 이동휘의 명령에 일제히 복종해야 하오.(박수갈채)

다음에는 훈련이오. 용기 있는 이들은 되는 대로 들고 나간다 하오. 정말 그런 생각이 있거든 배우시오. 훈련은 절대로 필요하오. 전술을 배우시오. 그러나 정신적 훈련이 더욱 필요하오. 아무리 좋은 무기를 가졌다 할지라도 정신상 단결이 필요하거니와 하물며 우리의 경우엔 어떻겠습니까? 이 정신을 실현하려면 국민개병주의國民皆兵主義라야 하오. 독립전쟁이 공상이 아니라 사실이 되려면 대한 이천만 남녀가 다 군인이 되어야 하오.(박수갈채) 그 방법이 무엇인가요? 선전宣傳을 잘하는 것입니다. 각지에 다니면서 입으로 붓으로 국민개병주의를 선전하고 실시해야 하오. 그러나 글보다도 입보다도 가장 유력한 것은 몸으로 하는 선전이오. 그렇다면 우리는 다 군사 교련을 받읍시다. 매일 한 시간씩이라도 배웁시다.(박수) 나도 결심하겠소. 다만 30분씩이라도 군사학을 배우면 대한인이요, 그렇지 않으면 대한인이 아니오.(갈채) 배우려면 배울 수 있소.(갈채) 여자들도 배워야 하오.(갈채) 군사적 훈련을 아니 받는 자는 국민개병주의에 반대하는 자요, 국민개병주의에 반대하는 자는 독립전쟁에 반대하는 자요, 독립전쟁에 반대하는 자는 독립에 반대하는 자요.(갈채) 내일부터 각각 등록하게 하시오.

지금 내 건강이 못 견디게 되었으니 죄송하지만 오는 월요일(1920. 1. 5) 오후 7시에 다시 모여주시겠소?(일동이 거수로 승낙)[이상 첫날 연설]

* * * * * *

지난밤(1920. 1. 3)에는 매우 분했소. 말하다가 기운이 다하여 중단하기는 이것이 처음이오. 남의 나라는 남의 나라를 위하여 싸우는데 우리는 우리 자신을 위하여 싸우는 것이 마땅하지 아니하오? 우리는 의리로든지 인정으로든지 싸워야 하오. 나는 지난번에 이러한 말씀을 드렸소.

우리는 흔히 어서 독립을 완성하여 한성漢城에 들어가자고 말합니다. 이것은 대단히 기쁜 일이지만 대한의 독립을 보지 못해도 좋다는 결심이 있어야 독립을 볼 수 있을 것이오. 저마다 "죽겠다" 각오하면서도 정말 죽을 때에는 생명이 아까울는지 모르겠으나 만일 노예의 수치를 절실히 깨닫는다면 죽음을 무서워하지 아니할 것이오.(박수) 살아서 독립의 영광을 보려 하지 말고 죽어서 독립의 거름이 됩시다. 입으로 독립군이 되지 말고 몸으로 독립군이 됩시다. 그리하여 어떻게 해서든 독립전쟁을 꼭 이루겠다고 결심해야 합니다.

실제 전투로서 전쟁을 오게 하기 위해서는 평화적 전쟁을 계속해야 하오. 평화적 전쟁이란 무엇이오? 만세운동도 그 하나입니다. 물론 만세로만 독립될 것은 아니지만 그 만세의 힘은 심히 위대하여서 안으로는 전국민을 움직였고 밖으로는 전세계를 움직였소. 과거에는 미국 인민이 우리를 위하여 그들 정부를 책려하더니, 지금은 도리어 의회와 정부가 인민을 격려합니다. 나는 상원에서 우리를 위하여 소책자를 돌리는 것도 보았소. 이 역시 평화적 전쟁의 효과가 아닙니까? 대한동포로서 적의 관리가 된 자가 퇴직하는 것도 다 평화적 전쟁이요, 일반 국민으로 하여금 적에게 납세를 거절하고 대한민국 정부에 납세케 하는 것, 일본의 깃발을 사용치 말고 대한민국의 깃발을 사용하는 것, 가급적 일본 화폐를 배척하는 것, 일본 관청에 송사訟事 및 기타의 교섭을 단절하는 것, 이런 것도 다 평화적 전쟁입니다. 이것도 힘 있는 전쟁이 아닙니까?

국민 전부는 말고 일부만 이렇게 한다 하더라도 효력이 어떠하겠소? 어떤 이는 이것만으로는 아니 된다 하겠으나 대전大戰을 개시하기까지는 그것을 계속해야 합니다. 이러한 평화적 전쟁에도 수십만의 생명을 희생해야 하오. 이것도 독립전쟁입니다. (박수) (『독립신문』 1920. 1. 8)

외교外交

첫째, 오늘날 외교를 논함이 옳으냐 그르냐가 문제요. 누구는 세계의 동정同情이 필요하니 외교가 필요하다 하고, 또 누구는 우리나라는 외교로 망했다 하여 외교를 부인하오. 외교를 부인하는 이의 심사는 외교를 외교로 알지 아니하고 외국에 의뢰함으로 아는 것이오. 대한제국 시대의 우리 외교는 과연 그러했소. 그러나 그도 영국이나 미국의 원조를 싫어함은 아니었소. 외교론자는 이에 대하여, 우리 외교는 결코 대한제국 시대의 외교가 아니라 독립정신을 갖고 열국의 동정을 우리에게 끌어오려 하는 것이라 말합니다.

내가 외교를 중시하는 이유는 독립전쟁의 준비를 위함이오. 평시에도 그러하지만 전시에는 비록 한 나라라도 내 편에 더 넣으려 하는 것이오. 이번 대전에 영국, 프랑스 양국이 미국의 각계를 향하여 거의 애걸복걸로 외교하던 모습을 보시오. 독일이 터키 같은 나라라도 애써 끌어넣은 것을 보시오. 그러므로 진정한 독립전쟁의 의사가 있다면 외교를 중시해야 할 것이니, 군사에 대하여 지성을 다함과 같이 외교에 대해서도 지성을 다해야 하오.

누구는 말하길 영국, 미국, 프랑스, 이딸리아 등 모든 나라들은 일본이나 다름없이 남의 땅을 빼앗고 인민을 노예화하는 도적놈들이니 그들과 외교를 한댔자 아무 효과가 없으리라 하지만, 나는 확답하오. 우리는 대한제국 시대의 외교를 벗어나 평등의 외교를 하는 것이오. 이것으로 우리는 열국의 동정을 이끌 수 있다 하겠소.

영일동맹은 러시아의 침략을 두려워해서 한 것이오. 그러나 지금 러시아는 침략정책을 버리기도 했고 행하지 못하게도 되었으니, 지금 영국이 꺼리는 것은 오직 일본뿐이오. 호주[16]와 인도는 늘 일본의 위협 아래 있소. 또 이번 대전에 영국, 프랑스 양국은 병력과 경제에 큰 타격을 받았지만 일본은 그동안에 참전했다 일컬어져 썩은 총을 러시아에 팔고 신예 무기를 더 제조하여 졸부졸강猝富猝强(갑자기 부강해짐)하게 되었소. 그러므로 영국의 의도는 일본의 강세를 꺾으려 하는 것이겠고 프랑스는 그 와중에도 더욱 피폐하여 영국과 친선관계를 유지하며 동일한 보조를 취할 필요가 있소. 지금 사실상 영불동맹이 성립된 것이 이 때문이오.

그러면 어떤 이는 영국, 미국, 프랑스, 이딸리아는 화협할 것이다, 그러나 독일이 무섭다, 아마 복수하려고 독일, 러시아, 일본 사이의 동맹을 만들려 하리라 말하지만 이는 대세를 모르는 자의 말이오. 독일 국민의 다수

---

16 『독립신문』의 원문에 '濠洲(호주)'로 표기된 것을, 『안도산전서』(1963)에서 독립기념관 독립운동정보시스템에 이르기까지 '滿洲(만주)'로 잘못 옮기고 있어 바로잡는다. 문맥상으로도 일본의 태평양 진출을 우려하는 영국의 입장을 설명하는 대목이거니와 도산의 국제정치적 안목을 보여주고 있어 더욱 정확성을 기할 필요가 있다.

는 이미 제국주의를 포기하고 침략주의 사상은 거의 일소했으니 그들이 혹 경제적으로 부활한다 하더라도 군국주의로 부활하여 유치幼稚한 일본을 신뢰하지는 않을 것입니다. 또 앞으로 세계의 대세는 사회주의적으로 기울 것이요, 결코 군국주의적으로 역진하지는 아니할 것입니다.

또 러시아로 논하자면 일본은 그들에게 불공대천不共戴天의 원수일 것이오. 러일전쟁의 원한은 고사하고 그네가 많은 피로써 신국가를 건설(10월혁명 이후의 소비에트 러시아)하려 할 때에 제일로 방해한 것이 일본[17]이 아닌가요? 과격파[18]라는 이름을 누가 지었으며 연합군을 누가 끌어들였으며 학살을 누가 행했나요? 현재 러시아의 가장 큰 원수는 일본일 것이니 우리는 러시아를 우리 편에 넣을 수 있소.[19] 미국에 대하여는 더 말할 것이 없소. 그의 상하 양원, 그의 각 계급의 인민이 이미 우리 편 됨을 증명하지 않았나요? 아시아 문제, 태평양 문제는 앞으로 미국의 정치와 경제, 따라서 군사의 중심 문제가 될 것이오. 미국이 대육군, 대해군을 건설할 때에 상정하는 가상의 적이 누군지를 생각하면 알 것이오.

또 아직 세계에 인도주의는 없다 하지만 이는 왜곡된 얘기요. 거짓 인도주의를 쓰는 자도 있지마는 참으로 인도주의를 주창하고 실행하는 자가 있는 것도 사실이오. 미국의 참전에 비록 여러 가지 동기가 있다 하더라도 인도주의가 그 주요한 동기 중에 하나인 것도 사실이오. 어느 점으로 보든지 열국의 동정은 일본에게로 가지 아니하고 우리에게로 올 것이 명확하니 다만 우리가 힘을 쓰느냐 아니 쓰느냐에 달렸소.

그 밖에 제일 중요한 것은 대對중국, 대러시아 및 대몽골 외교요. 중국이

---

17   10월혁명의 성공 이후, 적백내전(赤白內戰)이 발발한 러시아에서 일본을 비롯한 미국, 영국, 프랑스 등은 백군을 지원하기 위해 이른바 시베리아출병을 감행했으며 이에 가장 적극적이었을 뿐 아니라 가장 마지막까지 버틴 것이 일본이었다.

18   일본은 과격파를 저지한다는 명분으로 시베리아에 주둔했는데 여기서 과격파란 볼셰비키를 말함.

19   실제로 시베리아의 조선인 독립군들은 적극적으로 적군(赤軍)을 지원해 일본과 싸웠다.

나 몽골도 일본에 적대할 것은 현재의 사실이 증명하오. 이에 우리는 이번 독립전쟁의 선봉이 되어 이웃나라들을 이끌어야 할 것이오.

대중국 외교는 매우 어렵습니다. 현재의 북경정부[20]는 반드시 중국을 대표하는 중앙정부가 아니며 또 일본인의 정부인지 중국인의 정부인지도 분명치 아니하오. 또 각 성省의 성장이나 독군督軍도 그 성에서는 왕이지만 서로 일치하지는 아니하오. 그러나 소위 21개조 요구[21]로 전 중화 4억만 인구가 일제히 배일排日의 격렬한 감정을 갖게 됨은 하늘이 우리에게 준 행운이오. 그러므로 우리는 각 성, 기타 각 부분을 떼어서 외교함으로써 전부는 몰라도 여러 성을 얻을 수는 있소.

대러시아 외교는 극히 용이하오. 기밀이라 다 말할 수 없거니와 힘만 쓰면 될 것이오. 그리하여 요시히또가 소거백마素車白馬[22]로 와서 항복하고야 말 것이오.(박수갈채)

만일 우리가 세계의 동정을 모두 잃는다면 우리 이천만 남녀는 다 나가 죽어야 하오. 그만큼 세계에다 최후의 일인, 최후의 일각이라고까지 성명해놓고 노예로 살아감은 더 심한 수치요.(박수갈채) 각각 적당한 재주를 택하여 각국에 선전해야 하오. 대한민족의 독립을 요구하는 의사와 독립국민이 될 만한 자격과 대한의 독립이 열국의 이익 및 세계의 평화에 도움이 될 것을 선전해야 하오. 지금 각국은 여론정치니까 민중의 여론만 얻으면 그 정부를 움직일 수 있소. 각국에 상당한 대표자를 보내어 국제연맹에 대다수의 내 편을 얻어야 하오. 나를 외교 만능주의자라 함은 근거 없는 얘기요. (중략) 일본도 사면초가임을 보고 여선생[23]을 청하여 빌어본 것이오.(박수)

---

20 1912~1928까지 베이징을 중심으로 존재했던 중화민국의 군벌 과도정부. 북양군벌 중심으로 수립되어 북양정부라고도 불림.

21 1차대전 발발 후 영일동맹을 근거로 연합군 측에 참전한 일본이 중국의 독일 조차지였던 산둥반도를 점령하고 21개에 달하는 실권과 특혜를 북경정부에 요구(1915. 1. 18)한 것.

22 흰 포장을 두른 수레와 백마. 장례의식과 관련되거나 전쟁에서 항복을 의미.

23 몽양 여운형을 말함.

일반 국민이 주의할 것은 외교는 정부만 하는 것이 아니라 전국민이 다 해야 한다는 것이오. 각각 자기가 만나는 외국인으로 하여금 대한인을 경애할 사람이라 여기게 하시오. 비록 인력거 끄는 쿨리〔苦力〕에게까지라도.

교육敎育

독립운동 기간에 우리는 교육을 힘씀이 마땅할까요? 나는 단언하오. 독립운동 기간일수록 더 교육에 힘써야 한다고. 죽고 살고 노예 되고 독립됨이 판정되는 것은 지력과 금력으로써요. 우리는 아무리 하여도 이 약속을 벗어나지 못하오. 우리 청년이 하루 동안 학업을 폐하면 그만큼 국가에 해가 되는 것이오. 본국에는 아직 우리의 힘으로 교육을 실시하지 못하지만 기회 있는 대로 공부를 해야 되고 시켜야 되오. 독립을 위하여 공부를 게을리 아니하는 이야말로 독립의 정신을 잃지 아니하오. 국가를 위하여 독립을 위하여 시간 있는 대로 힘써 공부하시오.

또 국민에게 좋은 지식과 사상을 주고 애국의 정신을 거발하기 위하여 좋은 서적을 많이 간행하여 이 시기에 적합한 특수한 교육도 해야 하고, 학교도 세우고 교과서도 편찬하여 해외에 있는 아동에게도 가급적 교육을 실시해야 하오.

사법司法

독립운동 기간에 법을 지킴이 마땅하냐 아니하냐, 나는 아직 법을 복잡하게 함은 반대하오만 이때일수록 더욱 우리의 법을 복종해야 하오. 비록 간단하지만 우리의 법은 절대로 복종해야 하오. 내가 반대하는 것은 오직 지금 당장 앉아서 법의 이론을 앞세우는 것입니다. 우리가 국가를 새로 건설할 때에는 대한의 법률을 신성하게 가장 높게 알아 전국민이 이에 복종해야 하오.

임시헌법이 의정원에서 토의될 때에 여운형 등 제씨가 훈장 수여를 비롯한 영전榮典에 반대하여 마침내 안건이 삭제되고 말았거니와, 독립운동에 특수한 공로가 있는 개인에게는 국가가 사의를 표할 의무가 있소. 비록 국가를 위하는 것이 국민의 의무라 하더라도 의무를 다하지 못하는 여러 동포 중에서 특히 의무를 다한 자에게 장상獎賞(상을 주어 권면함)이 있는 것은 당연한 일이오. 독립운동 기간에는 특히 의로운 남녀가 많이 일어나야 하겠으니 장상이 있어야 하오. 비록 그네가 상을 위하여 한 일은 아니라 하더라도 상이 장려가 됨은 인지상정이며 또, 포상할 때 포상함은 국가의 의무요. 이렇게 상이 필요한 동시에 또 벌이 필요하니 이에 사법문제가 생기는 것이오.

민원식閔元植(1886~1921)²⁴ 같은 자와 적의 사냥매, 사냥개〔鷹犬〕가 된 자를 그냥 둘까요? 독립운동에 참가하기를 싫어하여 가족을 끌고 적국으로 피난 가는 자를 그냥 둘까요? 자치나 참정권을 운동하는 자도 역적이니 다 죽여야 하오. 우리 민국헌법에 사형이 없지만 무슨 법을 임시로 정하여서라도 죽일 자는 죽여야 하오. 이리하여 신성한 기강을 세워야 하오. 그러나 법은 악인에게만 적용할 것이 아니니 정부의 직원이나 인민이나 무릇 대한민국의 국민 된 자는 대한민국의 법에 복종해야 하오. 이러므로 사법제도의 확립이 필요한 것이오.

재정財政

아마 재정에 관한 말이 여러분의 흥미를 끌지 못할 겁니다. 우리 국민은 경제관념이 극히 박약하오. 오랫동안 쇄국주의의 정치 아래 있어서 경

---

24   3·1운동을 비판하고 식민지하 조선인 참정권을 주장했던 친일파 관료, 언론인, 사회운동가.

제적 경쟁의 생활을 못한 것과 유교의 영향으로 재물을 천히 여기던 것이 우리 국민에게서 경제적 관념을 모조리 쓸어버렸소. 근년에 와서 다소간 경제를 중시하게 되었지만 아직도 모든 생활과 사업에 경제가 얼마나 중한 것인지 깊이 깨닫지 못했소. 그러므로 독립운동 개시 이래로 죽자, 죽자, 하기만 하고 자금에 대해서는 별로 고려하지 아니하는 듯하오. 3월 1일(3·1만세운동)에 자금의 준비를 경시했고 상해에서 임시정부가 발표될 때에도 이 문제는 거의 도외시했소. 또 여러분도 금력 판비辦備에 관하여서는 지극히 성실한 고려가 없소. 우리 국민은 돈을 위해서 힘쓰는 자를 낮추오. 이번 세계대전에 수공首功(적장의 머리를 밴 높은 공)이 된 자는 돈을 많이 내었거나 내게 한 자인 줄을 우리 국민은 모르는 것 같소. 여러분, 독립전쟁을 하자, 하자, 하지만 말고 독립전쟁에 필요한 금전을 준비하시오. 정부가 발행하는 공채나 인구세, 소득세, 동포들이 애국의 열성으로 내는 원납금願納金 혹은 외국에 대한 차관 등이 우리의 재원이 될 것이오.

과거의 재정 상태를 나는 말하지 아니하려 하오. 현재의 임시정부의 재정 상태도 나는 차라리 말하지 아니하려 하오. 장래의 재정방침에 대해서는 비밀이기 때문에 다 말하지 못하거니와 그중의 하나는 국민개병주의와 같이 국민개납주의요. 어느 부자를 끌어오자 하지 말고 독립운동 기간에는 남녀를 물론하고 1전, 2전씩이라도 다 내어야 할 것이오. 금액의 다소를 논할 것이 아니외다.(갈채) 누구나 먹고살기는 할 것이니 밥 반 그릇을 덜어서라도 각각 내는 동시에는 수백만원, 수천만원의 거액을 낼 재산가도 있을 것이오. 재산가를 위협하는 육혈포六穴砲(권총)는 결코 돈을 나오게 하는 육혈포가 아니요, 못 나오게 하는 육혈포외다. 그러므로 근본적 재정방침은 오직 국민개납주의라 하오.(박수갈채) 일찍이 구국 월연금月捐金을 내자는 운동이 일어나 누군가는 10원 혹은 5원씩 금액을 적었으나 이내 소식이 없음은 웬 말입니까? 돈 없는 것보다도 그런 정성으로 독립할 자격이 없어질까 두려워하오. 내가 말하는 중에 제일 요지는 국민개병주의와 국민개납주의요. 멀리서 구하지 말고 우선 상해에 발붙인 이는 적으면 적을지언정 매월 돈 내는 데 빠지지 말도록 하시오. 그리하여 중국, 러시아의 동포와 본국 동포에게까지 미치게 하시오.(박수)

어떤 사람은 말하기를 정부가 일만 하면 돈이 생긴다 하며 또, 일만 잘하면 나도 돈을 내겠다고 하오. 이는 마치 시장한 사람더러 네가 배만 부르면 밥을 주겠다 함과 다름없소. 돈이 있어야 일을 하지 아니하오? 혹은 부자들이 맘이 좋지 못하여 돈이 없다 하며 혹은 협잡배가 많고 애국금 수합위원을 믿을 수가 없어서 돈이 아니 들어온다 하지만, 실상 돈이 안 나오는 이유는 우리 국민은 돈이 없어도 일이 되는 줄 아는 까닭이라 하겠소.(박수) 그래서 독립도 글자나 말만으로 되는 줄 아오. 대한의 독립군은 먼저 돈을 많이 모으는 사업에 힘을 써야 하오. 첫째, 제 것을 다 내어놓으시오.

나는 또 국민개업주의를 주창하오. 대한의 남녀는 다 자기의 직업에 힘을 쓰시오. 노는 것이 독립운동이 아니오. 정부나 신문이나 기타 각 단체에서 일을 하거나 그렇지 않거든 무슨 일을 하여 다만 각 개인이 매일 4, 5전씩이라도 2, 3전씩이라도 국가를 위하여 내게 하시오.(박수) 세계대전 중에는 부강한 미국, 독일, 영국 등 여러 나라에서 부인까지 일했소. 놀고 돌아다니면 아무 일도 안 됩니다. 평시에 30원씩 썼으면 가족끼리 의논하여 5, 6원씩이라도 검약하여 바치게 하시오. 나도 주막이라도 하나 경영하여 내 생활비를 얻어 쓰려 했소. 여러분은 다 일하시오. 여기서 할 일이 없거든 서북간도에 가서 농사를 하시오. 독립운동한다고 하면서 노는 자는 독립의 적이오. 특히 상해에 있는 이는 개병, 개납, 개업의 모범이 되어야 하오.(박수)

우리 사업은 거의 다 사람, 사람이 모두 배우고 일해야만 오래 계속하게 될 것이오. 내가 상해에 온 후로 4차의 연설(환영회, 청년단, 민단) 및 이번이 다 같은 주지입니다. 다시 말하노니 경제에 힘쓰시오.

내 입으로도 통일이란 말을 많이 했소. 이제는 심상한 말이 되어버렸소만 군사나 외교나 무엇, 무엇 모든 것을 다 한다 하더라도 돈과 통일이 없이는 아니 됩니다. 인구와 금력과 지력이 아무리 많더라도 통일이 부족하면 망하는 것은 다 알지요? 우리의 지력이나 금력이 얼마나 있소? 그런데도 10년간 남의 노예로 있던 자가 아직도 완전히 통일이 못 되었다 하면 어찌된 일이오? 무엇보다도 먼저 대한민족은 통일해야 할 것이외다.(박수)

만일 통일 못 되면 어찌될까요?【유정근兪政根²⁵ 씨에게 기립하기를 청하고】만약 지금 유정근 씨의 사지가 떨어져나가면 힘이 있겠습니까? 사지가 모두 제가 잘났다, 제가 옳다, 하고 다 달아난다면 그놈들은 어디 가서 사나요? 대한이 망한다 하면, 그놈들은 혼자 살 수 있겠습니까?(박수) 우리에게는 실지로 통일하도록 결심이 있고 실행이 있어야 하겠습니다.

통일은 좋지만 우리 민족은 통일하지 못할 민족이라 말하는 자가 있으니, 이러한 자야말로 통일을 방해하는 자입니다. 우리 국민은 본래 통일된 민족이오. 인종, 혈통 상으로 보아 우리는 잡종이 아니요, 순수한 통일 민족이오. 혹 이민족의 피가 섞인 일이 있다 하더라도 이는 모두 다 단군의 민족이 되었소. 또 언어도 하나요, 문자나 습관도 하나요. 예의도 그러하고 정치적으로도 중앙집권이 있고 결코 중국 모양으로 주권이 여러 지방 혹은, 부분에 나뉜 일이 없었소. 그러면 우리 국민은 통일한 국민이오. 그런데 왜 통일을 말하나요? 어떤 사람은 지방열地方熱(지역주의) 때문에 통일이 아니 된다 하오. 그러나 나는 말을 꾸미는 것이 아닙니다. 사실상 우리나라에는 지방열이 없다고 단언하오. 내 말하리다.

---

25   본명 유민식(兪民植, 1898~1969), 호는 후단(后檀). 임정 수립에 참여하여 의정원의 충청 대표로 선임되었고, 이 당시 상해대한인민단(약칭 '민단')의 활동을 총괄하고 있었다. 이후 신민부에 참여해 김좌진계로 무장투쟁에서 활약했다.

다른 나라에는 지방열이 있소. 가령, 미국으로 보면 한 지방에 이익 되는 것이 다른 지방에 해가 되는 수가 있습니다. 만일 전국적으로 단행하기 전에 어떤 한 주州가 금주禁酒를 단행하려 한다면 양조업이 많은 다른 한 주에서는 이를 반대하여 서로 싸울 것이니 이것이 지방열이오. 그러나 우리나라에서는 과거나 현재에 정치적으로나 경제적으로나 지방과 지방이 경쟁한 일이 없었소. 현재 우리 독립운동에는 물론이지만 미래에도 없을 것입니다. 원래 지방열이란 지방이 광대한 나라에 있는 것이지 우리나라 같은 지방이 적은 나라에는 있을 수 없는 것입니다.

어떤 이는 선배 원로들이 지방열을 만들었다 하나 기실은 일부 청년들이 이름을 지은 것이오. 가령, 이총리[26]로 봅시다. 그는 서울 사람을 대할 때는 서울깍쟁이라고 꾸짖고 평양 사람을 보면 평양상놈이라고 하고 개성 사람을 대해서는 개성 놈의 자식이라 했소. 이것을 보고, 옳지, 그는 지방열이 있는 자라 합니다. 그러나 그가 설립한 9, 10여 학교가 함경도에 있지 아니하고 대부분이 개성, 강화에 있습니다. 개성, 강화는 기호畿湖가 아닙니까.

또, 내무총장과 재무총장으로 말하더라도 우선 그의 용모를 보시오. 그네에게 무슨 야심이 있겠나, 지방열 문제가 있는 것을 그네가 걱정할지언정 자기가 창도할 리야 있겠소? 자기네가 누구를 배척하니 배척받은 이는 홀로 된 것이오. 그리해놓고 말하기를 누구는 지방열이 있다 하오.

그러면 신총장에게 지방열이 있겠소? 그 어른이 해외 10년에 동포 간에 절규한 것이 대동단결이외다. 그가 주재하던 동제사同濟社는 대한의 독립을 광복하려 하는 대한인의 단체이지 결코 어느 한 지방 사람의 단체는 아니었소.

또, 안창호가 서도를 위해서만 일했다 하니 그만해도 고맙긴 고맙소만,

---

26   국무총리 이동휘(李東輝, 1873~1935). 함경남도 단천 출신.

우리나라가 얼마나 커서 황해도, 평안도를 가리겠소. 내가 혹 국가주의를 초월한 세계주의를 포회抱懷(속으로 품음)했다 하는 초책誚責(나무람)은 받을지언정 그런 지방열이야 있겠소? 가령, 내게 지방열이 있다 합시다. 그러나 안창호에게 지방열이 있으면 있었지 모든 노인에게 있는 것은 아니오. 그러면 내가 지금 말하는 통일은 무엇을 가리키는 것이냐, 결코 지방의 통일을 의미함이 아니오. 오직 전국민을 조직적으로 통일한다는 말이오.

비록 유정근 씨의 사지가 떨어지지 아니하고 붙어 있더라도 내부의 신경과 혈맥이 관통치 아니하면 아니 될지니, 내가 말하는 통일은 이 신경과 혈맥의 장애를 제거한다는 뜻이오.

무엇을 조금 안다는 사람 중에 두가지 병이 있으니, 하나는 국가를 위하여 단결을 하기보다 사정私情적, 의형제적 통일을 이루려 하는 것이오. 그래서 매양 조그마한 일에도 저 사람이 나를 믿나 잘 대접하나 하고 주의하여 살핍니다. 그리하다가 걸핏하면 싸움이 났네, 결렬이 되었네 하오. 국민이 다 통일된다고 남의 아내를 제 아내와 같이 사랑할 수는 없는 것이니 만일 그리한다 하면 그는 이상한 놈일 것이오.

사사로운 정으로 오래 사귄 벗은 어떤 주의主義보다도 성정性情으로 되는 것이니 누가 누구와 친하다고 그것을 편당이라 할 수 없는 것이오. 다만 주의만 같으면 동지가 아닙니까.(박수) 내가 가령, 이동녕, 이시영 두분과 저녁을 같이 먹는 것을 보면 얼굴을 찡그리며 말하기를 저놈들이 이동휘 씨를 따돌린다 하고, 그와 반대로 내가 만일 이 총리와 밥을 같이 먹으면 내무, 재무 두 총장을 따돌린다 하오.(웃음) 세상이 이러하니까 우리는 자연히 근신하게 되어 자유로운 의견 발표나 교류하기를 꺼리게 되오.

여러분 공과 사를 가르시오. 이천만이 모두 동지로 통일하더라도 모두 친구나 의형제는 못 될 것이니 친구를 편당이라 하면 영원히 편당 없어질 날이 없을 것이외다.(박수)

통일에 있어 공적 통일과 사적 통일을 명확히 구별하면 곧 통일이 될 것입니다.

서북간도나 러시아령이 통일 못 됨은 무슨 까닭입니까? 결코 지방열도 아니요, 편당심도 아니요, 오직 그중에서 일하는 자 몇 사람이 남보다 낮은 지위(下風)에 서기를 싫어하는 까닭이오. 그네들도 가서 물어보면 통일해야 된다고 하오. 그러고 통일 못 되는 것은 다 남의 탓인 듯 말하오. 남 밑에 아니 서려니까 자기 부하로 한 무리를 둘 필요가 있소. 그 무리를 만드는 방법은 이러하오. 여러 사람을 모아놓고 "이런 걱정이 있나" 하고 강개慷慨하게 말하오. "왜요?" 하고 물으면 "꼭 통일을 해야 할 터인데 모씨가 악하여 통일이 안 된다" 하오. 그러면 통일을 바라는 여러 동포들은 대단히 분개하여 그 사람에게 복종하며 그 모씨를 공격하고 배척하오. 이리하여 그의 야심은 성공하고 통일은 파괴되오.(박수)

통일의 최후이자 최대 요건은 복종이오. 대한민족아, 대한민족끼리 복종하여라. 대한민족이 통일한 후에야 자유도 있고 독립도 있다. 정부 직원이 인민의 명령을 복종치 아니하면 역적이거니와 국민 각 개인이 정부의 명령을 복종치 아니하는 것도 역적이오.(박수) 국민의 명령이란 결코 민단이나 청년단이나 기타 어느 일개 단체의 명령이 아니오. 국민이 정부에 대해 명령하는 기관은 오직 의정원이 있을 뿐이오. 정부가 의정원을 통한 국민의 명령을 받아 일단 인민에게 발표한 이상 인민은 절대로 이에 복종해야 할 것이오.

정부는 개인인 인민의 집합의 중심이오. 또, 주권자인 국민의 주권 행사의 기관이외다. 당초에 정부를 설립하는 본의가 절대로 이에 복종할 것을 전제[27]함이니 혁명의 본의 또한 정부를 절대로 복종하는 주지主旨에서 나온 것이오. 불량한 자연인을 집어내고 선량한 자연인을 대입함이 혁명이오. 그러므로 자연인인 정부 직원이 국민의 명령을 불복함도 역적이지만

정부라는 기관의 명령을 불복하는 인민도 역적이오.

직원이니 인민이니 하는 말을 사용해왔소만 독립운동을 하는 점으로 보면 우리의 독립을 위하여 나선 자는 다 동지가 아닙니까. 같이 죽을 자가 아닙니까. 정부는 어떤 의미로 보면 독립운동의 본부이니 우리 모든 동지가 그 아래로 모이면 통일이 될 것이오.

나는 진정으로 말하거니와 이 대통령과 이 국무총리를 충성으로 복종하오. 나는 두 어른의 흠을 가장 잘 아오. 아마 나만큼 잘 아는 자가 없을 겁니다. 그러나 나는 충성으로 그네를 복종하오. 누구를 갖다놓든지 우리 주권자에게 복종해야 하오. 우리끼리 복종하지 아니하면 요시히또에 대한 복종에서 떠날 날이 없으리다.(박수)

복종 아니하려는 자는 대개 자기가 두령이 되려는 생각이 있소. 그러나 우리 중에는 결코 혼자 힘으로 독립할 자는 하나도 없소. 통일하면 독립하고 아니하면 못하오. 우리의 모든 일 중에 급하고 긴한 것이 통일이요, 구할 것이 통일이외다. 우리 민족 가운데 구태여 인격과 역량이 위대한 자를 찾지 마시오. 그런 인물을 찾는 자는 혹 동경에 있는 적진 중으로 가기 쉬우리다. 요시히또나 하라 타까시는 비록 인격이 천층만층이라 하더라도 눌러야 합니다. 우리 동포끼리는 고개를 숙이고 복종해야 합니다. '독립은 독립이지만 내가 네 밑으로 가랴?' 하는 생각은 버리시오.

이동휘가 왜와 통하는 일이 있다면 나와 함께 그를 죽입시다. 그러나 오늘날은 나와 함께 그의 명령에 복종합시다. '국가에는 복종하되 자연인에게 복종하라' 하지만 국가는 정부를 통하여 자연인을 통하여 비로소 명령을 발하는 것이니 주권을 위탁한 자연인에 복종함이 국가에 복종함입니다. 저마다 자유, 자유, 하면 망합니다. 지금은 무슨 명에나 복종하십시오. 무슨 명령에나 "예" 하십시오. 세계대전 중 미국서 식량총감이 사탕과 맥분 절용의 명령을 발했을 때에 미국인은 두말없이 복종했습니다. 개업한 의사에게 정부가 종군하기를 명할 때에 그네는 두말없이 문을 잠가놓고 나서 프랑스 전선으로 갔습니다. 만일 그렇지 않았던들 미국은 망했을 것입니다.(박수) (『독립신문』 1920. 1. 10)

대한민국 2년 신원新元(설날)의 나의 빔[28]

통일의 완성

대한민국은 속임과 의혹과 투기를 버리고 서로 사랑하고 복종하여 정신으로 단결하며 또한 부분적 단독적 행위를 버리고 조직적으로 중앙기관에 연락하여 이천만 몸이 한몸이 되어 동일한 보조로 광복사업을 이룬즉 한 완전한 통일을 이루게 하여지이다.

대한의 남자야 여자야, 우리는 적국을 파괴하고 조국을 중건하는 대업을 담책擔責했나니 응당 큰 힘을 만들기 위하여 무엇보다 통일 단결을 먼저 힘쓰리라.

혈전의 결심

대한 국민은 나라를 광복하는 대업의 성취가 오직 의로운 피를 뿌림에 있음을 절실하게 각오하고 독립전쟁을 단행하기로 결심하여지이다.

장사壯士의 모임

각처에 산재한 대한 군인은 대한민국의 원수元帥의 앞에 모여들어 원수를 보좌하여 작전 사업을 준비하며 제반 직무를 분담하여 성충으로 노력을 다하여 큰일을 돕게 하여지이다.

대한의 장사야, 대한의 장사야, 너희가 대한 장사의 혼이 있나니 응당 먼저 대한의 장사로 더불어 뭉치리라.

---

28   앞 연설에 이어서 낭독한 내용.

국민은 다 군사

대한의 청년과 장사는 하나도 빠짐없이 독립군 명부에 등록하고 산이나 들이나 저자나 어디 있든지 각각 그 처지대로 가능한 방편을 만들어 군사의 훈련을 간단없이 받게 하여지이다.

대대적으로 싸움

의를 위하여 죽기를 결심한 용기 있는 대한 남자는 적으로 더불어 싸우되 무통일·무조직·무의식적의 임시적 행동을 취하지 말고 규율 있게 질서 있게 대대적으로 일어나 최후의 승리를 얻기까지 분투하여지이다.

대한의 남자야 여자야, 우리는 자유를 위하여 정의를 위하여 죽는 것이 노예로서 사는 것보다 오히려 쾌함을 각오했나니 응당 죽음에 나아가기를 서슴지 아니하리라.

국민마다 돈을 다 바침

대한 국민 된 자는 부富하거나 빈貧하거나 일치하게 독립 공채권을 살지며 인두세를 바칠지며 각각 소득에서 먼저 몇 분의 얼마를 덜어 바칠지면, 애국의연을 바칠 힘이 적으면 1전이라도 한 사람도 빠짐없이 정부에 금전을 공헌케 하여지이다.

생명을 희생하기로 결심한 대한 남녀야, 우리는 만사에 금력이 없으니 공상뿐임을 알지 않느냐, 우리의 독립이 공상이 되지 않게 하려는 대한 국민은 응당 생명을 바치기 전에 먼저 금전을 아끼지 아니하리라.

국민은 다 직업

대한 국민은 독립운동하는 기간에 평시보다 더욱 더욱 직업에 집착하여 배울 자는 배움에, 벌이할 자는 벌이에 성충과 노력을 다하여, 광복사업의 원력이 더욱 충실하게 하여지이다.

외국에 친선

대한 국민은 어떠한 외국 사람에게든지 신信으로 대하여 애愛로 접하며 우리 민족의 독립 정신과 문명한 품격을 실현하며 우리의 주의를 선전하여 우리 각 개인의 행동으로 말미암아 세계만방의 친선과 동정이 있게 하여지이다.

적인敵人을 거절

대한 국민은 갇힘을 당하거나 죽음을 당하거나 어떠한 경우를 당하든지 일치하게 결심하고 적인의 관리가 되지 말며 적인에게 세금을 주지 말지며 소송과 교섭을 끊을지며 적인의 기장을 달지 말고 연호를 쓰지 말지며 적인의 물건을 사지 말아서 우리 민족의 근본적 주의, 정신을 원만히 실현케 하여지이다.

대한의 형제야 자매야, 적인의 옥에 앞서 갇힌 형제자매만 홀로 있게 하지 말고 너도 나도 다 같이 나아가 그 옥이 얼마나 넓은가 시험하여보리로다.

청년의 활동

대한 국민 중에 특별히 담력이 있고 용기가 있는 층의 남녀는 국민의 의사를 일치하게 하기 위하여, 우리의 만반 경영을 실시하기 위하여, 각방의 위험을 뚫고 들어가 일반 국민에게 금일에 각오할 바를 선전하기 위하여 활동케 하여지이다.

오늘의 대한 남녀는 국가가 우리에게 무엇을 요구하든지, "아니오" 하지 않고 "네, 하겠습니다" 하리라.

나의 연설은 독립운동 진행방침의 정신과 대의를 말했음에 불과하오. 구체적 계획은 비밀을 요하니까 지금의 처지로는 도저히 발표할 수가 없소. 이는 유감이지만 어쩔 수 없습니다. 그러나 머지않아 하나씩 하나씩 실현되는 것을 보면 알 것이오. 나는 일반 동포가 이 정신을 체화하여 일치협력하기를 간청하오. (『독립신문』 1920. 1. 13)

혈전의 시기는 그 준비를 완성하는 날
— 독립전쟁의 시기[29]

"금년 내에 독립전쟁이 일어납니까?" 하고 "진정으로 일어납니까?" 하는 편지도 오고 질문도 합니다. 일전에 의정원에서도 "금년에 선전宣戰할 예정인가?" 하는 모 의원의 질문에 대하여 김 군무차장金義善(1875~?)은 "마음 같아서는 오늘이라도 선전하고 싶다. 시기는 비밀이다" 했습니다.

러시아나 서북간도의 동포는 정부가 왜 속히 선전을 아니하느냐, 이렇게 늦는다면 우리는 정부의 명령을 기다리지 않고 자유로 혈전을 개시하겠다 하며, 본국의 동포들은 왜 어서 독립군이 들어오지 아니하느냐, 어찌하여 우리를 일각이라도 속히 적의 수중에서 구출하지 아니하느냐 합니다. 이천만이 이미 혈전으로 뜻을 결정하고 정부가 또한 혈전의 뜻과 방침을 결정했으니 그러면 혈전이 개시될 시기는 언제인가, 이달인가, 내달인가, 또는 금년인가, 내년인가.

혈전의 시기는 그 준비를 완성하는 날입니다. 그리고 그 준비의 완성이 금년 내에 있게 합시다. 아무리 본국 동포가 적의 포학 가운데 결판이 난다(魚肉이 된다) 하더라도, 아무리 이천만인이 혈전의 결심을 가졌다 하더

---

29   『독립신문』 1920. 4. 1.

라도, 아무리 당장에 뛰어나가고 싶더라도 준비가 없으면 어찌하리오. 비록 정부가 금년 내로 선전할 결심이 있다 하더라도 준비가 없으면 십년 백년 후까지라도 선전되지 못할 것이요, 만일 준비야 있거나 없거나 첫 결심대로 이달이나 내달에 선전한다 하더라도 그 결과는 알 수 있을 것이 아닙니까.

전쟁이 무엇인데 준비도 없이 되리오. 그러므로 국민이여, 만일 진실로 여러분이 독립전쟁을 원하거든 준비할지어다. 또 만일 진실로 금년 내에 개전하기를 원하거든 더욱 급속히 하야 금년 내에 준비가 완성하도록 힘을 모아야 할지어다. 정부가 무슨 신통한 술법으로 어디서 신의 군사를 불러올 것도 아니요, 또 나뭇잎, 풀잎으로 금전을 만들어낼 것도 아니니 군병이 될 자도 우리 국민이요 군비를 마련할 자도 우리 국민이라, 우리가 생명을 모으고 금전을 모으고 열성과 의사를 모아 정부에 제공하기 전에 정부가 무엇을 하리오.

그러면 그 준비란 무엇인가, 또 그 정도는 얼만큼인가.

(1) 민심의 통일: 강대한 국가로도 전쟁 같은 대사를 경영할 때에는 민심의 통일에 주력하는 것이니 지난번 전쟁(1차대전)에 영·미가 어떻게 이를 위하여 힘썼는가. 정부는 정부대로 단체는 단체대로 신문, 잡지, 연설, 출판 등 온갖 수단으로 선전을 힘껏 행하며, 인민은 인민대로 누군가는 개인적 선전으로, 누군가는 그 나라의 원수元首를 경앙·찬송함으로써 현재 온 힘으로 발동하는 국가의 큰 뜻에 자기도 화합하려 하며 남도 화합하게 하려 했고, 언론출판의 자유가 완전하던 나라에서도 전시에 한하여 현재 발동되는 국가의 의사에 위배하는 것을 억압·금지하기를 허락했으니 하물며 우리리오. 정부와 각 단체는 동일한 주지 아래 내외동포에게 크게 선전을 행하여 민심의 통일을 구함으로써 이천만의 마음과 뜻과 힘이 전부 독립전쟁의 한 점으로 집합케 해야 하느니만큼 이 선전사업이야말로 우리가 할 모든 사업의 기초입니다. 세금의 징수와 징병, 조직적으로 모든 독립운

동의 계획을 실행하는 데는 최선의 선전으로써 최선을 다해 내외의 민심을 통일함이 근본이 아니고 무엇이겠습니까.

(2) 국민군의 편성: 혈전이라 하더라도 이천만의 남녀노소가 몽둥이, 식칼로 싸울 것이 아니니 만일 그렇게 싸운다 하면 이는 시 짓는 재료로나 재미있을 것이요, 사실로 실현되지 못할 일입니다. 비록 우리 전략의 일부분이 원시시대의 출몰법出沒法을 이용한 것이라 하더라도 그 역시 군적에 등록되고 정신적 및 병법적으로 상당한 훈련을 받은 군인임을 요할지니 그러므로 가급적 다수의 장정을 가급적 단시일에 등록하게 하여 상당한 훈련을 더함으로써 군대를 편성해야 할 것입니다.

(3) 다음으로는 인재의 집중이니 군사전문가와 장교가 될 인물을 정부로 집중하여 군대 편제와 작전계획에 종사하게 해야 할 것입니다.

(4) 가능한 대로 재력을 중앙정부로 집중하여 제1기 군사행동의 준비를 하게 해야 할 것입니다.

(5) 아무리 대언장어大言壯語(분수에 맞지 않게 늘어놓음)를 한다 할지라도 우리가 최후의 승리를 얻음에는 외국의 원조가 절대로 필요하니 그 원조는 곧 1) 여론의 원조 2) 군비 및 군수품의 원조 3) 전문가의 원조 4) 정치적 혹은 외교적 원조 5) 병력의 원조입니다. 첫째, 세계가 우리의 전쟁을 의로운 전쟁이라 하여 그 동정이 우리에게로 집중되어야 합니다. 이것이 우스운 듯하나 기실 승리의 제일 요건이요 또 기타 원조의 근본입니다. 그러므로 유력한 대외선전은 어느 때를 물론하고 특히 혈전을 하려는 우리에게는 절대로 필요합니다.

그것이 혹 미국이든지, 중국이든지, 러시아이든지, 또는 그 삼국이 다 될는지 모르거니와 우리에게 군비·군수품 및 군사전문가를 제공하여줄 후원을 얻음은 절대로 필요하며 또 적절한 시기에 외교 및 군사적 후원을 얻음도 필요한 일이니 우리는 여러 가지 방면으로 이 모든 것을 얻도록 진력해야 하거니와 대체로 일본의 적, 일본을 증오하는 모든 국가와 민족은 모두 다 우리의 편인즉 미국, 호주, 러시아, 중국 등 여러 나라는 용이하게 우리 편을 삼을 수 있으며 겸하여 미일, 러일의 관계가 날로 험악하여 언제 대파열이 일어날지도 알 수 없을뿐더러 또 우리의 혈전이 즉시 이 대파열의 원인이 되기도 쉬운 일이니 우리가 우리 내부의 결속을 공고히 하고 대외선전을 지혜롭게 하면 외국의 원조를 얻기는 극히 용이한 일이며 또 외국으로 하여금 우리의 원조를 청하게 하기도 극히 용이한 일이니 대개 미국이나 러시아나 중국이 우리나라를 원조한다 함은 우리나라를 위하여 하는 것보다 자기네를 위하여 일본을 제거하는 한 방편이 되는 연고입니다.

이상 말한 것이 우리의 이른바 독립전쟁의 준비니 이것이 상당히 되는 날이 곧 선전포고의 날입니다, 이날이 금년 내에 있기 위하여 우리는 전력을 다하는 중인즉 내외의 동포여, 정신을 차리고 힘을 모읍시다.

독립운동에서 민간의 의무
— 민단사무소 연설(1920. 11. 27)[30]

오늘 나의 연설은 정부 직원의 자격으로 공표함이 아니라 개인의 사견을 발표함이니 그 책임은 스스로 짊어지겠습니다. 지금 국내나 서북간도에서 온갖 고초를 당하는 동포에게 충심의 동정을 표하는 동시에 이곳에 재류하는 동포에게도 무한한 동정을 표합니다. 누군가는 이곳 재류동포를 평하여 사치와 안일에 흐른다 하나 여러분도 일찍이 독립운동에 면력하다가 여기에 온 후로 경제상 곤란도 있을 뿐 아니라 광복사업이 지연됨으로 인하여 정신적 고통도 많이 당하는 줄 압니다. 여러분이 이미 애국의 참된 정성으로 독립운동에 몸을 허락한 이상에는 비록 어떠한 고난이 있더라도

---

30 「전도방침에 대하여」, 『독립신문』 1920. 12. 25. 『안도산전서』에는 「임시정부 유지와 옹호」라는 제목으로 수록되어 있고 일시를 성탄절로 표기하고 있으나 이는 『독립신문』 게재일의 착오.

낙심치 말고 굳은 결심으로써 전진할 것이며, 전진하는 데는 반드시 진정하고 명확한 방침을 정할 필요가 있습니다.

말이 나올 때마다 우리 임시정부가 지난 일년간 무슨 특별한 성과가 없다 하여 그 무능력함을 비난하니 일년을 경험한 후에 그 무능력함을 꾸짖음은 오히려 그럴 수 있으므로 이상할 게 없거니와 정부가 설립되기 전부터 미리 장래를 위한다며 비난함은 도대체 무슨 심사입니까? 설혹 정부가 설립된 이후로 말하더라도 민간이 상당한 의사와 권력을 정부에 제공하여 정부가 진즉 이를 실행하지 않으면 그때를 맞아 꾸짖어도 좋고 평하는 것도 좋습니다. 비유컨대 말과 수레를 주지 않고 그 제대로 움직이지 못함을 꾸짖음은 심히 어리석은 것이오. 나도 각원閣員 가운데 한 사람으로서 그 직책을 극진히 못함에 대하여는 실로 황공하여 등에 땀이 나는 것을 깨닫지 못하나 또한 여러분과 같이 한 평민의 자격으로서 민간의 좋지 못한 질책을 함께 짊어지길 주저치 않소.

그렇다면 의사를 제공하라 함은 무엇을 말합니까? 이는 개개인이 각원을 방문하여 각개의 의견을 말하는 것을 일컬음이 아니오. 민간에서 공통되고 원만한 의사를 정한 후에 이를 정부에 제출하여 채용하게 하고 이어서 힘써 도우면 정부는 자연히 유력하여질 것이니 정부가 무력함은 국민이 무력하다는 증거요. 미국의 대통령이 아무리 뛰어난 사람이라 하더라도 일반 국민이 그 의사와 힘으로써 돕지 않으면 아무 능력이 없소. 공연히 비평만 하면 해로울 뿐 이득이 없소. 우리는 잃었던 국토와 자유를 회복하려는 처지에 서 있으므로 공통된 의사가 없으면 어찌 행동이 있으리오. 일개의 소매상을 경영하더라도 상당한 의사가 없으면 가게를 새로 낼 수가 없소. 그런즉 슬기로운 사람은 슬기로운 만큼, 어리석은 사람은 어리석으나마 가능한 데까지 꾀를 내어 이천만인의 뇌중에 공통된 계획이 생긴 뒤에야 가히 큰일을 이룰 것이오.

나는 지금 소견과 의사를 거리낌 없이 공중公衆에게 고하려 합니다. 우리가 일찍이 정부의 내부 사정을 공중에게 밝히 표하지 아니함은 우리 정부 내정의 허약을 외부인과 적으로 하여금 알게 하는 것이 불리할까 해서였으니 앞선 의회 때에도 정부의 예산과 결산안을 제시하지 못함은 실로 이런 연고였습니다. 그러나 고식적으로 꺼리고 감춘다고 해도 결국 사실이 드러날 것이므로 차라리 미리 공표하여 국민으로 하여금 각오케 함으로써 뒷수습 방책을 운위하게 함이 좋을 줄 압니다. 정부의 유지비는 실로 이룩될 가망이 없습니다. 정부 유지의 책임은 우리 국민 전체에 있으니 자기가 먼저 그 의무를 다하고 타인에게 권하여 함께하는 것이 훌륭한 계책이라 할 것이오.

사상이 유치한 자는 매사가 빨리 이루어지면 좋아하고 느리게 이루어지는 것을 싫어하나 우리의 전도는 가깝거나 쉽지 않고 실로 험난하고 길고 멉니다. 이러한 험하고 먼 길을 나아가는 자에게 필요한 것은 오직 참고 견디는 힘이오. 또한 우리 전도는 절로 성취될 바 아니라 오직 스스로 행하여서만 될지니, 적으로 더불어 전쟁하는 것과 외교를 함께 거론하는 자 있으나 요행을 바라는 외교로써 내 피와 땀으로 싸울 전쟁과 같이 논함은 도저히 불가한 일이오. 또한 전쟁이라 함은 빈말로 하는 것이 아니라 실제로 전쟁을 가능하게 해야 할지니, 작년부터 전쟁을 주창하나 오늘날까지도 예정된 전쟁을 개시하지 못함은 이 무슨 연고입니까. 이것이 곧 말로만 전쟁을 주창하고 전쟁할 준비를 못했기 때문입니다.

그러면 이 전쟁을 가능하게 하는 것은 무엇입니까? 곧 무기와 무술武術 (전술을 의미)이오. 또한 무기와 전술보다도 더한층 필수적인 것은 무기를 사용할 군인과 전술을 응용할 군자금이다. 군비가 있고 군인이 있은 후에야 비로소 작전계획이 있으니, 군인 없는 무기를 누가 사용하며 군자금 없는 전술을 무엇으로 활용하겠습니까. 그러면 이러한 이치를 누가 모르겠느냐고 반문하겠지만 알기만 하고 연구와 준비가 없으면 이는 모르는 것과 마찬가지요. 혹자는 말하되 러시아와 중국에 있는 수백만명이 모두 우리의 군인이요, 러시아와 미국에 있는 금전이 모두 우리의 군자금이라 하니, 이는 공론에 불과하오. 어느 어느 사람이 군인이라는 지명이 없이 통틀어 군인이라 하는 말과 나의 자립정신이 없이 타국의 힘을 의뢰하는 것은 너무나 허망합니다.

국제연맹이나 미국만 의지하는 것은 스스로 독립할 자격이 없음을 자백함이니 자력을 믿고 먼저 자립적이고 조직적인 국가를 성립한 후에야 자력이 있고 외국의 원조가 있는 법이오. 나는 차관이나 청병請兵이 절대로 불가하다 함이 아니오. 내가 먼저 자립한 후에야 차관도 좋고 청병도 좋다 함이오.

작년 3월 이래로 정부에 대하여 성충과 의무를 다한 이가 모두 몇 사람이나 됩니까? 성충과 의무를 다한 자이면 모두 군적軍籍에 등록하고 정부에 납세했을 터인데 나는 그 등록과 납세의 성적이 양호하다는 말을 듣지 못했소. 정부는 민력에 의하여 가히 성립하는데 국민이 국민 된 직무를 다하지 않으면 정부가 어찌 자립하겠소.

누군가 말하되 지금의 정부는 완전한 정부가 아니라 일개 혁명당 간부에 불과하니 다른 날 독립이 완성된 후에 정부에 대한 의무를 다하겠다 합니다만 이는 모르는 말이오. 설혹 혁명당 간부라도 당무를 다하는 당원이 없으면 당이 되지 못하오. 우리 독립의 자격은 조직적 자립체의 존재에 있고 조직체의 자립은 정부의 영을 따르는 데 있으니 우리 정부가 시작된 이래의 유지가 국민 일반의 의무에 의하지 않고 부분적 헌신과 정성에 의했음을 유감으로 생각합니다. 국내 동포는 적의 속박 아래 있으므로 의무를 다하기 어려우나 외지에 있는 자야 어찌 의무를 다하지 못하겠습니까.

우리는 요시히또나 사이또오齋藤實(당시 조선총독)의 명을 복종하는 것보다 이승만이나 이동휘의 명을 기쁘게 순종하지 않으면 안 되겠소. 요시히또나 사이또오는 아무리 곱고 처사를 잘하더라도 우리의 적이니 반항해야 옳고 이승만이나 이동휘는 아무리 밉고 처사를 잘못하더라도 우리 수령이니 복종해야 옳습니다. 나의 이 말은 수령의 노예가 되라 함이 아니오. 나 또한 각원의 한 사람이니 나에게 순종하여달라 함이 아니오. 나도 여러분과 같이 평민이 되어 이런 주의를 절규하고 싶소. 정부의 징병령과 납세령을 잘 순종하여 개병주의와 개납주의를 실시하되 오히려 부족함이 있을 때에는 비로소 외국의 원조를 청하는 것이 당연합니다.

어느 외국인이 나에게 묻기를, 당신네 정부에 금전이 있는가? 답하길 업노라 하니 이천만이 각각 1원씩 내도 이천만원이 있을 터인데 어찌 없다 합니까? 답하길 적의 속박 아래 있으므로 자유로이 돈을 내기가 어렵다고 했습니다. 그러나 외지에 있는 한인만도 수백만명인데 어찌 수백만원의 금전도 없는가 했소. 무릇 사람이 의식적 동작이 없으면 죽은 몸이 되는 것과 같이 우리 국민도 자립적 또는 조직적으로 활동치 않으면 독립의 자격을 갖기 불능하외다. 어떤 이는 말하되 미일 또는 러일전쟁이 일어나는 날이면 무기도 있고 금전도 있다 하니 무기를 주면 누가 사용하겠소. 우리가 먼저 무기 사용할 사람도 준비한 후에 요구해야 공급할 자도 있고 사용할 자도 있을 것입니다.

준비하는 책임은 정부에만 있지 않고 민간에 더 있으니 개병주의와 개납주의를 실현함도 민간에서 먼저 이 주의를 널리 선전하야 일반 국민이 찬동할 각오가 생기지 않으면 정부의 힘으로만은 도저히 불가능하오. 이 주의에 적응하는 국민이 백만명이 못 되면 십만명, 만명, 단 천명이라도 먼저 조직적 동작을 취한 후에 다시 더 높은 목표로 나아가되 1년에 못 되면 5년, 5년에 못 되면 10년 내지 20년이라도 결과가 있기까지 해야겠소. 본국이나 미주를 바라보고 금전이 올까 하고 고대하는 것은 옳지 않습니다. 고로 누구든지 방황하거나 주저하지 말고 배울 사람은 배우고 일할 사람은 일하되 그 일의 성취를 독립운동의 정지로 알지 말고 이리함이 독립운동을 충실히 하는 방침이 되는 줄 알기 바랍니다.

3장
대공주의의 이상
국민대표회 조직에서 민족통일당 운동까지

독립운동의 진행책과 시국문제의 해결방침
—삼일당 연설(1921. 5. 12. 및 5. 19. 2회 연속)[1]

정부에서 나온 이유

여러분! 오늘 이 저녁 처음 나를 대할 때에 먼저 이러한 감상이 있을 줄 압니다. "네가 어찌하여 정부에서 나왔는가? 네가 3년 동안이나 붙들어오던 정부를 왜 오늘에는 떠나서 밖으로 나왔는가? 그 안에서 누구와 충돌이 생겨 감정으로 나왔는가? 혹은 그 안에서 욕과 괴로움을 많이 당하므로 그것을 피하려고 나왔는가?" 내가 정부 설립된 처음부터 오늘까지 3년 동안이나 이것을 붙들어오다가 오늘에 와서 이와 같이 나오게 된 이유를 자세히 설명하자면 그 말이 장황하여 시간이 허락지 않소. 그러나 간단히 말하

---

1   1회차는 『독립신문』, 1921년 5월 21일, 2회차는 5월 31일 게재.

면 이렇소.

내가 본시 정부에 있는 것이 누가 고와서 있는 것이 아니요 지금 나온 것도 누가 미워서 나온 것이 아니오. 그런즉 나의 들고 남이 조금도 감정상 문제가 아니외다. 만일 내가 정부에 있을 때에 욕과 괴로움이 있다 하면 내가 밖으로 나온 후에도 그 욕과 괴로움은 의연히 남아 있을 줄로 생각합니다. 그런즉 내가 나온 것은 욕이나 괴로움을 피하려고 나온 것도 아니외다. 그러면 왜 나왔는가? 내가 나온 본의는 오늘에 내가 노동국총판으로서 일하는 것보다 평민으로서 일하는 것이 독립운동에 좀더 유익함이 될까 함이외다.

누군가는 내가 이번에 국무원을 사직한 것은 한때의 편의를 위하여 가식적 태도를 갖고 다소 민심을 수습한 후에 다시 들어가 이승만 대통령 밑에 영구히 총리가 되기로 약속했기 때문이고, 그리하여 우선 자기의 심복인 손정도孫貞道(1882~1931) 등 모씨를 들여보냈다 합니다. 나는 실로 이러한 약속이나 의사가 없었습니다. 그렇지만 내일이라도 내가 다시 노동국총판으로 정부에 들어갈 필요가 있으면 마땅히 다시 들어갈 것입니다. 왜? 나는 들고 나며 가고 남는 것을 오직 우리 독립운동에 유익되고 안 됨을 표준 삼을 뿐이기 때문입니다.

그런데 여러분은 이러한 섭섭한 생각이 있을 겁니다. "우리가 독립운동을 시작한 후에 선택하여 정부 안에 모인 모모 제씨는 끝까지 변동함이 없이 둥그렇게 앉아서 일하기를 희망했었는데 오늘에 왜 이같이 더러는 나가며 더러는 있게 되었는가." 어찌하여 이같이 된 원인과 누구의 길고 짧은 관계를 말하자면 긴 시간을 요구하는 고로 그 내막을 여러분께 자세히 알리지 못함이 유감입니다. 다른 날에 이 내막을 말할 이가 있을는지도 모르고 나라도 기회가 있으면 말하고자 합니다.

그 내막이 어떠하냐는 것은 별개의 문제이고 여하간 처음 모인 이가 같이 앉지 못하게 된 것은 사실이오. 이것을 섭섭하게 생각함에는 나도 또한 동감입니다. "그러면 너는 끝까지 그 안에 있을 것이지, 왜 너까지 나왔는가?" 나는 독립운동 이후에 정부 안에 모여서 소위 두령이란 인물들이 독립을 완성하는 날까지 한 사람도 변동하지 말고 끝까지 같이 나아가야 한다고 이를 절규했고, 절규할 뿐 아니라 이것을 위하여 노력하여온 사람 중의 하나임을 자처합니다.

그러나 오늘은 나의 성의와 능력의 부족인지 시세와 상황 때문인지 하여간 나의 노력하던 그 희망은 이미 실패를 고했습니다. 일이 이같이 될 때에 나는 정부 안에 앉아서 "내가 지금부터 어떻게 행동함이 마땅할까" 하여 생각을 많이 한 결과로 "이때는 부득이 정부 안에 있기보다 밖에 나와 평민의 신분으로 무엇을 해야겠다" 하고 이같이 나왔습니다. 오늘부터는 여러분과 같이 한 백성으로서 일하기 시작했으니 내가 하는 일이 옳거든 여러분은 많이 원조하여주시기를 바랍니다.

연설의 필요성과 연설이 산출된 시기

이제 본론에 들어가기 전에, 지금도 연설을 하거니와 "연설이 무슨 필요로 생겨난 것인가 또는 어느 시대에 산출된 것인가"를 잠깐 말하겠습니다.

연설이 신권시대나 왕권시대에 산출했는가? 아니오. 곧 왕권시대 말 민권시대 초에 시작하여 민권시대에 성행하여왔습니다. 이로 보아도 이른바 공화정치, 민주정치의 필요로 산출된 것임을 알 수 있습니다. 신권시대나 왕권시대에 있어서는 신의 의사, 왕의 의사나 소수인의 의사를 다수 인민이 복종하는 것뿐이요 민의 의사는 소용이 없으니 연설이 있을 필요가 없겠고, 공화시대에 이르러서는 그 국가의 사업을 그 국민 전체 의사에 의하여 행하는바 국민이 각각 자기의 의사를 표시하여 어느 의사가 국민 다수, 곧 전체의 의사인지 알아야 하니 부득불 연설이 산출되었소. 당초에 연설로써 공화를 촉진했고 공화의 정치를 행하는 것도 연설에 의하여 이루어졌으니 결코 연설은 한때의 연극이나 노름처럼 볼 물건이 아닙니다. 오늘 나라도 대한 국가의 일을 내 단독으로 행할 권세와 능력을 가졌다 하면 여러분 앞에 나와서 연설할 필요가 없을 것입니다. 나의 오늘 연설도 나의 의사를 일반에게 제공하여 국민 다수가 취하고 취하지 아니하는 것으로써 앞날의 문제를 해결하고자 함이니 여러분은 나의 연설부터 주목하시기를 바랍니다.

우리의 독립운동은 계속할까 정지할까

이제 먼저 물어볼 말은 "이번에 시작한 우리의 독립운동은 계속하려는가 정지하려는가" 함입니다. 누구나 말하기를 "물론 계속할 것이지 정지한다 만다 의논할 여지가 있을까" 하겠소마는 그 입으로는 이와 같이 말하되 그 가운데 마음의 진정함으로 보면 의심이 가득하여 "계속할까. 정지할까" 하는 주저가 없지 않소.

먼저 독립운동을 계속하고 아니함에 확단이 없으면 독립운동의 진행책을 말할 필요도 없습니다. 여러분! 먼저 이에 대하여 명확한 단정을 지으시오. 만일 누가 나더러 묻기를 "너는 어떻게 정했느냐" 하면 나의 명확한 대답은 "독립운동은 절대로 계속할 것"이라 하겠소.

오늘의 대한 사람은 죽으나 사나 이루나 못 이루나 독립운동을 끝까지 계속하기로 결심해야 할 것이오. 이것이 대한 사람 된 자의 천직이요 의무이외다. 누구든지 독립운동을 계속할까 말까 주저하는 이도 독립이 싫거나 자유가 싫어서 그것을 받을까 말까 주저함은 아닙니다. 다만 독립운동이 성공이 될는지 말는지 하는 의심과 상심으로 그리되는 줄 아오. 아닌 게 아니라 얼른 보면 우리에게는 인재도 모자라고 재력도 결핍되고 기타 무엇 무엇도 부족하고 없으므로 독립을 성공할까 못할까 하는 의심이 생길 듯도 합니다. 그렇지마는 여러분은 조금도 의심하거나 상심하지 마시오.

우리는 독립할 가능성이 확실히 있습니다. 왜? 우리 대한 사람은 무엇으로 보든지 근본적 자격이 독립할 민족이요 결코 이민족의 노예생활을 오래 짓지 아니할 민족입니다.

이러한 우리 민족으로서 독립을 요구하는 날에 세계의 시운은 우리의 요구에 응할 것입니다. 보시오. 러시아와 미국이 장차 일본을 치려 하고 영국과 프랑스도 일본을 해하려 하며 호주와 캐나다 또한 일본을 배척하려 하는 것이 다 사실입니다. 그런즉 오늘 세계의 상황이 모두 다 일본을 둘러치는 때이니 이것이 전에 없던 우리의 큰 기회가 아닙니까? 그런즉 우리 민족 자체로 보든지 바깥의 형세로 보든지 우리의 독립을 완성할 가능성이 있거늘 어찌하여 의심하고 주저하겠습니까?

우리 중에 독립운동을 계속하는 데 대하여 의심하고 주저한다면 그 가장 큰 원인은 이것입니다. 실질적으로 독립운동을 진행하기 위하여 우리 자체의 경우와 처지를 살펴서 그 경우와 처지에 합당한 방침과 계획을 세우고 그것을 밟아나가기로 노력하지는 아니하고 공연히 턱없이 요행과 우연에 기대어 과도한 욕망을 품고 기다리다가 그 턱없는 욕망대로 되지 않는다고 의심이니 상심이니 비관이니 하는 것이 생깁니다.

지금에 흔히 들리는 말이 피인도자被引導者는 인도자引導者에게 대하여 부족한 것을 원망하고 인도자는 피인도자에 대하여 부족한 것을 원망하여 "이런 인도자를 갖고 무엇을 할까? 이런 동포를 갖고 무엇을 할까?" 하는 소리가 많습니다. 그 밖에도 "무엇이 부족하니, 무엇이 부족하니" 하는 소리가 따라서 많습니다.

여러분 생각하여봅시다. 우리의 인도자나 피인도자가 부족하다고 가정하면, 부족한 인도자를 자꾸 욕한다고 그 인도자가 하루아침에 변하여 만족스러워질까? 피인도자를 못났다고 나무란다고 하루 저녁에 변하여 잘난 백성들이 될까? 또는 무엇 무엇이 부족하다고 팔짱 지르고 돌아서서 원망하고 한탄하는 소리를 지른다고 그 부족한 것들이 다 변하여 만족스러워질까? 그럴 리가 만무합니다. 그런즉 오늘 우리가 크게 각오할 바는, 우리는 이러한 인도자와 피인도자를 가졌으니 이러한 부족한 경우에 처해 있음을 밝히 봄으로써 이 경우와 처지에서 우리가 무엇을 어떻게 진행해야 오늘의 부족한 것을 내일은 만족스럽게 하여 기어이 독립을 완성할 것인가가 아닙니까?

그러한데 소위 낙심한다 상심한다 하는 그네들은 아무 요량도 없고 자기가 노력할 의무도 다하지 아니하고 이승만이 독립을 실어다 줄까, 이동휘가 독립을 찾아다 줄까, 또 기타 모씨가 가져다 줄까 하다가 그것이 보이지 않는다고 또는, 미일전쟁이 갑자기 생겨서 가만히 앉았다가 독립을 얻을까, 하다가 그도 속히 되지 않는다고 소위 낙심이라 원망이라 하는 것이 생깁니다. 여보시오, 여러분! 우리 국민이 이러하고야 무엇을 희망하겠소. 오늘에 크게 각오하여 시간의 멀고 가까움을 따지지 말고 우리는 우리 처지에서 우리가 행할 방침을 세워갖고 용기 있게 곧장 나아갑시다.

과거의 독립운동은 어떠한 독립운동?

이제부터의 독립운동은 어떻게 진행할까를 대강 생각해봅시다. 이것을 말하기 전에 우리는 과거에 독립운동을 어떻게 했는가를 말하리다.

과거의 운동은 독립을 선언하고 만세를 부르는 것이었소. 옥에 갇히고 창검에 찔리고 생명을 희생하며 한 모든 것이 만세운동을 행하는 것이었소. 그 후에는 압록강 연안에서 시작된 총기 시위운동이 있었고 두만강 연안에서 다소의 전투적 운동이 있었고 유럽과 미주에서 선전宣傳운동이 있었소.

이 과거 운동의 결과가 무엇인가 하면 그 만세소리로 적이 쫓겨 가기를 바람도 아니요, 다소의 폭탄 투척과 국지적 전투로 적을 능히 몰아내리라 함도 아니오. 결과적으로 우리 국민의 독립의 뜻과 자유의 정신을 밖으로 발표하여, 첫째는 우리 국민이 서로 "우리 국민 전체가 동일하게 독립할 의지가 있다" 함을 알리고 또한 "크게 독립운동할 약속을 이루게 된 것"이요, 둘째는 세계 열방으로 하여금 "우리 민족의 의사와 용기가 어떠함"을 알게 함이오.

과거의 독립운동은 과연 크다고 할 만합니다. 그러나 미래의 독립운동에 비하여는 그리 크다고 할 수 없습니다. 우리 민족이 일찍이 국가적으로 큰 운동을 경험해본 적이 별로 없었으므로 과거의 운동을 비상한 큰일로 생각하겠으나 실상은 미래의 큰 운동을 시작한 것뿐이요, 독립운동할 의사를 대내 대외에 선전한 것뿐입니다. 그렇다고 과거 운동을 무가치하고 작은 일이라고 말하는 것은 아닙니다. 과거에 그와 같이 시작하여 앞으로 진행할 독립운동이 장원長遠하고 광대한 것을 절실히 생각하기 위하여 말함이외다.

이제부터의 독립운동은 어떠한 독립운동?

그러면 장래의 독립운동은 무엇입니까? 우리가 '독립운동', '독립운동' 하고 모호한 가운데서 지내서는 안 되겠고 먼저 무엇이 독립운동인지를 분명히 알아야 하겠소. 독립운동은 독립을 이루기 위하여 활동하는 모든 일을 가리킨다 하겠소만 모든 활동 중의 그 핵심이 무엇인가 하는 데서 여러분의 의사와 내 의사가 서로 부합하는지 알고자 합니다. 독립운동의 핵심을 말하면 아래의 여섯가지 큰 것입니다.

1. 군사운동 2. 외교운동 3. 재정운동 4. 문화운동 5. 식산殖産운동 6. 통일운동

독립운동이란 것은 이 여섯가지 운동을 종합한 이름입니다. 그런고로

이 여섯가지의 운동을 바로 진행하면 독립에 성공하겠고 이 여섯가지 중에 하나라도 빠뜨리면 다른 다섯가지가 다 진행이 되지 못하여 독립에 성공할 수 없겠습니다. 그러므로 누구든지 이 중에 "무엇 한가지만, 혹은 두 가지만 해야 한다" 하는 이는 나는 믿을 수 없소. 이 여섯가지 중에 어느 것이 가볍고 중한 것 없이 다 똑같이 힘써야만 될 것입니다. 그런즉 우리는 공연히 세력이니, 권리니, 야심이니 하고 허공 중에서 그림자를 갖고 빈 싸움을 하지 말고 각각 나의 자격과 경우를 따라서 군사운동이나 외교운동이나 기타 어느 운동이나 이 여섯가지 가운데 무엇이든지 하나씩 자기에게 적당한 것을 분담하고 그 일이 이루어지도록 최종까지 꾸준히 나아가기를 결심합시다.

6대 운동의 필요와 그 경중의 동일함

첫째, 군사운동이 어찌하여 필요한가에 대하여는 물론 아무도 의심할 이가 없을 줄 아오. 왜? 독립에 성공하려니까 독립전쟁을 해야겠고 독립전쟁을 하려니까 군사운동을 불가불 해야겠다고 누구든지 얼른 대답할 줄 압니다. 둘째, 외교운동에 대하여도 이론이 없이 우리가 강한 일본과 싸워 이기려면 열국의 동정을 얻어야 되겠고 열국의 동정을 얻으려니 불가불 외교운동을 해야겠다고 논조가 일치할 것이오. 셋째, 재정운동으로 말하면 이상에서 말한 군사운동이나 외교운동, 기타 모든 운동을 하려면 다 금전이 있어야 될 터이니 재정운동은 아니할 수 없는 것이라고 말할 줄 압니다. 그러나 넷째, 문화운동은 무슨 필요가 있는가? 오늘날 어느 겨를에 문화운동 같은 것을 하며 세월을 미루겠는가? 어서 하루 바삐 나가 싸워 죽어야지, 하고 교육을 받는 자나 교육을 베푸는 자에게 비난하는 일도 없지 않습니다. 하물며 다섯째, 식산운동에 이르러서는 "왜 독립운동을 아니하고 이 따위 일을 행하느냐" 하여 이 식산운동이 독립운동의 일부분 되는

가치까지도 부인하는 이가 있을 줄 압니다만, 내 이제 그렇지 않은 이유를 간단히 말하리다.

이 세상 모든 일의 성패가 그 지식의 길고 짧음에 있음을 깊이 깨달아야 하오. 우리나라가 왜 왜적에게 망했느냐 하면 다른 연고가 아니라 우리의 지식이 저들보다 짧은 까닭이오. 그러므로 오늘 우리 대한의 사람들은 지식의 일촌일척一寸一尺을 늘리는 것이 곧 우리의 독립을 일촌일척 더 가깝게 함인 줄을 깊이 깨달을 것이오. 이 문화운동이야말로 근본적 문제입니다. 지금 우리가 걱정하는바 통일이 못 된다, 분규가 생긴다 하는 이것도 또한 우리의 지식 정도가 유치함에 원인이 있는 것이오. 그런고로 진정한 독립에 뜻이 있는 우리 민족의 지식을 늘리기 위하여 진정한 노력이 있어야 할 것입니다.

식산운동으로 말하면 여러분은 과거 구주대전(1차대전) 때에 이 식산운동을 각국이 평시보다 더 어떻게 힘썼는지 아시겠지요? 내가 미주에서 직접 목도했거니와 이때 미국 사람들은 어떤 계급을 막론하고 이 운동에 전력을 다합디다. 여자는 섬섬옥수纖纖玉手에 호미를 들고, 부호는 그 화려한 공원을 일궈서 채전을 만듭디다. 기타 저들은 온갖 방법, 온갖 수단을 다하여 식산을 경영하는 것을 내 눈으로 보았소. 식산운동이 잘 되어야 따라서 재정운동이 잘될 것은 더 말할 필요가 없을 것이오.

나는 우리 독립운동가 중에 소모자消耗者뿐이고 생산자가 한 사람도 없음을 볼 때에 가슴이 답답합디다. 서북간도를 보라. 러시아령을 보라. 북경을 보라. 이 상해를 보라. 소위 독립운동을 한다는 사람치고 생산하는 자가 그 누구인가? 오직 소모자뿐입니다. 이것이 우리 독립운동의 장래에 큰 험악한 문제입니다. 만일 저들이 다 각각 생산자가 되어 저들이 현재 소모하고 있는 그 금전의 전부가 임시정부의 금고로 들어오게 되면 우리의 독립사업이 얼마나 잘 진흥될는지 모르겠습니다.

다수는 이것을 심상히 여기지만 기실은 식산운동이 우리 독립운동에 큰 관계가 있습니다. 물론 내가 말하는 본지가 다른 운동은 다 가볍고 문화운동과 식산운동이 가장 중하다는 것이 아니라 이것 역시 여섯가지 필요한 운동 중에 또한 필요한 것임을 말함이외다.

6대 운동의 구체적 진행방침과 실행

이상에 말한 여섯가지 운동에 각각 그 진행의 방식을 말하자면 첫째, 군사운동에 대하여 어떠한 방침을 취할까? 과거에는 다만 몇십명, 몇백명씩이라도 나가서 싸워야 된다고 말하고, 말뿐 아니라 그러한 사실도 있었소만 지금부터의 군사운동은 그와 같이 하여서는 안 되겠소. 기왕에 몇 명씩 소수로 나가서 싸우자 하는 이에게 그 무슨 의사인가 물으면 혹은 이렇게 함으로 세계에 선전자료를 만든다 하며, 혹은 이같이 함으로써 적을 패하게 하겠다 함이 아니요, 다만 붉은 피를 흘려 우리 민족에게 독립정신을 깨쳐주자 함이노라 합니다.

내가 그 열렬한 뜻에 대하여는 탄복하거니와 그네의 의사를 보면 하나는 바깥의 도움을 구할 뿐이요, 둘째는 독립을 성공시킬 신념이 없는 데서 나왔다 하겠습니다. 지금부터 우리는 군사운동을 하되 그러한 의미로 할 것이 아니라 적을 몰아내고 항복받기 위하여 운동할 것입니다. 일찍이 우리가 흘린 피만 하여도 선전자료나 후손에게 물려줄 독립정신은 넉넉하오. 지금부터 흘리는 피는 적을 타파하고 우리의 독립을 완성하기 위하여 흘릴 것입니다.

그러면 첫째는 군사를 모집할 것이니 먼저 지원병 3만명 이상 5만명 이하만 모집하여 잘 단결하더라도 이것을 기본으로 하여 기십, 기백만의 독립군을 모집할 수 있을 것입니다. 이와 같이 지원병을 모집함도 일조일석에 물 먹듯 쉽게 될 것이 아니고 다대한 노력를 허비하여 이달에 몇백명 내달에 몇천명씩 모집하여 나아가면 그 예정 숫자에 달할 것입니다. 또 우리 군사운동에서는 사관 양성에도 힘쓰되 다른 나라에 비하여 일층 더 전력할 필요가 있습니다. 다른 나라 군사로 말하면 다 훈련을 충분히 받은 군사이므로 사관이 적어도 되거니와 우리의 군사는 훈련을 받지 못한 군사이므로 훈련 없는 군사에게는 지도 통솔할 사관이 더 많아야만 되겠습니다.

내가 오늘 저녁 이 여섯가지 운동에 대하여 그 진행책의 대강이라도 말하려 했더니 말할 기력도 부족하거니와 이 장소에서 10시 안으로 떠나야 되는 고로 그것을 다 말하지 못하고 생략할 수밖에 없으니 매우 유감입니다. 다만 내가 여러분에게 바라는 바는 군사가 안 된다, 외교가 안 된다, 재정이 안 된다, 기타 문화와 식산과 통일이 안 된다 하여 독립운동에 낙망하지 마시라는 겁니다.

군사나 외교나 재정이나 문화나 식산이나 통일이 다 원만히 되었다 하면 독립운동을 한다고 할 필요가 없지 않습니까? 없는 군사를 있게 하도록, 없는 재정을 있게 하도록, 기타 모든 없는 것을 있게 하고 부족한 것을 채우게 하는 것이 독립운동이 아닙니까? 그런즉 우리는 이 6대 운동을 목표로 삼고 진행할 방침을 연구하여 상당한 계획을 세우고 나아가고 나아갈 뿐입니다.

제반 운동의 성패는 오직 통일의 성패에 달려 있음

이제 다른 것은 다 생략했거니와 통일운동에 대하여 말하겠소. 이상에서 말한바 군사운동이니 외교운동이니 하는 기타 모든 운동의 성패가 통일운동의 성패에 달렸소. 내가 통일을 한다 많이 부르짖은 고로 '안창호의 통일독립'이란 별명까지 있지만 독립을 완성하려면 우리 민족의 통일된 힘이 아니고는 될 수가 없으니 독립을 바라는 우리는 통일의 완성을 위하여 노력하지 않을 수 없습니다.

내가 이제 그 이유를 말하면 오늘날 우리의 군사운동, 외교운동도 왜 잘 안 되는가 하면 군사운동을 하되 불통일적 군사운동이고 외교운동을 하되 불통일적 외교운동인 때문이외다. 기타 모든 운동의 성취가 못 됨이 다 그 까닭입니다. 북경에서도 군사운동, 서간도에서도 군사운동, 북간도에서도 군사운동, 러시아령에서도 군사운동, 또 어디서도 군사운동을 하여 그네들이 그 군사운동에 다대한 시간과 노력을 희생했으되 각기 국부적으로 분열한 소수의 군사운동이므로 그 성적이 저같이 영성零星(수효가 적어 보잘 것없다)하여 오늘까지 대한민족의 군사운동이 실현되지 못한 것입니다.

외교운동, 재정운동도 역시 그러합니다. 외교로 말하여도 북경에서 따로, 러시아령에서 따로, 미주에서 따로, 또 어디서도 따로 하여 갑과 을이 각각 내가 대한민족 대표라 하며 외국인을 교섭하니 누가 그 진짜 대한민족의 대표자라고 인정하겠습니까. 이러므로 오늘까지 대한민족의 외교운동이 실현되지 못하여 외교할 만한 날에 외교의 효과를 거두지 못합니다.

재정으로 말하여도 내가 일찍 국민개납주의를 철저히 실행하자 말했거니와 이씨나 김씨가 각각 분열적으로 재정운동을 하지 말고 전국민이 모두 통일적으로 대한임시정부의 국고를 향하여 재정을 바쳐왔다면 우리의 독립사업이 얼마나 발전되었을는지 모르겠소. 그런데 이것도 또한 통일의 궤도를 잃음으로써 재정운동이 오늘까지 실현되지 못했습니다. 이것뿐일까? 아까도 말했거니와 모든 운동의 실현 못 됨이 다 이 통일의 궤도를 잃은 때문이외다.

통일의 첫째 방법은 중앙기관에 총집중하는 것

그런즉 통일은 불가불 해야만 하겠는데 그 통일은 어떠한 방법으로 할까? 통일하는 방법 중에 가장 큰 것이 두가지니, 하나는 전민족적 통일기관을 설치하고 그 설치한 중앙최고기관에 전국민의 정신과 마음과 힘을 집중하여 중앙의 세력을 확대하게 할 것이요, 둘째는 사회의 공론을 세우고 큰 사람이나 작은 사람이나 물론 어떠한 사람이든지 다 그 공론에 복종케 하는 것이오.

지금 어떠한 이들은 "대한임시정부와 의정원을 부인하노라"고 발표까지 했으니 그 용기가 과하고 대한 사람으로서 차마 못할 일을 했다고 합니다. 우리 임시정부와 의정원이 이미 성립된 지가 3년의 시간이 지났고 대내로 말하더라도 압록강, 두만강으로부터 저 부산항, 제주도[2]까지 가면서 한국 사람더러 묻기를 "너의 정부와 의정원이 있느냐" 하면 "예! 우리 정부와 의정원이 상해에 있습니다" 하고 대답합니다. 또는 중국이나 러시아나 미국을 물론하고 해외에 있는 일반 교민이 다 "우리의 의정원과 정부는 상해에 있다"고 합니다. 그런즉 현존한 우리의 의정원과 정부를 국내외의 전체 국민이 인정하는 것은 사실입니다. 또는 열국으로 말하여도 프랑스나 영국, 미국이나 러시아, 중국이나 기타 어느 나라를 물론하고 아직 우리 정부와 의정원을 정식으로 승인은 하지 않았으나 현존하는 우리의 의정원과 임시정부의 존재를 인정합니다. 우리가 이러한 조건을 얻지 못했다 하면 몇천만원의 금전과 다수의 생명을 희생하여서라도 이러한 조건을 지으려 하겠지만 이미 3년이나 지나고 국내외에서 다 인정되는 우리의 의정원과 정부를 부인한다 함은 너무도 실수[3]하는 일이라고 합니다. 바로 불충실한 것을 충실하도록, 원만하지 못한 것을 원만하도록 개선한다 함은 마땅하거니와 어찌 부인한다고야 하겠습니까.

그런즉 앞서 성립된 우리의 의정원과 정부는 더욱 충실하게 하고 더욱 공고하게 하여 민족적 통일기관이 되게 할 것이요, 만일 전체 국민의 힘을 중앙으로 집중하는 길을 실행치 않고 각각 제가 영웅이라고 분파적 행동을 취하면 백년을 가더라도 통일을 이룰 수 없을 것입니다. 그러므로 통일

---

2   원문의 '海州島'는 '濟州島'의 오기.
3   원문의 '失數'는 '失手'의 오기.

운동의 첫 방침이 중앙으로 힘을 모으는 것이라 합니다.

통일의 둘째 방법은 공론의 성립과 복종

통일하는 방침의 둘째 되는, 공론을 세우고 그 공론에 복종케 하자 함이 또한 중요한 문제입니다. 우리 사람들이 이 까닭에 통일이 못 된다, 저 까닭에 통일 못 된다 하지만 그 실상은 공론에 복종할 줄을 모를뿐더러 공론을 세워보지도 못하고 갑은 갑론을 을은 을론을 각각 자기의 논리를 주장하여 외기만 하는 까닭입니다.

흔히 들리는 말이 소위 우리의 수령이라 인도자라 하는 자들이 서로 싸움들만 하는 때문에 통일도 안 되고 일도 안 된다고 욕합니다만 그런 것이 아니오. 여러분은 깊이 깨달으시오. 만일 진정한 인도자이면 진정한 싸움을 하는 자입니다. 누구든지 소위 인도자가 되고서 국가에 대한 자기의 주의와 확신이 있으면 성충을 다하여 싸움을 아니할 수 없습니다. 만일 싸우지 않으면 성충 있는 인도자라고 할 수 없소.

김씨나 이씨가 각각 자기의 주장을 세워 싸울 때에 인민된 자는 냉정한 눈으로 그 싸움을 잘 살펴보아 김씨가 옳으면 김씨의, 이씨가 옳으면 이씨의 그 어느 편이든지 옳은 편으로 따라 서서 그 옳은 편에 다수의 의사가 집중하여 그 옳은 편 사람으로 복종하게 할 것이니 이것이 이른바 공론을 세움이외다.

공론이란 것은 그 국민 다수의 공변된 의사를 가르침이외다. 그러므로 인도자가 싸움으로써 통일이 못 됨이 아니라 그 백성이 공론을 세우고 못 세움에 원인이 있다 합니다. 미국의 예를 들어 말하면 루스벨트Theodore Roosevelt(1858~1919)나 윌슨이나 브라이언William J. Bryan(1860~1925)이나 하딩Warren G. Harding(1865~1923)이나 그네들이 다 미국의 큰 인도자요, 세계적 위인이라 합니다. 그러나 그이들은 항상 싸웁니다. 그이들을 인도자라

위인이라 하는 것은 싸움을 성충으로 한 때문입니다.

루스벨트와 윌슨은 50년 동안이나 간단없이 크게 싸웠소. 몇 해 전에 루스벨트는 육해군을 확장하자고 주장하고 윌슨은 그것을 반대하고 양방이 크게 싸울 때에 미국 백성들은 그 싸우는 내용을 살펴 시비를 판단하여갖고 다수가 윌슨 편에 서므로 루스벨트는 그에게 복종했소.

그 후에 브라이언과 윌슨 사이는 사적으로나 공적으로 매우 가까운 친구입니다. 브라이언의 운동으로 윌슨이 대통령이 되었고 윌슨이 대통령 된 후에 브라이언은 총리가 되었소만 윌슨이 미국·독일전쟁(미국의 1차대전 참전을 가리킴)을 주장하매 브라이언은 이를 반대하여 그 총리직까지 사임하고 크게 싸우다가 미국의 다수 국민이 윌슨 편에 서므로 브라이언이 할 수 없이 그에게 복종하여 통일적으로 미국·독일전쟁을 행했소. 또 근간에 윌슨은 국제연맹회를 주장하고 하딩은 이것을 반대하여 크게 싸울 때에 윌슨 편에 섰던 다수 국민이 하딩 편에 옮겨 서므로 윌슨은 그에게 복종할 수밖에 없이 되었소.

저 미국 백성들은 자기의 인도자들이 싸울 때에 덮어놓고 "저놈들은 싸움만 한다"고 인도자 전부를 배척하지 않고 그 싸움의 이해와 옳고 그름을 살펴 이익되고 옳은 것을 주장한 인도자를 후원하여 다 그이를 복종케 하므로 통일을 이루게 합니다. 우리의 인도자도 싸운다고 하여 그 시비와 흑백은 묻지 않고 "그놈들은 다 때려치울 놈들"이라 하면 어찌 공론이 설 수가 있겠소? 우리 사람들의 입으로 흔히 대한의 인도자, 애국자는 다 죽일 놈이라 하니 설마한들 다 죽일 놈이야 되겠소. 또 누구든지 일생에 죽일 놈의 일만 하기야 하겠소?

내가 연전에 서양 신문기자를 대할 때에 그이들은 우리의 독립운동을 비관적으로 말하는데 그 내용은 서로 싸운다 함이었소. 내가 반박하기를 "그대네 나라 사람들은 싸움을 더 많이 한다" 한즉 그이들의 말이 "우리의 싸움과 너희의 싸움은 크게 다르다. 우리는 싸우되 공론에 복종할 줄 앎으로 싸움의 좋은 결과를 얻고 너희의 싸움은 시작한 뒤에 지는 편이 없는 것을 보니 공론에 복종할 줄 모르는 싸움이라. 그러한 싸움으로는 통일을 이루지 못하고 분열이 되므로 망할 수밖에 없다"는 박절한 말을 합니다. 여러분! 이 신문기자가 바로 보지 못했다고 할까요?

우리도 남과 같이 통일을 요구하거든 어떤 의형제적 수단으로 사교를 하거나 교제적 수단으로 접대 잘하고 못함과 통정을 한다 안 한다 하는 그 따위 수단으로 통일을 취하려 하면 백년을 가더라도 얻을 수가 없으리다. 우리 사회의 현상을 보면 하급은 말할 것 없거니와 소위 중류 이상 고등 인물들도 국가사업의 통일을 어떤 교제적 수단으로 이루기를 꾀하니 그 유치한 것이 어찌 한심치 않으리오. 이제부터 크게 각오하여 공론을 세우고 공론에 복종하는 것으로 통일의 길을 이루어야 하겠습니다.

현재의 문제 해결책은 국민대표회의 소집

이제 통일을 이루기 위하여 중앙에 힘을 모으고 공론을 세우는 두가지 방법을 실행키 위하여 행할 한가지 일은 국민대표회라 칭하든지 혹 다른 명사로 칭하든지 하여간 각 지방, 각 단체의 대표자들이 한번 크게 모이게 하는 것이 가장 필요한 줄로 생각합니다. 왜? 첫째, 각 방면의 의사를 한곳으로 집중한 후에야 각 방면의 정신과 마음과 힘이 한곳으로 집중될 것이요, 각 방면의 의사를 집중하려니까 불가불 국민대표회가 있어야 되겠다 함이외다.

둘째로 공론을 세우려 하면 한 지방이나 몇 개 단체의 논의로는 공론이라고 인정할 수 없고 국민 다수 의사를 공론이라 하겠는데 국민 다수 의사를 발표케 하려니까 불가불 각 방면 대표가 모여야 되겠소. 공론을 세워야만 된다 하면서 공론을 세울 실제가 없으면 소용이 없습니다. 그러므로 각 방면 대표가 모이는 것으로써 공론을 세우는 실제라 합니다.

누군가는 말하기를 국민을 대표하는 기관으로 의정원이 있는데 다시 국민대표회를 모은다 함은 의정원을 부인하는 것이고 무시하는 것이라 하나 그렇지 않습니다. 본시 공화정치로 말하면 중앙기관은 국민의 여론에 복종하고 국민 각 개인은 그 중앙기관을 복종하는 것이오. 이제 중앙기관으로서 국민의 여론에 복종하려면 여론이 있은 후에야 될 것인데 각 방면의 대표가 모여 다수의 의사를 표시하기 전에는 여론이 성립될 수 없소. 국민의 여론을 성립하기 위하여 한때 각 방면 대표가 모이는 것이 어찌 의정원을 부인한다 또는 비합법 행위라고 말하리오.

이것은 하나의 형식상 이론이거니와, 우리의 실질적 측면을 들어서 말하면 이곳에 의정원과 임시정부가 성립된 이후로 여러 가지 분규와 복잡한 문제가 있어오다가 오늘에 그 정도가 점점 높아지는 것이 사실입니다. 이 분규가 일어나는 복잡한 문제를 그냥 방임하여두면 독립운동 진행에 장애가 다대하겠고 이것들을 해결하여 시국을 정돈하려면 각 방면 대표들이 모여 크게 공론을 세워야 될 줄로 생각합니다.

이곳에서 의정원과 정부를 세울 때에 일을 원만히 하지 못한 것도 사실입니다. 서간도나 북간도나 러시아령이나 미국령의 의사를 묻지 않았을 뿐 아니라 한번 물어보지도 않았고 하물며 각원으로 피선되는 모모 제씨에게까지도 조직 여부를 알리지 않았습니다.

과거의 일은 차라리 용서하더라도 타협은 절대로 필요

우리는 현존하는 정부와 의정원을 절대로 인정하지만 과거에 불충분하게 일한 것은 자인할 수밖에 없습니다. 그때는 초창기라 어떠한 경우에는 시기의 절박함으로 그렇게 된 것이라고 용서는 하겠거니와 그 불충분한 것을 그대로 고집하고 더 충분하게 하기를 꾀하지 아니함은 불가합니다.

일찍이 일을 시작할 때 충분히 못한 결과로 러시아령과 북간도 방면에서 우리 중앙기관의 존재는 인정하더라도 우리 중앙기관에 순응하여 협동하지 못한 것은 사실입니다. 러시아령 사람들이 선하여 그러든 악하여 그러든 어리석어 그러든 지혜로워 그러든 그것은 별 문제이고 그같이 분열되어 있는 것은 방임할 수 없지 않습니까?

내가 일찍이 국무총리 대리로 있을 때에 러시아령과 타협을 짓기 위하여 현순玄楯(1880~1968), 김성겸金聖謙 등을 보내어 타협을 진행하다가 그역시 실패를 당했소. 그러나 나는 조금도 낙심하지 않고 타협하여 합동되기를 계속하여 노력하려 합니다. 우리가 러시아령과 중국령의 대다수 국민을 제하여놓고 누구와 더불어 무엇을 하려 합니까? 혹자는 생각하기를 '우리의 독립운동은 우리 민족의 힘으로 성공시키기 불가능하고 미국이 도와주느냐 안 도와주느냐에 달렸다' 하여 미국만 쳐다보고 있을는지 모르거니와 이것은 독립정신에 위배될뿐더러 설혹 미국의 도움을 받기를 바란다 하더라도 발가벗고 외롭게 서서 손을 벌리면 미국이 그같이 어리석어서 몇 개인만 보고 원조를 하여주겠는가? 남의 도움을 받기를 원하더라도 먼저는 스스로가 통일하여 민족적 운동임을 보여주어야 한다는 것을 깨달읍시다.

누군가는 말하되 "이것저것이 다 쓸데없다. 돌아오거나 말거나 몇 사람이라도 막 밀고 나가면 된다" 하니 왜 이같이 어리석은 용기가 과도합니까? 우리가 설혹 몇백만의 군사와 몇억만원의 자본을 갖고 세력이 굉장하여 반대자를 능히 잡아다가 베고 벌〔斬之砲之〕할 수 있다 하더라도 자민족을 위력으로 누르지 아니하고 덕의德義로써 진정으로 화합하여 순응하기를 도모하겠거늘 한푼의 실력이 없어갖고 덮어놓고 "적법이건 적법하지 않건 너희 러시아령 놈들은 와서 복종만 하라" 하면서 어찌 될 수가 있으리오. 이러므로 한번 크게 모여 서로의 양해를 요구하며 공론을 세워 일치협동할 길을 시험하자 함이외다.

이 국민대표회 촉진에 대하여 반대하는 이들의 의사를 보건대 일방에서는 "이 국민대표회는 아무개를 옹호하기 위한 수단으로 하려는 것이니 반대하자" 하고, 또 일방에서는 "아무개를 내쫓기 위하여 행하는 수단인즉 반대하자" 하니 각각 자기의 뜻을 이루지 못하게 될까 하여 국민대표회를 저퍼하는(두려워하다) 줄 압니다. 내가 주장하는 바는 옹호주의자나 반대주의자나 가령 안창호를 역적이라고 논하는 자나 충신이라고 논하는 자나 어떠한 주장, 어떠한 논리를 가진 자를 물론하고 각 방면이 다 모여 들어 한번 크게 싸워 큰 해결을 지어 크게 평화하고 크게 통일하여갖고 군사운동이나 외교운동이나 모든 운동을 일치한 보조로 통일진행하기를 바람이외다. 여보시오. 여러분! 우리 국민의 수준이 이 국민대표회 한번 할 만한 자신도 없다 하면 독립운동은 어찌하려 합니까? 너무 주저하지 말고 되도록 일치하게 노력합시다.(이상 1회차)

오늘 내가 이 연설회를 주최한 이로부터 이 연설회 끝나고 처리할 사안이 있으니 말을 길게 하지 말아달라는 부탁을 받았으므로 오늘은 할 수 있는 대로 간단히 말하겠습니다.

대한의 일은 누가 할까?

내가 이왕에 이러한 말을 했소. "영국의 일은 영국 사람이 하고 미국의 일은 미국 사람이 하고 중국의 일은 중국 사람이 하고 러시아의 일은 러시아 사람이 하더라. 그러면 대한의 일은 어느 사람이 할까?" 했습니다. 다시 묻습니다. 여러분! 대한의 일을 누구에게 말하며 누구에게 맡기려 합니까? 영국 사람에게 맡길까? 중국 사람에게 맡길까? 미국이나 러시아나 어느 다른 나라 사람에게 맡길 것인가? 아니오. 영국의 일은 영국 사람이 하는 것처럼 대한의 일은 대한 사람이 할 것이외다. 그런즉 대한 사람인 우리 무리는 대한의 일에 성충을 다함이 피하지 못할 의무와 천직이 아닙니까.

어떤 이는 우리 일의 잘 되고 못 되는 것을 대통령이니 각원에게만 책임을 지우고 자기는 아무 책임이 없는 줄로 생각하니 이는 자기의 의무와 천직을 모르는 사람이요 자기의 권리를 포기하는 사람이외다. 어떠한 직책, 어떠한 지위를 물론하고 대한 사람인 이상에는 다 동일한 책임이 있소.

그런즉 우리는 결단코 대한의 일에 대하여 의식 없는 태도로 방관할 수가 없고 모두 다 들이부어 각각 자기의 능력을 다하여 오늘, 내일, 모레, 날마다 간단없이 꾸준한 노력을 하는 자가 대한인의 책임을 다하는 자라고 하겠소. 그러면 오늘 저녁에 이 자리에 많이 모인 우리들이 무슨 구경을 하려거나 놀려고 모인 것이 아니요 다만 우리의 책임을 다하기 위하여 일하려고 왔습니다.

우리의 일은 무슨 일인가

그러면 일은 무슨 일인가? 곧 독립운동을 하는 일이오. 내가 일전에 말한바 독립운동은 군사, 외교, 재정, 문화, 식산, 통일, 이 여섯가지 운동을 이르는 것이라 했소. 오늘 저녁에는 특별히 독립운동의 하나인 통일운동을 하려 함이외다. 왜? 독립운동을 하려면 통일운동은 아니할 수 없는 까닭이오. 독립운동에 관한 무슨 일을 하려 하든지 통일 한가지가 없으면 다른 것을 할 수가 없지 않습니까. 그러므로 통일운동이 곧 독립운동이라 했소. 우리가 이같이 중대한 문제 곧 전민족의 통일을 위하여 모인즉 이 저녁에 잠깐 보내는 시간이 심상한 시간이 아니요 우리의 긴하고 중한 시간이라 합니다. 내가 일찍이 말하기를 독립운동은 절대로 계속해야겠다, 죽으나 사나, 괴로우나 즐거우나 어떠한 경우를 당하든지 끌고 나아가야만 되겠다 했소. 그러면 그 끌고 나아가며 분투하고 노력하자는 것이 무엇인가? 이는 곧 전날에도 말하고 이 저녁에도 말한 여섯가지 운동이외다.

일할 우리는 언제까지?

우리 대한 사람이 모두 일어나 만세를 불러도 독립이 안 된다고 그만 주저앉고 말면 이것은 독립할 자격이 없음을 스스로 증명하는 것입니다. 우리가 당초에 독립운동을 시작할 때 무수한 위험과 곤란이 앞에 있을 것을 미리 알고 시작하지 않았는가요? 우리 독립선언서에 최후 일인까지 최후 일각까지라 함은 마지막 사람이 마지막 핏방울을 흘리기까지라 함이오. 이 말은 하나도 살아 있지 말고 다 죽자고 함인 줄로 생각하는 이가 있소만 어떻게 죽자는 말이오? 약을 먹고, 목을 매어, 칼로 찔러, 자살하여 죽자 함인가? 아니오. 독립을 위하여 일하다가 하나가 죽어도 계속하고 둘이 죽어도 계속 하여 마지막 핏방울을 흘리기까지 일하자 함이오. 오늘 일하여 이루지 못하면 내일에, 금년에 일하여 이루지 못하면 내년에 계속 하여 1년, 2년, 10년, 20년 언제까지든 독립을 완성하는 날까지 쉬지 말고 일하자 함이외다. 그런즉 우리는 우리의 천직을 다하여 끝까지 쉬지 아니할 사람이! 줄을 각각 알아야 될 것이오.

통일 방법은 하나뿐인가

오늘 저녁에도 통일의 방침을 강구하고 실시하기 위하여 모였거니와 나의 주장하는바 통일의 방침은 국민대표회라 칭하든지 혹은 다른 명사로 칭하든지 그 명칭 여하는 불구하고 멀고 가까운 각지에 있는 우리 인민의 대표자들이 한번 한곳에 모여 서로 의사를 양해하며 감정을 융화하고 앞날의 큰 방침을 세우며 국민의 큰 공론을 세워갖고 큰 사람이나 작은 사람이나, 남자나 여자나, 김씨나 이씨나 대한의 사람은 다 그 공론에 복종케 함이 가장 필요하다 함이오만 통일의 방법이 이것 하나뿐이니 이것만 하고 말자는 것이 아닙니다. 다른 여러 가지 통일의 방법도 실시하고 그 방법

중의 하나인 국민대표회도 행하자 함이고 또 한번 국민대표회를 하면 다시는 분규가 없고 영구한 통일이 되리라 함도 아니오. 이번에 국민대표회를 성립시켜 통일의 길을 취하고 또한 다른 날, 다른 경우에는 또 다른 방식으로 통일을 운동하여 이 긴절한 통일운동이라는 독립운동도 끝까지, 멀리까지 계속해야 할 것이오. 한번 운동을 하여 보고 아니 된다고 낙심하여 중단할 것은 아니외다.

아직 성공하지 못한 것은 무슨 까닭

그런즉 통일하는 방침의 하나인 국민대표회 기성에 대한 문제를 좀더 절실하게 생각합시다.

우리가 3년 동안이나 독립운동을 했으나 무슨 특별한 성공이 없는 것은 통일이 못 된 까닭이라 합니다. 통일이 못 되었다 함은 곧, 전체 국민의 힘이 집중되지 못했다는 뜻이오. 전체의 힘이 집중되지 못한 까닭은 전체의 정신과 의사가 집중되지 못했기 때문입니다. 이제 전체의 힘을 집중하기 위하여 그 정신과 의사를 집중하려면 한번 크게 모여 크게 논의를 행해야 합니다. 그러지 않고 동에서, 서에서, 남에서, 북에서 서로 칸막이를 세워 의심하고 비난만 하며 김씨는 김씨의 의견만 주장하고 이씨는 이씨의 생각만 고집하고 있으면 통일을 얻어 볼 날이 없을 겁니다. 그러므로 각 방면의 사람이 한번 크게 모이는 것이 우리가 요구하는 통일의 실제라 합니다. 또한 이것이 우리 독립운동의 정당한 행위라 합니다.

국민대표회 소집에 대한 왈가왈부

그렇지만 이에 대하여 여러 가지로 의심들이 있습니다. 첫째는 국민대표회를 모으는 것이 옳으니 그르니 하며 누군가는 옳다, 누군가는 옳지 않다 하는데 그 옳지 않다는 이의 말은 이것이 법리상으로 합치하지 않으니 옳지 않다 합니다. 왜? 의정원이 있는데 또다시 무슨 국민대표회가 있을까, 이것이 곧 의정원을 부인하는 성질을 포함했다 하오. 나는 일찍이 이에 대답하기를 본래 공화국이란 것은 국민의 여론에 의거하여 일을 행하는 것인데 국민의 여론을 세우려면 김씨, 이씨가 각각 자기의 주장만을 끝까지 주장하고 이 집단, 저 집단이 각각 자기의 의사만을 끝까지 고집하면 될 수가 없다 했소. 그런즉 각 방면의 다수의 사람이 집합하여 의논한 후에야 진정한 여론이 성립되겠소. 그러니까 불가불 국민대표회를 회집해야만 하겠다 함이외다.

준거하여 실행할 궤도와 순서는?

우리의 진행 궤도와 순서를 생각하여봅시다. 어떠한 나라에서든 혁명사업을 행하되 그것을 시작할 때에 다수 국민이 거의 다 빠지지 않고 합동하여 되기가 어렵고 처음엔 다소의 뜻있는 사람들이 의논하야 시작한 뒤에 다시 그보다 더 크게 합동하고 또다시 그보다 더 크게 합동하여 마침내 전 민족의 대동일치한 운동을 이루게 됩니다. 우리도 역시 이런 모양으로 처음 모임보다 두번째에는 더 크게 모이고, 두번째보다 세번째는 더 크게 모여 그 마음과 정신이 더 크게 모임으로써 큰 힘의 뭉침이 더욱 커지겠습니다. 우리가 원만하게 모이려면 전국 13도의 남녀가 모조리 투표하여 대표자를 뽑아 모이게 할 것이로되 이것은 당장에는 사실상 불가능한 것이오. 그 버금에는 해외에 교민이 거류하는 지방에서 남녀가 다 투표하여 대표자를 뽑아 보내어 모이게 함이 합당하겠으나 일찍이 각 지방에 고른 조직체가 없으니 실행하기가 곤란하겠고 또 그 버금에는 각지의 각 단체 대표자가 모이는 것이 가능한 일이겠습니다.

러시아령으로 말하면 국민대표회[4]에 시 대표를 보내는 동시에 그 국민대표회를 동정하는 단체이거나 반대하는 단체를 다 같이 보낼 것이오. 그런즉 우리의 과거와 미래를 생각하면, 처음 상해에 얼마가 모여 일을 시작했고 이제 각 단체 대표자가 모여 일을 더 크게 하고, 이후에 해외 교민 전부의 대표가 한번 더 크게 모일 것이오. 이리하여 일을 바로 진행하면 장차는 전국의 대표자가 원만히 모이게 될 날이 있을 터입니다. 그런즉 각 방면 대표자가 한번 크게 모이자 하는 것이 우리 일을 진행하는 궤도요, 순서요, 전민족적 운동으로 나아가는 바른 길이외다.

논리[5]보다는 감정이 우세

이 궤도와 순서를 버리고 어떠한 방법으로 통일을 구하려고 이것을 반대하는지 참 알 수 없는 일이외다. 내 생각에는 논리보다도 오해와 억측과 감정이 섞여 여러 가지 이견이 생기는 줄 압니다. 논리보다도 감정의 힘이 더욱 큰데 지금 우리 사람에게 있어서는 흔히 논리는 아무 효력이 없고 감정적 지배가 많습니다. 그런고로 우리 사람들은 국민대표회 문제뿐 아니라 무슨 일에든지 찬성하고 반대할 때에 정면에 나서서 논리를 주장하지 않고 어두운 방 속에서 수군수군하며 서로 꾀고 이간하고 중상하는 속임수를 사용하며 뜬소문을 옮기는 데 크게 힘씁니다. 예로 말하면, '이것이 표면에서는 옳은 듯하나 그 내용은 무엇이 어떠하다, 무엇이 어떠하다' 하며 사람의 의혹을 일으키고 감정을 일으킴으로써 우리 사회를 어두운 구덩이에 빠지게 합니다. 내 바라는 바는 방 속에서 수군거리는 비열한 행동을 그만두고 국민 앞에 나와서 다 내어놓고 정당하게 논하자는 것입니다.

---

4   원문의 '국민의회'는 문맥상 '국민대표회'의 착오인 듯.
5   원문은 '理論'. 이하 '논리'로 옮김.

딴 내용이 있다는 의혹설

요즘에 국민대표회 촉진에 대하여 반대하는 측에서 의혹과 감정을 일으키는 사례를 몇 가지 들어 말하겠습니다. 첫째는 안창호의 말대로 그렇게 되면 좋겠으나 그렇지 못할 것이, 그 가운데 딴 내용이 있는데 그 내용인즉 이승만을 쫓아내려는 이동휘나 상해임시정부를 깨뜨리려는 원세훈元世勳 (1887~1959) 등이 안창호를 이용하여 자기네의 목적을 달성하려고 하는 것이니 속지 말라, 음모자들의 술책이라 하며 의혹을 일으키는 것입니다.

여러분, 그 의혹을 일으키는 사람의 말과 같이 이동휘나 원세훈이 무슨 딴 목적을 갖고 국민대표회를 촉진한다고 가정합시다. 그렇다고 이후 국민대표회 석상에 모이는 사람이 다 이동휘나 원세훈의 자녀나 조카만 안아줄까요? 결단코 그렇지 못할 것이오. 이동휘, 원세훈 씨 등이 어떠한 마음을 가졌든지 국민대표회는 각 방면으로 각종의 의사를 가진 사람이 모여 의논하여 다수의 공적 결론을 취할 터인데 무엇을 의심할까요?

어느 개인에게 무슨 내막이 있다고 국민대표회 촉진에 대하여 의심하는 것은 참 어리석고 못난 일이외다. 내가 주장하는 국민대표회는 이동휘의 대표회나 원세훈의 대표회나 기타 어느 개인의 대표회가 아니라 그 이름에서 보듯 곧 국민의 대표회를 말함이외다.

분쟁만 하리라는 의혹설

그다음에 의혹하는 말은, "그 말이 과연 옳다. 각 지방 대표자들이 모이면 원씨나 이씨의 의사를 찬동하는 자도 있을 것이요, 반대하는 자도 있을 터이니 원씨나 이씨가 조금도 문제가 되지 않는다. 그러나 다 원만히 모여다 원만하게 해결하면 좀 좋을까만 우리 인민의 수준에 소위 대표자란 것들이 모여야 싸움만 하고 말 터이지 무슨 좋은 결과가 있을까? 우리가 3년

동안이나 지내본바 이승만이니 이동휘니 안창호니 이동녕이니 모모가 다 국민대표자의 자격들이지만 서로 싸움만 하지 않던가"입니다. 그리하여 국민대표회가 모이더라도 좋은 결과는 없고 나쁜 결과가 있으리라고 의혹하는 말을 꾸며댑니다. 그 사람의 말대로 이동휘나 안창호나 모모는 싸움만 하는 사람이라고 가정하고 이 사람들이 모여 싸웠으니 이 뒤에 오는 다른 대표자들도 싸움만 하고 말리라고 속단하지 마시오. 왜? 이완용이가 매국적인 고로 이재명李在明(1887~1910)도 매국적이 되었소? 송병준이가 매국적인 고로 안중근도 매국적이 되었소? 이완용, 송병준이가 있는 동시에 안중근, 이재명도 있었소. 그러면 어찌 모모가 싸움했다고 다른 대한 사람도 싸움만 하고 말리라 하는 것이 바른 논리라 하겠소. 우리 사람들 중에 어느 두 사람이나 세 사람이 잘못하면 그 밖의 모든 다른 사람이 다 잘못하겠다 하여 두 사람만 싸워도 우리나라 놈은 다 싸움만 하므로 죄다 때려죽일 놈이라 하니, 두 사람이 싸우는데 대한 사람은 다 때려죽일 놈이라는 것은 너무 과도한 말이 아니오?

또는 국민대표회가 좋기는 좋지만 대한 사람의 수준이 낮은 때문에 모이면 싸움만 하겠다 의심하여 그만두자 하면 독립운동은 어찌할까요? 싸움이 무서워 모이지 못하면 의정원도 정부도, 천도교도, 예수교도, 청년당도 모든 것이 다 못 모일 것이 아닙니까? 우리 인민의 수준이 싸움이나 하고 대표회를 할 수 없다 하는 그 말은 독립운동을 할 수 없다는 말과 동일한 말로 봅니다.

잘해도 내가 못해도 내가

나 역시 국민대표회의 집합이나 집합한 뒤의 의논이 모두 다 순조로이 평탄하게 진행되리라고 확신하기 어렵소. 여러 가지 곤란이 많을 줄 압니다만 아까도 말했거니와 대한의 일은 대한의 사람이 한다, 못났어도 대한 사람, 잘났어도 대한 사람, 수준이 낮아도 대한 사람, 높아도 대한 사람이오. 어떠한 자격을 가졌든지 대한의 일은 대한의 사람이 할 수밖에 없지 않습니까? 대한 사람의 수준이 낮아서 대한의 일을 대한 사람이 못한다 하면 수준이 높은 미국 사람이나 영국 사람에게 위임하자는 말인가? 그렇지 아니하면 그중에 잘난 몇 사람이 전제專制를 하자는 말인가? 싸우거나 아니 싸우거나, 잘되거나 안 되거나 대한의 일은 대한의 사람이 저희의 자유로 의논하여 일하는 것이 원리와 원칙입니다. 그런즉 싸움만 하여 안 될까 하여 대한 사람의 대표자가 대한의 일에 모이지 않게 하려고 꾀하지 말고 잘 모이고, 모인 후에 싸움 없이 일이 잘 진행되도록 다 힘을 모읍시다.

누구는 말하기를 지금 국민대표회를 촉진하겠다고 하는 사람들은 정부에서 나온 총·차장과 기타 정부를 반대하는 사람들뿐이라고 하나 내가 실지로 보는 바에는 정부에서 나온 총·차장이 있는 동시에 다른 사람들도 있고 일찍이 정부를 반대하던 사람이 있는 동시에 정부를 찬성하는 사람도 있습니다.

그 사람들이 아닌 게 아니라 앞서서는 서로 칸막이와 오해가 없지 않았으나 국민대표회를 촉진하자는 주지로 모이기 시작한 후로는 옛날의 칸막이와 오해가 풀리고 그 모임의 공기가 원만히 조화로워진 것을 볼 때에 나는 기뻐했습니다. 이와 같이 옛날에 어떠한 감정, 어떠한 의사를 가졌던 사람이든지 각각 새 정신을 갖고 다 원만히 모여들어 국민대표회를 성립시키면 장래엔 싸움도 없으리라고 생각합니다.

이편도 의심 저편도 의심

또는 근래에 소위 국민대표회 찬성 측과 불찬성 측 양방의 인사들이 각각 내게 와서 말하기를 "당신 조심하시오. 양방이 다 의심합디다" 하며 누구는 가만히 있으라고 합디다. 그 의심하는 조건이 무엇인가 하면 우선은 안창호가 국민대표회를 주장하는 본의가 본시 대통령 될 야심이 있는 고로 이승만을 몰아내고 자기가 대통령 되려는 계획이라 하는 한쪽의 의심이 있고 또는 안창호가 이승만 위임통치 청원사건의 연루자인 고로 자기의 죄과를 엄호하기 위하여 국민대표회를 열어갖고 이승만 대통령을 절대 옹호하려고 한다고 말합니다.

그렇지만 국민대표회를 촉진하는 것이 옳다고 말하는 안창호의 마음이 어떠한지를 의심하거나 겁내지 말고 다만 국민대표회라는 물건이 옳은가 그른가, 이익이 되는가 해가 되는가만 생각하시오. 왜? 아까 국민대표회는 이동휘의 아들이나 딸만 모이지 않을 거란 말과 같이 안창호의 뜻을 이루어줄 사람만 모일 이치가 없지 않습니까? 안창호가 아무리 어리석더라도 각 방면의 대표는 안창호에게 대통령이나 총리를 시킬 사람만 오리라고 믿지 않으므로 딴 희망을 둘 수 없습니다.

나는 지금부터 무엇을 취할까

이것이 오늘 말하는 문제와 별로 관계없는 말이나 내 개인에 관한 생각을 잠깐 말하겠소. 세상은 나에 대하여 여러 방면으로 의심과 주목을 하지만 내가 스스로 생각하는 지금부터의 행동은 이러합니다.

나는 독립운동에 대하여 내 힘껏 노력하되 내가 직접 군사운동을 행할 자격자가 못되므로 직접 군사운동의 책임자는 되지 못하나 누가 군사운동의 책임자가 되든지 나는 그를 후원하여 군사운동을 거들고 또한 그 밖의 외교나 재정운동과 모든 운동에 대하여도 내 가능한 한도 안에서 원조할 터이오. 내가 직접 책임을 지고자 하는 것은 첫째, 현재의 분규가 융화되고 통일되기 위하여 이 국민대표회 촉진에 대하여 무슨 명의상 직책은 갖지 아니하나 나의 책임을 다하여 성립이 되도록 힘쓸 터이며 이것이 성공하거나 실패하거나 지금부터는 아래의 둘 중 하나를 취하려 합니다.

(1) 우리 사회 각 인물의 선하고 악한 것과 일이 되어가는 이롭고 해로운 모든 내막을 국민에게 공개하여 국민으로 하여금 명확한 판단을 짓는 데 참고하게 하고자 합니다. 왜? 현재 우리 국민 중에 누가 선한지 악한지 그 실지는 모르고 뜬소문에 취하여 어두운 데에서 신음하고 광명한 길이 열리지 아니하므로 우리 민족의 모든 일이 정체되는 것이 너무도 애석하므로 이것을 책임질 뜻이 있다는 것입니다. 만일 이것을 아직 할 시기가 아니라 하여 그만두게 되면 (2) 독립운동의 하나인 문화운동을 직접 책임지고 펼치고자 노력하려고 합니다.

기왕 될 일을 원만하도록

다시 본론으로 들어가 말하면 국민대표회 촉진에 대하여 비난하는 말과 의혹이 그 밖에도 여러 종류가 더 있으나 이것을 일일이 대답하자면 아주 말이 되지 않는 것도 많아서 그만두거니와 여러분은 이상에서 대답한 것을 갖고 미루어 생각하면 다른 것들도 잘 양해가 될 줄로 믿습니다.

이제 여러분이 한가지 깊이 생각할 바는 이 국민대표회가 잘되고 못되는 것이 결국 문제거니와 하여간 국민대표회가 생겨나게 된 것은 형세상으로 면할 수 없이 되었소. 이 국민대표회가 각방의 원만한 찬성으로 성립이 되면 그 결과가 따라서 원만할 것이요, 그렇지 않으면 장래에 큰 결렬이 있을는지도 모르겠소. 왜? 국민대표회의 찬성 측과 반대 측의 양파가 생기게 되면 큰 결렬이 생길 수밖에 없습니다.

이런 말을 들을 때에 그러면 국민대표회를 그만두었으면 그런 염려가 없지 않을까 하겠지만 지금 되어 있는 국면의 형세를 보면 여기 여러분이나 나나 몇 사람이 국민대표회를 그만두게 하려 하여도 그만두게 할 수가 없고 국민대표회가 생길 것은 피치 못할 사실이외다.[6]

찬성자는? 반대자는?

여러분! 이 뒤에 결렬이 되면 그 선하고 악한 것은 누구에게 있든지 별 문제이고 하여간 우리의 대사는 그릇되지 않겠습니까? 참으로 국가와 민족을 사랑하시는 여러분은 이 국민대표회의 문제를 심상히 여기거나 냉담히 여겨 방관하지 마시오. 이번에 일이 잘되고 못 되는 것은 우리의 운명에 끼치는 영향이 적지 않습니다.

그러면 먼저 국민대표회의 촉진을 찬성하는 여러분은 아직 양해를 얻지 못하여 반대하는 측에 있는 이들에게 감정적, 저항적 태도로 대하지 말고 호감적으로 양해 얻기를 꾀하여 북경 사람들과의 연락을 요구하는 동시에 또 다른 곳 사람과 우리 임시정부나 의정원 측에 있는 이들까지 다 악수하여 일치하여 함께 나아가기를 힘씁시다.

또 국민대표회의 촉진을 반대하시는 여러분, 이 국민대표회를 한쪽 방면 사람에게 맡겨두고 방관하거나 감정 문제로 멀고 가까운데서 의혹을 일으키는 선전을 하지 말고 다 같이 들어가서 이미 되고 있는 일을 원만히 되게 하여 전국민의 정신과 힘을 한번 크게 집중하여 통일의 길을 이루어 독립운동의 비운이 변하여 행운이 되도록 합시다.

국민대표회라는 큰 조건 아래에

여러분, 오늘날에 있는 각방의 분규를 무조건으로 없애려면 실로 불가능한 일이외다. 가령 일찍이 러시아령 지도자 중에서 누군가가 러시아령 교민들에게 우리 임시정부의 의정원에 대한 악선전을 한 것은 사실이외

---

6   상해임시정부 개혁을 목적으로 1921년부터 2년간의 준비 기간을 거쳐 1923년 1월 3일 개회했다. 임정을 해체하자는 창조파와 이를 유지하면서 개선하자는 개조파가 대립해 63일 만에 결렬되었다.

다. 그이들이 무슨 까닭에 그리했든지 그것은 딴 문제이고 그이들이 지금 와서는 우리가 이같이 분열하고는 서로 망하고 말리라 하여 다 합동할 뜻이 생겨 러시아령에 있는 교민을 이끌어서 상해와 북경으로 협동하게 하려 하되, 종일 악선전하던 사람이 갑자기 무조건으로 다 합동하자 한다고 러시아령 동포가 그 말을 들을 수가 있겠소?

그런즉 무슨 조건이든지 가히 합동할 만한 조건을 세워갖고 합동을 요구하는 것이 지혜롭지 않을까요? 그러므로 국민대표회라는 하나의 큰 조건을 갖고 비단 러시아령뿐 아니라 각 방면 사람이 한번 크게 모여들자 함이니 이에 대하여 무엇을 의심할까요? 우리의 앞길이 멀고 머니 여러 가지 운동을 각각 책임지고 용감히 나아가는 이 날에 이 통일운동에 대하여는 더욱 동일한 노력을 다합시다.(이상 2회, 끝)

자치할 능력과 독립할 자격
—태평양회의외교후원회 연설[7]

태평양회의[8]에 대한 외교 후원을 토론할 필요가 무엇인가. 다름 아니라, 우리가 이번 외교에 승리하면 우리에게 이익이 있겠고 실패하면 해가 있겠기 때문이다. 그러면 태평양회의란 무엇인가. 외교의 후원이란 어떻게

---

7 『안도산전서』에 「태평양회의외교후원에 대하여」라는 제목으로 수록되어 있으며 1921년 9월 3일이라 날짜가 부기되어 있다. 『독립신문』 등 앞선 출처는 확인하지 못했지만 1921년 8월 13일, 임시정부 산하에 '대태평양회의한국외교후원회(對太平洋會議韓國外交後援會)'가 설치되어 그 진흥을 위한 연설회가 9월 초에 개최된 사실은 확인된다.

8 워싱턴군축회의(1921. 11. 12~1922. 2. 6). 1921년 7월 미 대통령 하딩(Warren G. Harding)의 제안으로 워싱턴에 미국, 영국, 중국, 프랑스, 이탈리아, 벨기에, 네덜란드, 포르투갈, 일본 등 9개국 대표단이 모여 군비 축소 등을 논의한 국제회의. 빠리강화회의를 통해 독립을 보장받는 데 실패한 외교론자들은 이 회의에 새로운 기대를 걸었고 이승만 등이 적극적으로 활동했으나 한국의 독립문제는 결국 논의에서 제외되었다.

할까.

세상 사람은 무엇이라 하든지 나는 국민을 속이는 언론을 하고자 아니합니다. 독립운동의 생사와 흥망이 이 회의에 달렸느니 또는, 우리가 이번에 하기만 하면 독립이 꼭 될 터이니 외교를 후원해야 되겠다는 등의 말을 하면 이는 국민을 속이는 말이오. 왜? 독립운동의 흥하고 망하는 것이나, 임시정부의 살고 죽는 것은 모두 우리 자신이 잘하고 못함에 있지, 태평양회의에 달릴 리가 없음이외다. 다만 우리는 이 기회를 잘 이용하면 이익을 얻겠고 잘못하면 해를 입을 터이니, 이 기회에 힘을 아니 쓸 수 없습니다.

태평양회의란 무엇인가. 태평양회의는 일종의 의문이오. 이는 차차 설명하려니와 우리의 외교 후원은 어떻게 할까. 나는 세가지가 있다 말합니다. 첫째는 대표 되는 인물을 과거에는 친했거나 원수였거나, 대표로 나선이상에는 거국일치로 응원해야 하겠습니다. 대개 태평양회의의 외교 후원은 대표 한 개인의 문제가 아니요, 전민족의 이해를 위함인 까닭입니다. 외교 후원의 둘째는 의사와 금전을 제공함이외다. 외교 후원의 셋째는 재료를 공급함이외다. 돈을 어떻게 낼까. 내 힘껏 많으나 적으나 낼 것이오. 의사는 어떻게 바칠까. 내 정성껏 생각할 것이오. 재료 공급은 어떻게 할까. 우리에게 자치할 능력과 독립할 자격이 있는 증거를 보일 것이오. 만일 우리가 자치할 능력과 독립할 자격이 없다는 재료를 세계에 공급한 뒤에는 아무런 금력과 아무런 선전이 다 무슨 쓸데가 있겠습니까?

먼저 태평양회의는 의문이라 했습니다. 그 성질에 대하여 세가지 해석이 있습니다. 어떤 이는 이번에 세계열강이 전쟁의 참화에서 깨어서 진정한 세계평화를 도모하려고, 따라서 동양평화를 유지하려고 모이는 것인즉, 진정한 동양평화를 짓기 위하여 한국의 독립을 승인하리라 합니다. 또둘째 사람은 이번 일은 다만 미국·영국 양국이 일본 사람의 세력을 축소시키기 위하여 독립을 승인하리라 합니다. 그러나 맨 나중 사람은 무어라 하는가 하니, 평화의 소리는 가면에 불과하다 합니다. 먼저 헤이그의 평화회의가 있었고, 또 빠리강화회의라 국제연맹이라 하여 미국·영국·프랑스·이탈리아·일본 등 여러 나라들이 늘 부르짖는 소리가 세계의 평화요, 일본은 더욱이 날마다 동양평화를 부르짖지만 왜, 한번도 성공을 못 하느냐. 다만 그 열강들이 입으로는 평화를 부르나 이는 가면에 지나지 못하고 진정한 평화의 필요를 각오함이 없고 평화를 구할 방법을 바로 찾지 못한 까닭이다. 일본이 동양평화의 책임이 자기에게 있노라고 날마다 한인에게, 중국인에게 말한다. 한국과 중국을 병탄하면서도 그냥 평화를 하자 한다. 독립과 자유의 정신이 없는 민족이 세상에 없거늘, 오늘날의 소위 강국 된 자는 약국을 무시하고 이를 약탈하면서 평화를 부르짖으니 먹는 자는 좋거니와 먹히는 자는 불행하지 않겠느냐. 강자의 가면적 평화로는 세계의 평화가 되지 않는다 합니다.

이상 세가지 해석 중에 어느 것을 택하더라도 우리가 독립을 하려면 자치할 능력과 독립할 자격을 세상에 보여야 하겠습니다. 만일 세계가 일본의 세력을 축소시키기 위하여 한국을 분리시키려 할지라도 우리에게 그러한 자격이 없다면 세계가 우리를 믿지 못하매 독립을 승인하기 어려울 것입니다. 또 세계 강국이 진정한 평화를 원한다 하더라도 독립의 자격이 없는 민족을 독립시켜놓으면, 그 민족이 스스로 도탄에 들어갈 것이니 차라리 어떤 나라에게 통치하게 함이 진정한 평화를 위하여 이롭다고 할 것입니다.

만일 그 마지막 태도를 취한다 하면, 우리가 자치할 능력과 독립할 자격을 보이더라도 무슨 소용이냐 합니다. 소위 5대 강국이란 자들이 약국을 무시하고 동등한 대우도 하지 않는데 우리가 자격을 보이더라도 소용이 없다 합니다. 그러면 먼저 그들이 왜, 세계를 무시하고 침략을 일삼느냐, 이는 머리에 깊이 박힌 사상의 힘입니다. 그들이 평화를 부르짖는 것도 실은 전혀 거짓이 아니외다. 전쟁의 참화를 목도할 때에는 세계가 진정 평화를 자연히 부르짖게 됩니다. 다만 전쟁이 다 지나가고 참상이 보이지 않게 되면, 또 이전에 머리에 젖었던 약육강식의 사상이 나오는 것이외다. 일본을 볼지라도 만일 저희들이 실로 세계의 대세를 본다 하면, 어서 한국과 중국을 친구 삼아 아시아의 형세를 든든하게 하면, 미국의 발아래서 부들부들 떨 필요가 없을 것입니다. 그러나 그들의 소위 자유주의자라는 자까지도, 국내에서는 자유를 주장하다가도 국외 일에는 침략을 찬성하는 것은 그 침략적 사상이 깊이 박힌 까닭입니다.

그러면 이상 세가지 태도 중에서 어느 방향으로 보든지 우리의 선결 문제는 우리 자신이 자치할 능력과 독립할 자격이 있다는 재료를 제공해야지 그것 아니고는 다른 아무것이 헛것이겠습니다. 무엇이 자치할 능력과 독립할 자격이 있는 표준이 되겠습니까. 자기 일은 자기의 돈과 자기의 지식으로 하는 사람, 자기를 자기의 법으로 다스리는 그 사람입니다.

그러면 말하기를 우리에게 무슨 돈과 무슨 지식이 있어 그런 힘을 보일까. 돈 많은 사람은 많으니만치 살고 가난한 사람은 가난한 사람만큼 살 것입니다. 남의 돈 빌려 쓰지 않고 제가 제 세납稅納 바쳐서 쓰면 가난하더라도 독립입니다. 지식이 많거나 적거나 우리 지식이 다 한 깃발 아래 들어와 통일적으로 일하면, 제가 세운 법률로 스스로 다스려나갈 각오만 있으면, 이는 자치의 능력이 있는 증거입니다. 우리가 아직 강토를 회복치 못했으니 해외에 있는 200만이라도 스스로 대의사를 뽑아 그 입법에 복종합시다. 정부를 세우고 이에 복종함도 개인의 사유私有를 복종함이 아니요, 국민의 입법을 위한 최고기관을 복종함입니다.

이것이 실로 우리의 사활 문제가 아닙니까. 민족의 본체가 이런 후에야 독립을 감히 말할 것이 아닙니까. 오늘날 우리가 실력 없다고 낙심치 말고 마음에 맹세하여 오늘부터 기초를 닦아 나아갑시다. 우리에게 자치할 능력과 독립할 자격이 있으면, 태평양회의가 없더라도 독립이 될 터이요, 아무런 침략자라도 반성 아니 하지 못할 것입니다. 나는 내 눈으로 멀리 바라보건대, 장차 대한 청년의 손에 알지 못할 무엇이 생겨서 일본을 크게 징계

할 날이 있습니다. 아직은 그 시기가 아닙니다.

그러면 언제? 우리가 제 돈, 제 지식을 내고 제 법으로 저를 다스리는 그 날입니다. 앞에 이러한 희망과 계획이 없이 다만 태평양회의니, 폭탄이니 하더라도 이는 다 입에 발린 거짓일 뿐입니다.

여러분, 그러면 우리가 태평양회의에 임하여 각오할 것이 무엇입니까. 태평양회의를 잘 이용하면, 우리에게 이익이 있고 못 하면 해가 있겠습니다. 우리가 태평양 회의에 외교를 잘하자면, 이전에 있는 모든 분쟁은 딴 문제로 버리고 단독행동을 취하지 말고, 전국민이 일치로 후원하는 데 있을 뿐이외다. 전국민이 일치하여 자치할 능력과 독립할 자격을 보이는 데 있을 뿐입니다.

어떻게 하면 전 민이 다 합할까. 타인의 뺨을 때린 뒤에 사죄도 아니하고 외교를 위하여 합하자 함은 모순입니다. 서로 해하려는 것을 그치지 않고 합하자고 하여도 아무 쓸데없습니다. 또 국민은 어떤 이들이 서로 싸움한다고 둘 다 역적이라고 욕함도 싸움을 그치게 하는 것이 못 됩니다. 먼저는 서로 양보함을 취하고 그래도 안 될 때에는 공리로써 선·불선의 판단을 내려야 싸움을 결말할 수 있을 것입니다.

나는 이 기회에 다시 역설하거니와, 우리 국민이 통일하자면 국민대표회가 완전히 성립되어야 한다 생각합니다. 각종의 주장이 상대할 때에는 각지의 대표가 직접 모여 앉아 그 시비를 결단함밖에 도리가 없습니다. 내가 주장하는 국민대표회는 아무 선입 조건 없이 다만 다수 국민의 의사로써 과거의 분규를 획정하고 장래의 방침을 세우기 위하여 국민의 대표를 소집하자 함입니다. 우리가 이를 하고 못 하는 것도 우리에게 자치할 능력과 독립할 자격이 있고 없음을 나타낸다 하겠습니다.

전에 『대륙보大陸報』 기자 페퍼[9]가 나더러 말하기를, "내가 한국에 들어

---

9   원문은 '패퍼'. 너새니얼 페퍼(Nathaniel Peffer, 1890~1964), 『뉴욕 트리뷴』 동아시아 특파
     원. 중국에서 머물 당시 『대륙보』에서 기사를 쓴 것으로 보인다.

가서 여자들이 독립운동을 위하여 그 노리개, 반지를 빼서 주는 것을 볼 때에 참으로 한국 일을 위하여 힘쓸 마음이 있더라. 그러나 그 후에 한인들 가운데 서로 분쟁하는 것이 자꾸 내 눈에 보일 때에 한인은 아직 독립할 자격이 없다 했노라" 합니다. 내가 왜, 이런 말을 합니까. 우리의 내용이 허약한 것을 일본이나 세계가 다 압니다. 불쌍한 조선 사람만 모르지.

여러분, 최후로 부탁합니다. 우리가 외교를 후원하려거든 근본적으로 통일부터 합시다. 통일을 하려거든 국민대표회의 완성에 힘씁시다. 왜, 대표회를 아니 보고 개인의 색채만 보고 꺼립니까. 개인을 보지 말고 대표회의 정신을 보시오. 대표회의 정신은 지금 서로 세우고 있는 여러 기를 다 내리고 그 가운데 국민 다수의 공론을 따라 한 기만 세우자 함이외다. 이 자리에 모인 우리부터 먼저 반성하여 전날의 불평을 다 잊어버리고 진정한 통일의 운동을 위하여 노력합시다. 이것이 후원의 근본 문제요, 독립운동의 사활 문제입니다.

국민대표회를 지지하자
—1922년 4월 6일 상해 연설[10]

여러분, 지금 나는 매우 어려운 자리에 나와 섰음을 깨닫습니다. 왜? 이때의 우리 경우는 가장 절박하고 우리 일반의 심리는 가장 긴장한 때문입니다. 오늘 내가 말함에 대하여 여러분이 다른 때보다 비상한 주목이 있을 줄 압니다. 그런데 내가 어려운 자리에 섰다 함은 비상한 주목 때문이 아니요, 내가 말 한마디를 바로하고 그릇하는 것이 전체에 큰 영향을 줄까 하여

---

10   이 연설기록은『독립신문』(1922. 4. 15)에「안창호선생의 연설」이라는 제목으로 축약되어 최초 게재되었고 현재의 전문은『신한민보』(1922. 10. 19)에 실린 것으로 필기자는 차리석 (車利錫).

말하기가 매우 조심스럽다는 것입니다.

독립운동을 살리려면 내가 먼저 살아야 한다

여러분, 지금의 경우가 과연 절박하며 일반의 심리는 과연 긴장합니까, 아니합니까? 다시 말하면 우리의 독립운동을 중단해 장사葬事지내게 되었습니까, 아니 되었습니까? 아무 근거 없이 빈말로 호언장담하듯 "우리의 독립운동이 어찌 끊어질 리가 있으리오" 함은 소용이 없는 말이외다. 왜? 사천년을 지켜 내려오던 국가의 생명이 끊어진 것을 돌아보아 생각해보십시오. 잘하면 국가의 생명을 잇고 못하면 국가의 생명이 끊어지는 것같이, 잘하면 독립운동의 생명을 잇고 못하면 독립운동의 생명이 끊어진다는 것을 깊이 생각합시다.

그런데 어떻게 해야 독립운동의 생명을 끊어 장사지내지 않고 그 생명을 이어 적극적으로 진행하겠습니까? 먼저 판단할 것은 여기에 있습니다. 우리 한국민족의 생명이 끊어지면 따라서 우리 독립운동의 생명도 끊어질 것이요, 우리나라 민족의 생명이 살아 있으면 우리 독립운동의 생명도 살아 있을 것이외다. 오늘 이 자리에 앉으신 남녀 동포는 살았는가, 죽었는가. 스스로 물어보시오. 여러분이 독립운동의 생명을 살려 계속하려거든 여러분이 먼저 스스로 살아야 할 것이외다.

어떠한 사람이 독립운동을 살릴 만한 사람이며, 어떤 사람이 독립운동을 끊을 만한 죽은 사람일까요? 우리 독립운동에 대하여 희생적 정신으로 자기의 책임을 다하여 독립운동에 관한 방침을 지성으로 연구하고 지성으로 토론하고 지성으로 실행하는 자는 독립운동을 살리는 살아 있는 대한사람이라 할 것이요, 이와 반대로 독립운동에 대하여 아무 생각과 아무 실행이 없이 방관하고 앉아 있는 사람은 독립운동을 죽이는 죽은 대한 사람이라 하겠습니다. 그런즉 우리 독립운동이 죽기를 원치 아니하고 살리어 활동하기를 원하는 여러분은 이 시간부터 진정한 성의와 청정한 두뇌로 깊이 연구하고 실행하기를 꾀합시다.

성력과 물력을 모아 적극적으로 진행하기 위하여

그런데 우리 독립운동의 문제로 지금 크게 현안으로 된 것은 국민대표회 문제이외다. 이 문제에 대하여 1년이 넘도록 왈가왈부하여 우리 국민의 큰 토론거리가 되었습니다. 이렇게 되는 것도 우리의 수준이 전보다 좀 진보되어서인 듯합니다.

내가 지금부터 국민대표회 소집의 본의를 말하겠소. 이것은 내 개인의 의사뿐만 아니라, 국민대표회주비위원회國民代表大會籌備委員會[11]의 의사를 대표한 것이라고 하겠습니다. 만일 그러나 당신들의 생각에 내 개인의 말이지 어찌 주비위원회의 의사를 대표했나 의심이 나거든 내가 이같이 공개하고 말한 후에 내일이라도 주비위원회에서 부인한다는 표시가 없거든 이것이 곧 주비위원회의 의사라고 인정하여주시오.

그러면 국민대표회의 본의가 무엇인가. 국민대표회를 소집하는 본의는 어느 개인이나 어느 기관을 공격하거나 반대하기 위하여 하는 것이 아니요, 또는 어느 개인이나 기관을 찬성하기 위하여 하는 것도 아니외다. 국민대표회를 발기한 이후로 지금껏 1년이나 넘게 국민대표회를 소집하는 이유를 연설로 혹은 논문으로 여러 번 공개 표시했으되 여론이나 문자로서 어느 개인이나 기관에 대하여 공격하거나 악선전을 한 일이 한번도 없었습니다.

그러면 국민대표회를 소집하는 본의가 무엇인가. 곧 각 방면에 헤어져 있는 대한민족 전부의 성력誠力(성실한 노력)과 물력을 중앙으로 집중하여

---

11   원문은 '국민대표회 주비회처'이나 정식 명칭은 '국민대표회주비위원회'(1922. 5~1923. 1). 당시 안창호는 주비위원.

오늘에 가진 힘보다 좀더 큰 힘을 이루어갖고 우리의 독립운동을 적극적으로 진행하기 위함입니다.[12] 우리가 큰 힘으로 독립운동을 적극적으로 진행하려면 성력과 물력을 집중할 필요가 있을까, 없을까? 성력과 물력을 집중하려면 국민대표회를 소집해야 할까, 아니해야 될까? 이것이 우리가 한번 생각하여볼 것이외다. 이것은 과거와 현재를 살펴보면 밝은 판단이 있을 줄로 압니다. 과거에 원수의 속박 아래서 신음하다가 가슴에 사무친 아픈 것이 폭발되어 만세 소리로 독립운동을 세계가 놀랄 만하게 시작했습니다. 그 후로는 2년째가 원년보다, 3년째가 2년째보다, 4년째가 3년째보다 점점 떨어져 오늘에 와서는 운명殞命(죽음)의 문제를 말하게 되었습니다. 이것은 사실이라, 숨기려고 하여도 숨길 수가 없고 감추려고 하여도 감출 수가 없이 되었습니다. 여러분, 여기에 대하여 아픈 마음이 어떠합니까.

이같이 된 원인이 어디 있습니까. 이것은 우리의 힘이 부족한 때문이니 곧 성력과 물력이 아울러 소진한 때문이외다. 이 성력과 물력이 소진한 원인은 무엇입니까? 우리 민족은 다 근본적으로 독립운동에 대하여 성의가 없는 사람인가, 또는 토굴을 파고 사는 인디언과 같이 한푼의 생산력이 없는 사람인가. 아니오, 우리 민족의 성의는 결코 남보다 떨어지지 않고 물력도 남에게 비하여는 다소 빈궁하나 독립운동을 계속하지 못할 정도로 물력이 없다고는 못하겠습니다. 이것은 사실이 증명하는 것이외다.

성력으로 말하면 독립만세를 부른 후로 지금까지 독립운동을 위하여 귀한 시간과 귀한 재산을 소비하며 귀한 생명을 희생한 자가 여러 만명에 이르지 않았습니까. 또한 물력으로 말하더라도 그동안 국내, 러시아령, 중국령, 미국령 등지에서 움직인 재산이 거액이 아닙니까. 그러면 이와 같이 성력도 있고 물력도 있는데 왜 없다고 하는가. 이것은 있기는 있어도 그 있는 것이 각각 헤어져 있고 한곳에 집중되지 못한 때문에 있고도 없는 것같이

---

12   원문에는 이 대목이 한번 더 반복되어 있으나 불필요하므로 삭제.

되어 오늘 이와 같은 절박한 경우를 당했습니다.

집중 못 되는 원인은 조직적 통일이 못 되었기 때문

그러면 이 성력과 물력이 집중되지 못하는 원인이 무엇입니까? 누군가는 말하기를 대한 사람은 어리석고 악하기 때문에 그 힘을 집중할 수 없다고 합니다. 아닌 게 아니라 우리가 어리석은 것을 자탄할 때도 있고 선하지 못한 것을 자책할 점도 없지 아니하나, 그러나 이와 같이 집중이 되지 못함은 어리석고 악한 것만이 원인이라고 할 수 없고 과거의 형세가 그럴 수밖에 없게 되어 있었던 것입니다.

과거의 운동은 통일적입니까, 아닙니까? 과거의 운동은 통일적이었습니다. 한때에 일어나 만세를 부른 것을 보든, 지금의 대한 남녀 각 개인의 심리를 들여다보면 목적이 다 독립운동이요, 동에서나 서에서나 다 독립운동을 한다고 합니다. 그런즉 이것은 다 통일적입니다. 그러나 통일적이긴 통일적이나 다만 정신상 통일뿐이요, 실제의 조직적 통일은 못 되었습니다. 이 조직적 통일을 이루지 못한 것이 악의나 고의로 된 것이 아니라 형세가 그같이 되었다 하겠습니다.

국내에서 독립운동을 시작하여 다수의 의로운 남자, 충성스러운 여자가 결박을 당하고 옥에 갇히며 피를 흘릴 때에 전민족이 다 같이 일어나 독립운동을 시작하니 국내뿐만 아니라 러시아령, 중국령, 미국령 어디를 물론하고 국내외에서 일체로 일어났습니다. 그렇지만 실제의 조직적 통일을 이루지 못한 것은, 국내로 말하면 원수의 엄계嚴戒와 압박 밑에서 실제 조직의 일을 실행키 불가능했고, 바다 밖으로 말하면 각 방면에서 각각 일어나 뭉친 후에 조직에 관한 지식도 부족하려니와 더욱이 교통이 불편하여 서로 화합하며 소통하기 불가능하여 실제로 조직을 실행하기 어려웠습니다. 이러므로 조직적 통일을 이루지 못하고 자연히 정신은 같지만 각 방면

이 깃발을 각각 세우고 분립한 가운데 서로 칸막이가 생기고 또한 각각의 착오와 과실도 있었으며, 각 방면이 나뉘어 착오가 있는 동시에 뜬소문은 한없이 성행하여 오해와 감정이 높아지며, 오해와 감정이 높아짐에 따라 분규가 높아지고 따라서 서로 원수같이 보게 되므로 참 원수인 원수에 대해서는 대적할 마음이 부지중 박약해져 동족 간에 대적하게 되었습니다. 또 다른 점으로 본즉, 그러한 중에 열렬한 청년 독립군들은 믿을 곳도 없고 희망할 데도 없으므로 자연 방황 중에 기지가 타락되고 상심 낙망하여 한을 부르짖게 되었습니다. 이러하므로 한 방향으로의 집중력은 고사하고 각방, 각자의 힘이 소진하는 지경에 이르게 되었습니다. 다시 말하면 이것은 근본에서 고의와 악의로 된 것이 아니고 형세가 이렇게 만들었던 것입니다.

칸막이와 착오를 씻고 오해와 감정을 풀자

이것은 과거와 현재의 현상이거니와 이상과 같이 칸막이가 생긴 가운데 각방의 의사가 분열함에 따라 집중이 되지 못하는 것이 사실입니다. 각방의 의사가 그같이 분기된 것을 그대로 방임하여두고도 독립운동이 살아 계속될까, 아니 될까, 한번 크게 생각해보아야 할 것이외다.[13] 그런즉 과거에 각각 분립되어 의사가 집중되지 못하므로 성력과 물력이 집중되지 못했고 그것이 집중되지 못했으므로 오늘 이와 같은 곤란을 당합니다. 그런즉 우리 독립운동이 이같이 절박한 경우에 처하게 된 것은 성력과 물력이 집중되지 못했기 때문이요, 성력과 물력이 집중되지 못함은 각방이 분립하여 칸막이와 오해와 분규가 있고 이에 따라 의사가 집중되지 못한 때문임을 분명히 알 수 있습니다.

---

13   원문은 해당 발언을 거의 동일하게 반복하고 있으나 불필요하므로 삭제함.

그렇다면 오늘에 우리가 할 일이 무엇이오? 곧 우리의 성력으로서 이 칸막이를 깨뜨리고 그 오해와 과실을 씻어버리고, 그 오해와 감정을 장사지내고 다시 새 정신과 새 기운으로 큰 계획을 세워 독립운동을 적극적으로 진행할 수밖에 없습니다. 이 밖에 다른 큰 방법이 있다 하면 곧 이 자리에 나와서 말씀하시오. 이상에 말한 바와 같이 칸막이와 착오와 오해를 다 제거하고 다시 공통적 의사로 대계획을 세워서 성력과 물력을 집중하게 하려면 한번 각 방면을 크게 모아, 크게 의사를 소통하는 것은 면할 수 없는 일이라고 생각합니다.

국민대표회여야 하는 이유와 그 강령

그런즉 이와 같이 크게 모이는 것은 필요하나 어찌하여 국민대표회로 모이자 하는 것일까요? 그 이유는 지금 러시아령에 있는 단체가 각방을 부르면 다 올까, 중국령의 어떤 단체가 각방을 부르면 다 올까, 이것은 도저히 아니 될 것입니다. 그러면 현 임시정부에서 부르면 다 올까? 그것도 아니 되겠습니다. 왜? 아니 되는 이유는 어디 있든지 현상의 사실을 보면 그러하외다. 이것은 일찍이 서로 나뉜 가운데 이러한 현상이 만들어진 것입니다. 그러므로 여기도 저기도 치우침이 없는 국민대표회 명의로 각방을 소집하는 것이 현재 아니할 수 없는 경우라고 생각합니다. 내가 바라는 바는 어떠한 명의로든지 어서 속히 모여 이 성력과 물력이 집중되는 것입니다. 그런데 국민대표회에서 진행할 강령은 우리가 모임으로써 과거의 칸막이와 착오와 오해와 감정을 다 끊어버리고 새로 독립운동의 대계획을 세우기 위함이라 한바, 큰 계획을 세우는 강령의 내용이 무엇일지, 그 대체는 이러하겠습니다.

1. 중앙기관을 어떻게 공고하게 할까.

2. 중앙기관과 각 지방 사이에 어떠한 방법으로 연락을 취할까.

3. 기관 유지와 사업 진행책을 어떻게 할까.

4. 일반 인민의 금전상 부담을 어떻게 할까.

5. 중앙의 정무를 어떠한 사람에게 위탁할까.

그리고 독립운동 기간에 서로 엄히 지킬 맹약을 세울 것이오. 예로 말하면,

1. 군사는 중앙의 명령 외에 자유행동을 취하지 못할 일.

2. 인민에게 재정을 독징督徵(독촉하여 징수함)하지 못하게 할 일.

3. 공금을 횡령하지 못할 일.

등이오. 이것은 나의 결정적 말이 아니오. 다만 이런 종류의 필요한 규약을 세우게 되리라 함이외다. [미완]

보편적 실력과 특수한 실력
—샌프란시스코 한인 예배당 연설[14]

참 세월이 빠릅니다. 내가 이곳을 떠날 때의 '베이비'들이 오늘 저녁에는 나를 위하여 환영가를 하여주는 것을 들으니 세월이 빠르다는 것을 깨달았습니다. 나는 나의 제2의 고향인 미주에 다시 와서 여러분을 대할 때

---

14 『안도산전서』에는 출처 표기 없이 「따스한 공기」라는 제목으로 수록되었으며 1924년 겨울 미주 동포회에서 개최한 환영회 연설로 표기되어 있으나, 원문은 『신한민보』(1924. 12. 25)에 「안도산의 연설」이라는 제목으로 실려 있다. 여기서는 『전서』에 누락된 결론의 마지막 두 문단을 복원했다.

에 그 기쁜 것이 다만 형식이 아니고 진정한 기쁨이 있습니다. 아메리카에 계신 남녀 동포들이 공익을 위하여 금력과 심력을 합하여 힘썼습니다. 그러다가 3·1독립운동 이후에 마음과 힘을 다하여 국가사업에 진충갈력盡忠竭力 했습니다. 나는 여러분과 아메리카에서 고락을 같이 하다가 3·1운동 시에 주신 사명의 만분의 일이라도 이루지 못하고 이제 여러분을 대할 때에 마음이 두렵습니다. 겸하여 돈을 주시고 성력을 다하여 독립운동의 사명을 나에게 맡긴 것을 생각하면 과연 두렵고 황송합니다. 만일 내가 우리 독립운동의 책임자였노라고 말하면 이는 우리 전체 동포를 무시함이외다. 그러나 나는 책임자 중 일분자는 착실히 되었습니다. 그래서 나는 어떻게 하면 나의 맡은 책임을 다할까 하는 생각으로 마음의 고통도 많았습니다. 혹시는 극단으로 생각도 하여보았습니다. 나 할 수 있는 데까지는 하여보았습니다. 이제는 나 개인에 대한 말은 그만두고 여러분이 듣고자 하는 말씀을 드리고자 합니다.

우리가 3·1운동 이후에 여러 가지 실지적 시험을 하여보았습니다. 빠리 강화회의에 대표도 보내어보았고 상해 프랑스 조계租界에 의정원과 국무원도 조직하여보았고 워싱턴에 구미위원부도 두어보았고 모스크바에 대표도 보내어보았고 런던에 선전부도 두어보았고 러시아령에 국민회의도 있었고 북경에 군사통일회의도 하여보았고 서북간도에 간민회도 하여보았고 만주에 군정서도 있었고 통의부도 있었고 대한독립군 총사령부도 있었고 국민대표회의도 하여보았고 폭탄[炸彈]도 던져보았고 무엇무엇 다 실지적 시험을 하여보았습니다. 그러나 만세 일성一聲은 우리 전민족적 행동이었지만 이상 무엇 무엇하는 활동은 다 국부적 활동이라고 할 수 있습니다. 누구나 다 말하기를 자기네 하는 활동이 우리 전민족을 대표하여 하노라고 했지만 사실상 국부적 행동에 지나지 못했습니다. 그러면 이 국부적 행동에서 우리가 얻은 것은 무엇인가? 우리 대한민족의 큰 경험을 얻었다고 합니다. 우리 민족의 실지적 대실험을 하여보았습니다. 이 경험 때문에 우리는 많은 교훈을 받았습니다. 우리가 3·1운동 이전에는 이러한 시험을 하여본 적이 없었으나 만세 일성 이후에 이와 같이 값있는 실지적 시험을 하여보았습니다. 우리 가운데 혹 어떤 이는 생각하기를 우리 독립운동에 허다한 금전력과 허다한 정신력과 그보다 더 귀한 수만의 피를 희생하여서도 아무 결과가 없다고 실망, 낙망하는 이도 있습니다. 그러나 우리의 이 경험으로 인하여 장래 방침에 유익될 것이 많습니다. 그런고로 내가 오늘 미주에 돌아온 것은 무슨 성공이 있다고 하는 것이 아니며 또한 실패했다고도 아니합니다. 우리는 이 경험을 성의로 연구하여보자, 이 교훈을 지성으로 연구하자 합니다. 만일 이 경험을 성의로 연구하여 장래에 잘하여 나아갈 것은 생각지 아니하면 우리의 금전력과 정신력과 생명을 희생하여서 얻은 이 실험이 소용없어지겠습니다. 우리가 성의로 연구하지 아니하면 내가 무슨 좋은 방침을 생각하여내더라도 남이 좋은 장래 방침을 연구하여준다 하여도 그것을 올바로 이해할 수 없습니다. 아무 연구가 없는 뇌에서는 나올 것이 없습니다. 우리는 성의로 우리의 과거 경험을 연구하여 보아야 되겠습니다

과거의 경험에 의지하여 몇 가지 요령을 들어 말하려 합니다. 우리의 병통은 먼저 아무 계획을 정하지 않고 나오는 대로 마구 덤벼보는 것입니다. 계획은 정하지 않고 행여나 될까, 마구 하여봅니다. 우리가 작은 프레싱 팔러pressing parlor(세탁소)[15]를 하려 하여도 그 계획을 먼저 정하여갖고 이것은 이렇게 해야겠다, 저것은 저렇게 하여 되겠다, 하는데 우리 국가사업에는 계획을 먼저 정하지 않고 될 수 없습니다. 혹 어떤 이는 말하기를 "아! 혁명사업을 언제 계획을 정하여 갖고 하나?" 합니다. 어찌해서 작은 장사에는 철저한 계획을 실질적으로 정한 후에 하는데 혁명사업에는 철저한 계획이 없이 되겠습니까?

---

15   원문에는 '푸뢰싱 팔라'로, 『안도산전서』에는 '다리밋방'으로 표기.

국가사업을 빈말로만 하지 말고 실력을 무시하지 말고 공상적으로 하지 말고 실제적으로 합시다. 우리 가운데서, 준비하는 독립운동자를 무시하는 이도 없지 않으나 우리는 실제적 준비를 하여 장래에는 계획적이고 조직적인 독립운동을 해야만 하겠습니다. 앞으로는 실력을 준비하는 사람이 많아야 하겠고 또한 과거보다 실력 준비자가 늘어가고 있습니다. 원년도에 우리 독립운동자들이 만일 전부 직업 있는 자가 되었다면 독립운동이 더 잘 되었을 겁니다. 독립운동자의 대다수가 무직자였기 때문에 독립운동에 방해가 많았습니다. 독립운동자들에게 직업이 다 있었다면 정부의 재정 수입도 많았겠고 따라서 독립운동을 계속적으로 했겠습니다. 직업이 없기 때문에 당장에 밥 먹을 것이 없는 데야 어떻게 운동을 계속 할 수 있으며 또한 정부의 재정 수입도 영성零星(보잘것없다)할 수밖에 없습니다.

이제 나는 보편적 실력과 특수한 실력을 말하려 합니다. 그러면 보편적 실력이란 무엇인가? 보편적 실력이란 전체 민족의 실력을 준비하자 함을 가리켜 말함이외다. 그러나 이 보편적 실력 준비는 참말 어렵습니다.【안도산이 보편적 실력 준비가 어려운 이유로 국내 정치기관, 경제기관, 교통기관, 교육기관 등 기타 모든 기관이 일본인의 손에 있는 것과 3·1운동 이후에 되어온 것을 상세히 말했다.】그러나 이 보편적 준비도 아주 할 수 없다는 것은 아니외다. 우리의 경제 발전은 그만둘까, 우리의 교육 발전은 그만둘까 함은 아니외다. 가급적으로 준비할 수도 있으며 해야만 하겠다 함입니다.

특수적 실력 준비는 그 무엇인가? 우리가 무엇 무엇을 만들어야 하겠다 함을 이름이외다. 앞으로 할 일은 공상으로 하지 않고 실제로 하자 함입니다. 우리는 한두 사람의 영웅이나 한두개 단체가 운동을 하지 말고 전민족의 계획이 있어서 그 일에 다 각각 상당한 자격이 있는 자 즉, 그 일에 특수한 자격이 있는 자가 그 일을 맡아 하자 함이외다. 가령 폭탄을 던지자 하면 폭탄 제조의 전문적이고 특수한 준비가 있는 자라야 되겠고, 외교에도 어느 나라 국어나 좀 안다고 외교가로 내세우지 말고 외교에 전문적이고 특수한 준비가 있는 자에게 맡기자 함이외다. 내가 원동에 있을 때에 나를 미국에서 왔다고 미국 공사나 영사를 교섭할 일이 있으면 나더러 가라고 하는 이도 있었습니다. 그러나 영어도 잘 통하지 못하며 또한 영어를 잘하는 통역도 없기 때문에 나는 사양하고 가지 않은 적이 많았습니다. 그러면 우리 독립운동에는 무엇 무엇 할 것 없이 '그 일에 그 사람'을 얻어 써야 되겠고 또한 특수한 전문 학식가가 많아야 되겠습니다.

내가 이제 우스운 이야기를 한마디 하려 합니다. 우리 가운데서 흔히 말하기를, 프랑스에는 "내 사전엔 불가능이란 없다"는 말이 있다며 세상에 아무 일이든지 다 할 수 있다고 합니다. 그러나 프랑스 사람들의 해석과 우리의 해석이 다릅니다. 가령 프랑스인 보고 누가 묻기를 (연단에 놓인 물잔을 가리키며) "이 사기砂器를 어떻게 만드는가?" 하면, 그 프랑스인은 대답하기를 "내가 사기제조법을 가르치는 학교에 가서 그 방식을 철저히 배운 후에 자본을 모아 공장을 설립하고 저 물잔이나 기타를 만들겠다" 합니다. 그러면 우리의 해석은 무엇인가? 우리의 해석은 이렇습니다. 누가 묻기를 "저 잔을 만들 수 있습니까?" 하면 "예! 만들지요." "어느 학교에서 그 만드는 법을 배웠습니까?" 하면 "그까짓 것을 누가 배워서 만드나요? 만들면 만들지요." 또 묻기를, "자본이 있습니까?" 하면 "그까짓 것 만드는데 자본은 하여 무엇 하나요? 하면 하지요!" 합니다. 이것이 프랑스 사람의 '불가능이란 없다'는 말의 해석과 우리의 해석입니다. 우리는 공상으로만 무엇을 덮어놓고 다 한다고 하지 말고 무엇을 하든지 특수한 준비를 갖고 실질적으로 해야만 하겠습니다. 그러면 앞으로도 계획 없이, 준비 없이 일을 하려 들지 말고 특수한 준비를 철저히 하여갖고 하자, 공상적으로 하지 말고 실질적으로 하자는 것입니다. 우리가 요구하는 일은 보편적 실력 준비를 가급적으로 해야 되겠고 특수적 실력 준비를 철저하게 해야 한다는 것입니다.

여러분, 내가 말하고자 하는 사안이 많습니다. 그러나 오늘 저녁에는 시간이 없으므로 이다음 기회를 기대할 수밖에 없습니다. 그러나 내가 최종으로 여러분께 드리려 하는 말씀은 이것입니다. 우리 한인사회에 필요한 공기는 따스한 공기입니다. 내가 원동에서 떠날 때에 추운 공기가 가득한 고로 초목이 다 말랐더니 따스한 공기가 가득한 하와이에 와서 본즉 풀이 푸르고 산이 푸르러서 참말 별유천지와 같습디다. 그러면 따스한 공기란 무엇인가? 이는 사랑의 공기입니다. 우리 사회는 이것이 박약합니다. 내가 원동에 있을 때 무슨 일을 하여보려고 산과 들에 홀로 다닐 적에 마음이 처창悽愴(구슬프다)한 적이 많았습니다. 왜 그렇습니까? 우리 한인에게는 따뜻한 사랑이 부족하기 때문입니다. 우리가 미국 사람이나 영국 사람이나 어느 나라 사람을 대할 때에는 무슨 공포심이 없으며 국내의 일본인을 대할 때에도 공포심이 없지만 우리 한인이 한인을 대할 때에는 공포심도 있고 질투심도 있음은 그 무슨 까닭입니까? 우리 가운데 따뜻한 사랑의 공기가 없기 때문입니다. 어디를 가든지 우리 한인에게는 추운 공기가 보입니다. 국내에서는 해외에 있는 동포가 싸움한다 하지만 실상 국내에서도 그러한 공기가 있습니다. 이것이 과연 우리의 큰 결점입니다. 우리 앞에 공통으로 당면한 것은 우리의 원수 일본인이며 그 반면에는 피가 같고 살이 같고 뼈가 같은 우리 전체 민족이 서로서로 사랑하며 서로서로 용서하고 따뜻한 공기를 빚어내야만 우리의 일이 성취될 수 있습니다. 여기 앉으신 여러분은 이 예배당에 주일마다 모여서 따뜻한 사랑의 공기를 빚어내시는 줄 압니다. 샌프란시스코에 계신 동포의 유일의 책임은 먼저 서로서로 사랑하며 샌프란시스코 한인의 공기를 따뜻하게 하며 또한 새크라멘토Sacramento에 계신 동포나 스탁턴Stockton에 계신 동포나 어디 계신 동포나 다 물론하고 서로서로 사랑하여 우리 전민족의 공기가 따뜻하게 되면 이것이 우리 장래 성공에 무엇보다도 절대 필요합니다. 만일 피가 같고 살이 같고 뼈가 같은 우리 동포 간에 서로서로의 사랑이 부족하면 우리는 무엇을 준비하든지 또 무슨 활동을 하든지 다 헛것이 되고 말 것입니다. 그러면 오늘 우리의 깊이깊이 생각할 점은 누구나 서늘한 공기를 빚는 자 되지 않기로 성력을 다할 것이며 누구나 추운 공기를 빚어내는 자 되지 않기로 결심하고 이것을 이겨 나아가려고 평생 정력을 다하여만 되겠다는 것입니다. 이것이 우리 운동의 앞에 오는 성공의 절대 요구하는 바이며 사람사람이 준비하여만 될 것입니다.[16]

【선생이 결론의 말을 할 때에는 그 쇠약한 기질에 기침도 잦으며 정신을 진정하기 위해 이마를 손으로 짚는 때가 많았는바 처음으로 선생의 연설을 듣는 이가 보기에는 연설하면서 머리 만지는 습관이 있다고 한다. 안도산은 전기 연설을 마친 후에 자리에 나아가 앉았다가 다시 일어서며 말씀하기를】 나는 아메리카에 계신 동포들이 두가지 일에 일치 행동을 하기를 바라는바 첫째, 아메리카에 계신 동포들이 상해 임시정부에 인두세 1원씩 우선 상납하기를 요구합니다. 우리 임시정부는 피로 세운 정부이며 우리 국민 된 자들이 받들 의무가 있은즉 과거에 어찌 되었든지 또한 임시정부 안에 있는 각원들을 여러분이 좋아하며 아니 좋아함도 묻지 말고 유지하여갈 의무가 있습니다. 만일 임시정부를 받들어주는 자가 없어 유지를 못한다면 이는 비단 여러분의 수치가 될 것이 아니라 전체 민족의 수치가 될 것입니다. 그런즉 임시정부의 내막이 어떠한지 묻지 말고 여러분이 마땅히 할 의무 즉, 인두세 1원부터 다들 국민회로 보내어 상해 임시정부로 상납하게 하고 만일 남은 힘이 있으면 특별히 더 임시정부를 받들어줄 수 있으나 그것은 차츰 능력에 의하여 할 일이거니와 우선 당장에 일치 행동으로 인두세 1원씩을 남녀 물론하고 다 각각 국민회로 보내어 상해 정부로 상납하게 하기를 바랍니다.

둘째는 아메리카에 계신 동포들이 국민회에 대한 의무를 일치하게 하시

---

16   이 대목 이하는 『안도산전서』에서 누락됨.

기를 바랍니다. 내가 하와이에서도 이와 동일한 의사로, 하와이에 계신 동포들은 다 민단에 대하여 의무를 다하여야 된다고 했습니다. 미주 한인의 오래고 유일한 대단체 국민회를 위하여 일치하게 의무금을 내시기를 바랍니다. 누구나 다 각각 소단체 사업을 그대로 하여 나아가면서 국민회에 대한 의무를 하셔야 될 줄 믿습니다. 이와 같이 러시아령이나 중국령에 계신 동포들도 각각 그 지방 자치기관에 대한 의무를 하시게 되면, 러시아령에서 일치하고 중국령에서 일치하고 미주와 하와이에서 일치하면 장차 해외 한인이 일치 행동하게 될 수 있으므로 나는 이상 두가지 조건을 어느 지방에 가든지 그 지방 동포에게 말씀하려 합니다. 여러분, 이상 두가지에 일치하여주시기를 바랍니다.

과거 민족운동의 반성과 인권 존중
— 로스앤젤레스 환영회 연설[17]

오늘 이 자리에서 여러분을 대하매 아무 생각 없고 다만 숨고 싶은 마음밖에 없소이다. 6년 전에 나는 여러분의 사명을 띠고 상해에 건너갔다가 오늘에 아무 성공이 없이 돌아오매 미안함이 없지 아니합니다. 또는 여러분이 그사이에 좋은 소문이나 좋지 못한 소식을 많이 들었을 줄 압니다. 그 모든 것이 다 우리에게서 비롯된 일이고 나도 그들 중의 하나입니다. 그러므로 나도 그 책임을 져야 합니다. 여러분의 부탁을 이행하려고 했으나 사세가 허락지 아니하여 효과를 얻지 못했습니다. 우리 사람들이 보통 책임이행성이 부족합니다.

나는 미주, 하와이, 멕시코에 재류하는 동포들에게 받아갖고 간 책임을

---

17   『신한민보』 1925. 1. 1 및 1. 8, 2회 분재. 원제는 '안도산의 연설'.

감당치 못했소만 최후 결심은 나의 남아 있는 생명을 국가사업에 희생하고자 한다는 것입니다.(박수갈채) 오늘 저녁에 내가 지금과 장래에 어떻게 할지를 말하겠소만 시간이 넉넉지 못하여 대강 말하겠소이다.

여러분이 아시는 바와 같이 6년 전에 독립운동이 시작된 후로 밖으론 빠리강화회의, 모스크바와 워싱턴 군비감축회의(태평양회의) 등에 대표를 파송했으며 그 외에 상해에 임시정부, 러시아령에 국민의회, 서북간도에 대한독립군총사령부와 군정서 등, 상해에 청년단, 의용단 등이 무수히 조직되어 허다한 금전을 허비하고 피를 흘려 만세를 부르는 것이 온 민족의 일이 되었으며 그 외 여러 종류의 신문·잡지 선전을 과거 6년간 했는데 지금 여러분이 보기에 결과가 있다고 하겠습니까? 내가 아는 한 여러분은 실패라고 하겠지만 이런 판단은 각 개인의 관찰에 따라서 혹은 있다고, 혹은 없다고 할 것입니다. 민족운동에 경험을 얻어 민족성이 족하고 부족함을 분명히 해석할 수 있어야 그러한 판단을 할 수 있습니다.(박수갈채) 내가 이 말을 하기는 스스로 부끄럽지만 우리 민족은 오랜 시일을 두고 이런 경험이 없었으므로 이런 일에 판단력이 부족합니다. 혹 몇몇 사람은 있는지 알지 못하나 민족적으로 확대되지는 못했습니다. 그러나 이번 독립운동이 생긴 후에 민족운동의 시험이 되어 우리 장래 일에 큰 교훈인 것이 증명되었습니다. 그러나 내가 생각하기에는 우리가 얼마간 깨달음이 더 있어야 할 것입니다. 과거에는 의식 없이 한 일이 없지 않았는바 장래를 연구하지 아니하면 실패하기 때문입니다. 그러면 과거를 거울삼아 이후로는 어떠어 떠하게 할 것인지 나와 당신들의 두뇌에 두고 고묘高妙한 곳에서 앞으로 어떻게 할 것인지 판단하자는 정치적 판단이 있는 사람이 되어야 할 것입니다. 그러나 이러한 판단은 그다지 쉬운 것이 아닙니다. 오늘 내가 이 자리에서 이후 어떻게 군사 활동을 하며 국회를 무슨 모양으로 조직하고 임시정부를 어떻게 처리할 것인지 말씀드리겠지만 우선 두가지 요긴한 것을 말하겠습니다.

첫째, 과거 운동은 완전한 계획하에서 된 것이 아니요, 한때의 시험으로 된 일이니 오늘 우리는 이후에 할 것을 완전히 계획해야겠습니다. 예컨대, 우리 로스앤젤레스에 있는 동포가 익히 아시는 과일전廛 설시設市(장이 서게 함)에도 경험과 조직을 요구함이 사실이올시다. 여러분 아는 바와 같이 원인 없는 결과가 없는 법입니다. 그렇지만 과거에는 상당한 계획으로 일한 사람이 심히 적었습니다. 우리가 세계 각국과 같이 살려 하여도 그렇고 또는 우리 원수에 대항하려고 해도 다소간 준비가 있어야 할 것입니다. 아무려면 적지 않은 인사들이 이런 계획을 부인하고 '하면 된다'고 말하는 사람들은 "흥! 준비만 하다 말겠군. 일이라는 것은 하면 되는 것이지" 하지만 오늘 우리가 마주하여 보는 미국이라든지 유고슬라비아[18] 같은 나라들이 하는 것을 보아도 상당한 계획이 있거늘 우리도 마땅히 계획이 있어야 하겠습니다.

둘째는 실력이라는 것입니다. 과거에 우리는 힘을 비교하지 않고 일을 했으므로 실패가 많았습니다. 그러므로 힘을 비교하지 않고 큰 이익만 바라게 되다 보니 사람사람 사이에 불평과 분쟁이 생겼습니다. 그러므로 힘과 일을 항상 수평에 이르게 해야 합니다.

내가 원동에서 실력 준비를 흔히 말했으므로 반대하는 사람들은 혹 연설하는 자리에서 말하기를 준비독립운동자라고 하는 불평이 많았습니다. 내가 말하기를 실력 준비자를 죽이는 대신에 왜적을 한 놈이라도 더 죽이라고도 하여보았습니다. 또한 어떤 인사들은 말하되 프랑스 사전에는 '불능' 두 자가 없다고 하면서 준비 중단을 말하는 사람은 나약한 인물이라고 합디다. 그러므로 이것을 그 나라(프랑스) 사람에게 물어본즉, 대답하길 '배우면 된다'는 뜻이라고 하더이다.

여러분, 그래서 우리 운동에 두 길이 있는데 첫째는 보편적 민지民智 발

---

18   원문은 '주고슬나북'으로 영어의 'Jugoslavia'를 옮긴 것.

전인데 그것을 하자면 일본과 같이 학제로 말할지라도 상당한 유치원과 소·중·대학이 있어야 될 것이며 모든 것이 동등해야 할 것입니다. 미주나 하와이에 있는 어떤 학생의 말을 들으면, 어떤 이는 국내의 경제발전을 말하지만 나는 도저히 힘든 일이라 생각합니다. 이유는 금융 및 교통기관이 일인의 손에 있어 모든 것이 우리 한인을 위함은 조금도 없으며, 은행에서도 한인에게는 신용과 실력 유무를 물론하고 이익 있는 사업을 위하여 청하고 취하는 것을 알기만 하면 빚을 주지 아니하기 때문입니다. 또 다른 예를 말하자면 가령, 평양에서 부산항에 있는 물건으로 이익을 보게 되는 경우, 한인 상업가들은 일인과 같이는 말고 일인보다 먼저 주문을 했을지라도 교통기관이 일인의 손에 있으므로 일인의 물화를 먼저 운송하여 그 유리한 시세를 일인들이 이용케 되며 설령 같은 시간에 상품이 시장에 나는 경우에는 자본이 비교적 많은 저 일인들은 헐가로 방매하여 우리로 하여금 손해를 당하게 합니다. 그러면 보편적 실력운동은 가능하지 못합니다.

교육 방면을 나아가 살펴건대, 우리의 경제력이 부족하다 보니 시골 사람들로서는 경성 유학은 고사하고 자기 지방 부근에 있는 학교에도 자리가 없어서 입학을 하지 못한다고 부르짖는 이가 다수이나 이것이 다 우리가 경제 방면으로 일인들에 대항할 힘이 없는 까닭입니다. 내가 이렇게 말하는 것은 그렇다고 영영 낙심하자는 것이 아니요, 우리 처지에 맞는 준비 활동을 하자는 말입니다. 특수한 실력은 특수한 준비로야 되는 것입니다. 그런즉 우리가 살기 위해서는 한번 특수한 방법을 연구하고 실행해야 하리라 생각합니다.(박수) 독립운동에 어떠어떠한 요구가 있느냐고 묻는다면 그 대답은 민족적 대자각이라고 하겠습니다.

그러하므로 첫째는 시일을 요구하고, 그다음은 재정을 요구하며, 셋째로는 인물을 요구한다 하겠습니다. 가령, 이 테이블 위에 놓인 유리잔을 갖고 말할지라도 이것이 보기에는 쉬울 것 같지마는 그것을 전문으로 하는 유리공장 공인이 아니고는 할 수 없을 것입니다. 아무렴 우리의 지금 처지로 살펴보건대, 혹 누가 묻기를 "당신네가 이 유리잔을 만들 수 있습니까?" 하면 거의 다 대답하기를 "그까짓 것 무얼 못할까?" 하는 게 보통이라 합니다마는 그 원료를 어떻게 쓰며, 분량을 어떻게 조정하는지 묻게 되면 답하지 못합니다. 이유는 그에 대한 지식이 없기 때문입니다.(이상 1회)

우리가 이러한 수준에 있는 까닭으로 내가 과거 몇 해 동안 상해에 있을 때, 혹 북경에 있는 미국 공사를 교섭 같은 것을 할 것이 있으면 별 의논 없이 모든 사람이 말하기를 "자, 이것은 도산 선생이 아니고는 할 수 없으니"라며 목소리를 보낼 때에 내가 할 수 없는 것을 알면서도 억지에 못 이겨 갔습니다마는, 여러분이 짐작하실 바와 같이 외국인과 교제할 때에는 첫째 언어에 능통해야 할 것이거늘 내가 어디 그렇습니까? 그러므로 변변치 못하게 되곤 했습니다. 그러한 이유로 황진남黃鎭南(1897~1970) 씨가 일등 외교가가 되셨습니다. 그 이유는 언어에 능통하며 영문을 잘 짓는 동시에 사상도 우리가 전에 보던 어린 황진남과는 다른 사람이기 때문입니다. 여러분, 웃을 일이 아닙니다. 참 사실로 황씨가 일 많이 했습니다. 이런 이유하에 프랑스 사람이나 그 밖의 다른 외국인들을 교제할 때에 무수한 곤란이 많았습니다. 그 후, 황씨가 빠리로 간 후로는 영미 인사들을 교제하는 데는 그만 계속하지 못했습니다.

우리의 군사상 형편을 말하면, 소위 총사령관이니 무엇무엇 하는 것이 내가 연전에 멕시코 왕래 시에 본 것과 같이 멕시코 말로 소위 헤네랄[19]이라고 하는 이들과 같다고 할 수 있소이다. 그 사람네가 군사상 지식이라고는 없이 이름만 떼어 있는 이가 많습니다. 그래서 우리의 이른바 사령 장교들은 한번 고함이나 크게 지르고 이놈 죽일 놈, 저놈 박살할 놈, 하고 떠드는 사람이면 군략軍略(군사전략) 유무는 불문하고 총사령이라고 합니다. 그에 대한 예를 말하자면 최근 몇 년 사이 서북간도에서 우리와 일인 사이에

19 　원문은 '헤너랄'로 장군을 뜻하는 '제너럴'(general)의 스페인어 표기.

병화兵禍가 잇따르는 처지에 지난해 어떤 우리 장교 한 사람이 상해에 왔을 때에 환영회 석상에서 말하기를 일본 병사 몇백명을 털끝만 한 손해 없이 박멸했다고 하니까 청중이 박수갈채를 합디다만 나는 그것을 믿지 않았습니다. 이유는 다름 아니라 지금 서북간도에 주둔한 일본군으로 말하면 과거 수십년을 두고 그것을 경영하기 위하여 여러 가지로 탐험하여왔던바, 그렇듯 호락호락하게 지리를 알지 못했었든지 군율이 미숙하여 허둥지둥 패망을 당할 것은 사실 밖이라 하겠습니다. 저기 앉으신 서영환徐英煥 씨도 이런 형편을 자세히 아는 터입니다.

이외에도 우리가 다 아는 바와 같이 얼마 전 경성 남대문 밖에서와 기타 여러 곳에 총독 사이또오 같은 이를 박살하려고 폭탄을 던진 일이 있었지만 다수는 터지지 않아서 실패한 까닭이 무엇입니까? 그 이유는 다른 사람들 즉, 중국 사람이나 혹은 러시아 사람이 만든 폭탄을 그 내용물이 어떻게 되어 있으며 이것이 얼마나 떨어진 거리에서 어떠한 방법으로 던질 때 어떻게 터지는 줄도 모르고 무작정 사용하니 그것이 어찌 실수가 없겠습니까? 그러니 이런 것도 하려면 먼저 화학에 능하여 제조할 때 분량을 적당하게 해야 될 것입니다. 그러므로 내가 말하는 것은 무엇이든 실력이 없고는 그 결과를 바랄 수 없다는 것입니다. 그런즉 무슨 일이든지 계획과 준비가 있어야 할 것이며 이것을 하는 데는 과거의 경험이 큰 도움이 된다는 것입니다. 오늘 저녁 사회자가 발표한 순서를 보니 좀 쉬어서 한다고 했으니 잠깐 쉬어서 계속하겠습니다.

내가 이렇듯 좀 지루하게 말씀드리는 것을 용서하십시오. 계획과 조직에 대하여 더 말하겠지만 이에 앞서 우선 말씀드릴 것은 다름 아니라 동족을 사랑하는 것입니다. 이에 대하여 혹 어떤 분은 저 사람이 전도를 하려는가 하리다만 이것이 우리에게 가장 긴요한 것임을 말하려는 것입니다. 지금 우리 사회가 자못 분요紛擾(소란함)한 상태에 있는 것은 사실인바 누구나 말하기를 "나는 중립이야" 하면서, 스스로 말하기를 편당을 짓지 아니하고 가급적 평화를 주창한다고 합니다. 아닌 게 아니라 과연 그런 마음이 다 있는 것입니다. 그 이유는 다름 아니라 누구든지 다 단합과 통일을 원하는 것이 인지상정인 까닭입니다. 이 좌중에서도 모두 이것을 주장할 뿐만 아니라 진정인 줄로 압니다. 그런데 왜 그렇게 되지 못하느냐 하고 묻는 경우에는 대답을 연구할 문제입니다.

첫째로 말하자면 우리 민족의 본성이 좋지 못하여서 그러느냐 하고 묻게 되면 그것도 아니요, 다만 한갓 걱정은 그에 대한 지식 즉, 전문지식이 부족한 까닭이며 또 달리 말하자면 단체생활에 경험이 부족한 연고라 하겠습니다. 옛날 사판仕版(벼슬아치의 명부)계에 양반 즉, 동반東班(문관)·서반西班(무관)이 있었고 그 가운데 노론老論·소론少論[20]이 있었지만 사실은 정치에 대한 의견을 피차 발휘하기 위함이 아니요, 다만 작록爵祿(관작과 봉록)이나 탐했으므로 망거妄擧를 살펴보건대 누가 글 한자만 내 의견에 합치하지 않게 써도 그것을 만방으로 트집 잡아 역적이니 무엇이니 하여서 그 화를 당자에게만 미치게 하지 않고 대대손손이 계속하여가면서 저 놈은 어떤 일을 한 아무 놈의 손이라 하여 출세에서 제외했으니 이것을 보면 정치를 위함은 아닌 것이 사실입니다

그다음 유교 성황 시대를 미루어 살피건대 그것 역시 진정한 교리를 위함이 아니요, 유림 중에서 소위 양반이니 하는 사람들이 집세執勢(세력을 잡음)하여 작패作牌하는 것을 보고 불가불不可不 써야겠다는 뜻으로 조직을 만들어 소위 접장接長, 장의掌議(성균관이나 향교 유생의 임원) 등 소임을 정하여 명색에 불과한 일을 했습니다. 그 외에 보부상들의 조합이 있었으나 상업 발전을 위함은 아니요, 다만 상업을 천히 보는 양반과 유림을 대항하자는 데 지나지 않았습니다. 그러하다 보니 경제발전과 산업진흥을 위한 단

---

20   원문은 '노련(또는 도련으로 읽힘) 소련'이나 문맥상 '노론 소론'의 오기인 듯.

체 활동은 없었다고 하여도 거짓말이 아니라고 할 것입니다. 이러한 유습謬習이 남아 있는 우리 사회는 다른 사람이 어떠한 단체를 조직하거나 혹, 별 다른 것을 하게 되는 때에는 그 목적과 내용은 살피지 않고 반대부터 하여 피차 질시하는 것이 지금의 상태라 하겠습니다. 그다음 이른바 민족은 외국의 간섭이 있는 때에 잘 조직되는 법이나 그 역시 내용은 완전치 못한 것이었습니다.

우리 목전에 닥쳐온 것으로 말하면 여러분 중에도 혹은 말씀하시기를 미주와 하와이, 기타 해외 각처에 있는 우리 사람들이 합하기는 이르다 하겠지만 나는 된다고 생각합니다. 저기 앉으신 안석중安奭中(1868~1950) 씨도 증거하는바 그전에 우리 두 사람이 의사가 합치하지 못하여 피차에 네가 옳으니, 내가 옳으니 하여 언거언래言去言來(말이 오감)가 있었지만 그다음에 만나서는 우리가 싸우지 아니할 일 갖고 공연히 그러했다고 했습니다.(박수) 다른 예를 들건대, 과거에 한국 안에 일진회, 예수교, 천도교, 불교가 있어 피차 서로 알고 지내왔지만 이번 3월 1일에 독립을 위하여 부르짖는 데는 저 교회나 혹은 저 단체에서 하니 우리는 아니하겠다고 하지 않고 거국일치로 되었는데 이것은 일본을 항거하기 위하여 즉, 우리의 독립을 위하여 이뤄진 것입니다. 그러므로 우리는 인도나 이집트 민족과는 판이합니다. 저 인도 사람은 만일 자기가 속하지 않은 종교에서 하는 일이면 심지어 나랏일 즉, 독립운동일지라도 아니하는 사람들입니다.

그다음 앞으로 나아가는 길에 제일 앞에 올 것은 사랑의 공기라 하겠습니다. 이 말에 대하여 혹 어떤 분은 평론하기를 어떤 종교가 왔나보다 하겠지만 서로 사랑함이 없으면 무엇이든지 아니 된다 하겠습니다. 참 애국심이 있으면 이 로스앤젤레스부터 상해까지 다 합동될 수 있소이다. 못해도 왜놈을 대항함에는 합동하게 될 것입니다. 여보시오! 왜놈들이 우리를 무엇을 보고 양보하겠습니까? 만일 단합심이 없으면!

그러면 이 로스앤젤레스에 있는 우리 한인 사이에서부터 피차 동포 상존上尊과 동정을 표하는 것을 연극장이나 혹은 활동사진에 가서 한때 즐기는 것보다 낫게 여기시오! 이런 것을 할 때에 사회를 위하여 하시오. 이것이 우리 국민의 독립을 위함입니다.(박수) 적지 않은 인사들이 중립이라고 하지만 그 책임이 전체에 있다 하겠습니다. 그러나 많은 사랑 가운데 여러 가지의 사랑이 있소이다. 예컨대 자기 아내 사랑하는 사랑과 다른 사람의 아내에게 대한 사랑과 부모 자식 사이에 하는 사랑이 분별이 있소이다. 만일 다른 사람의 아내를 자기 아내 사랑하듯 하면 되겠습니까? 아니 될 것입니다. 그러면 내 말은 사태를 분간치 않고 사랑을 한가지로 생각하여 다른 사람이 자기를 친족 사랑하듯 안 한다고 불평 생기는 것이 큰 병종인바 이것은 공동을 공동으로 생각지 않고 사정私情에 부쳐 생각하는 까닭이라 하겠습니다. 그러므로 내가 생각하기에 사정은 사정이요, 공체公體는 공체라고 하겠습니다. 가령 말하자면 이 시내에도 여러 가지의 종파가 있지만 희락회喜樂會(오락회) 같은 것을 할 때나 기타 공통적으로 하는 일에는 일치하게 아무 다른 관념 없이 즐깁니다. 이에 대하여는 긴 설명을 하지 않겠습니다.

사람 사귈 때에 개인적으로 하지 말고 나의 동족이라는 관념으로 하십시오. 우리의 제일 악습은 다른 사람이 나와 같지 않다고 평론하는 것이올시다. 사람이 본래 자라날 때에 각각 다른 성질을 타고 났으니 어찌 나와 같기를 바라겠습니까. 내가 미국 사람들의 가정을 많이는 살펴보지 못했지만 본 데까지 말하건대, 어떤 집에는 어멈의 성미가 너무 과격하고 딸의 성미는 심히 온순하며 또 다른 집에는 그 반대로 된 집도 있지만 특별히 분쟁이 없이 지내는 것을 보면 그것은 다른 이유 없이 남의 성질을 양해하며 권리를 침해하지 않는 까닭이라 하겠습니다. 우리는 그 반대로 다른 사람이 남녀 간에 혼인하는 비평까지 하는바 "왜, 저 처녀는 저런 남자와 혼인할까?" 혹은 "저 남자는 왜 저 여자와 혼인할까?" 하는 등 서로 무익한 비평을 하는 이가 적지 않은바 이것이 다 인권 무시와 남을 양해치 못하는 데에서 나오는 것이라 하겠습니다.

우리가 자식 기르는 것은 봉제사奉祭祀를 위함이었지만 그것만이 아니라 압제하는 재미에 한다고 합니다. 자식일지라도 너무 압제적으로만 하지 않는 것이 좋습니다. 예컨대 아이들에게 저 윈도우를 열라고 시킬 마음이 있거든 압제와 명령으로 하지 말고 그 문을 열면 공기가 좋을 것을 깨닫게 하여 감화력으로 하게 하시되 명령적으로는 마시오. 이 말은 인권을 박탈하지 말라는 뜻이올시다.

종교와 정치제도 다 분별치 말고 독립운동에만 뜻하십시오. 그러려면 인권을 중히 하시오. 지금 우리 사람들은 피차의 죄악을 말하지만 나 안창호는 민족운동이면 그만이라 말합니다. 그렇지만 이완용, 송병준은 빼어놓고 하는 말입니다. 이것을 한 주일만 우선 시험하여보십시오. 로스앤젤레스에 있는 한인의 피로 된 우리는 민족적 운동을 위하여 모든 것을 다 희생할 것입니다. 그 외 미주 각처에서 다 이렇게 하면 얼마 아니 되어서 모두 허허 웃고 우리가 그전엔 왜 그러했나 하고 후회하는 뜻으로 말씀할 것을 믿습니다.(이상 2회)

국내 동포에게 드림
— 일명 갑자논설(1925)[21]

고국에 계신 부로父老(어른들)와 형제자매들이여, 나는 자모慈母를 떠난 어린아이가 그 자모를 그리워하는 것처럼 고국을 그리워합니다. 얼마 전에 고국으로부터 온 어떤 자매의 편지를 읽다가 "선생님 왜 더디 돌아옵니까. 고국의 산천초목까지도 당신의 빨리 돌아옴을 기다립니다" 하는 한 구

21　『동아일보』에 1925년 1월 23일부터 25일까지 연재됨. 4회차 전면 삭제 및 연재 금지로 1926년 5월부터 9월까지 『동광』으로 옮겨 게재됨.

절을 읽을 때에도 비상한 느낌이 격발되었습니다. 더욱이 이때는 여러분 부모와 형제자매들이 비애와 고통을 받는 때라, 고국을 향하여 일어나는 생각을 스스로 억제하기 어렵습니다. 여러분이 하시는 일을 직접으로 보고 여러분이 하시는 말씀을 직접으로 듣고자 하오며 또 나의 품은 뜻을 여러분께 직접으로 고할 것도 많습니다. 그러나 아직은 돌아갈 수가 없습니다. 내가 일찍 눈물로써 고국을 하직하고 떠나왔거니와, 다시 웃음 속에서 고국 강산을 대할 기회가 오기 전에는 결코 돌아가기를 원하지 않습니다.

그런데 나는 여러분께 대하여 간접으로라도 고통 중에서 슬퍼하시는 것을 위로하는 말씀과 그와 같은 간난艱難 중에서도 '선한 일'을 지어가심에 대하여 치사하는 말씀도 드리고자 하며, 또는 우리의 장래를 위하여 묻기도 하고 고하기도 하고 싶으나 기회가 없었고, 마침 우리의 공공적 기관인 『동아일보』가 출현된 뒤에 글월로써 여러분께 말씀을 전할 뜻이 많았으나 내 마음에 있는 뜻을 써 보내더라도 여러분께 전달되지 못할 염려가 있으므로 아직껏 아무 말씀도 못했습니다. 그러나 지금에는 하고 싶은 뜻을 참지 못하여 전달될 만한 한도 안에 말씀으로 몇 가지를 들어 묻고 고합니다.

비관적인가 낙관적인가

묻노니 여러분은 우리 전도前途(앞으로 나아갈 길) 희망에 대하여 비관을 품으셨습니까, 낙관을 품으셨습니까. 여러분이 만일 비관을 품으셨으면 무엇 때문이며 또한 낙관을 품었으면 무엇 때문입니까. 시세時勢와 경우를 표준함입니까. 나는 생각하기를 성공과 실패가 먼저 목적 여하에 있다고 합니다.

우리가 세운 목적이 그른 것이면 언제든지 실패할 것이요, 우리가 세운 목적이 옳은 것이면 언제든지 성공할 것입니다. 그런즉 우리가 세운 목적이 옳은 줄로 확실히 믿으면 조금도 비관은 없을 것이요 낙관할 것입니다. 이 세상의 역사를 의지하여 살피면 그른 목적을 세운 자가 일시일시 잠시적 성공은 있으나 결국은 실패하고야 말고, 이와 반대로 옳은 목적을 세운 자가 일시일시로 잠시적 실패는 있으나 결국은 성공하고야 맙니다.

그러나 옳은 목적을 세운 사람이 실패했다면 그 실패한 큰 원인은 자기가 세운 목적을 향하고 나아가다가 어떠한 장애와 곤란이 생길 때에 그 목적에 대한 낙관이 없고 비관을 가진 것에 있는 것이외다. 목적에 대한 비관이라 함은 곧 그 세운 목적이 무너졌다 함이외다. 자기가 세운 옳은 목적에 대하여 일시일시로 어떠한 실패와 장해가 오더라도 조금도 그 목적의 성공을 의심치 않고 낙관적으로 끝까지 붙들고 나아가는 자는 확실히 성공합니다. 이것은 인류의 역사를 바로 보는 자는 누구든지 다 알 만한 것이외다.(이상 1회) 그런데 이에 대하여 여러분께 고할 말씀은 옳은 일을 성공하려면 간단없는 옳은 일을 해야 하고 옳은 일을 하려면 옳은 사람이 되어야 할 것을 깊이 생각하자 함이외다. 돌아보건대 우리가 왜 이 지경에 처했는가. 우리가 마땅히 행할 옳은 일을 행치 아니한 결과로 원치 않는 이 지경에 처했습니다.

지금이라도 우리가 우리는 옳은 목적을 세웠거니 하고 그 목적을 이룸에 합당한 옳은 일을 지성으로 지어나가지 않으면 그 목적을 세웠다 하는 것이 실지가 아니요 허위로 세운 것이기 때문에 실패할 것입니다. 옳은 일을 지성으로 지어나가는 사람은 곧 옳은 사람이어야 합니다. 그러므로 내가 나를 스스로 경계하고 여러분 형제자매에게 간절히 원하는 바는 옛날과 같이 옳은 일을 짓지 못할 만한 옳지 못한 사람의 지위에서 떠나서 옳은 일을 지을 만한 옳은 사람의 자격을 가지려고 먼저 노력해야 한다는 것입니다. 지금 우리가 우리의 희망점을 향하고 나아가도 당시의 시세와 경우가 매우 곤란하다고 할 만합니다마는 밝히 살펴보면 우리 앞에 있는 시세와 경우는 그리 곤란한 것도 아니외다. 그러나 나는 이 시세와 경우를 큰 문제로 삼지 않고 다만 우리 무리가 일제 분발하여 의로운 자의 자격으로 의로운 목적을 굳게 세우고 의로운 일을 꾸준히 지어나가면 성공이 있을 줄 확실히 믿기 때문에, 비관은 없고 낙관뿐입니다.

우리 동포 중에 열 사람 스무 사람이라도 진정한 의로운 자의 정신으로 목적을 향하고 나아가면 장래 천 사람 만 사람이 같은 정신으로 같이 나아갈 것을 믿습니다.

우리 민족사회에 대하여 불평시不平視하는가 측은시惻隱視하는가

묻노니 여러분은 우리 사회 현상에 대하여 불평시합니까 측은시합니까. 이것은 한번 물어볼 만하고 생각할 만한 문제입니다.

내가 살피기까지는 우리 사람들은 각각 우리 사회에 대하여 불평시하는 태도가 날로 높아갑니다. 이것이 우리의 큰 위험이라고 생각합니다. 지금 조선사회 현상은 불평해볼 만한 것이 많은 것이 사실입니다. 우리 사람 중에 중학 이상 정도 되는 급에 있는 이들은 불평시하는 말이 더욱 많습니다. 지식 정도가 높아가므로 관찰력이 밝아져서 오늘 우리 사회의 더러운 것과 악한 것과 부족한 것의 여러 가지를 전보다 더 밝히 보므로 불평시하는 마음이 많기 쉽습니다. 그런데 이것은 매우 위험합니다. 불평시하는 그 결과가 자기 민중을 무시하고 배척하게 됩니다. 그 민중이 각각 그 민중을 배척하면 멸족의 화를 벗을 수 없습니다. 그러므로 매우 위험하다고 함이외다.

그런즉 우리는 사회에 대하여 불평시하는 생각이 동하는 순간에 측은시하는 방향으로 돌려야 되겠습니다. 어떻게 못나고 어떻게 악하고 어떻게 실패한 자를 보더라도 그것을 측은시하게 되면 건질 마음이 생기고 도와줄 마음이 생기어 민중을 위하여 희생적으로 노력할 열정이 더욱 생깁니다. 어느 민족이든지 그 민중이 각각 그 민중을 붙들어주고 도와주고 건져

줄 생각이 진정으로 발하면 그 민중은 건져지고야 맙니다.

여러분이시여! 우리가 우리 민족을 불평시할 만한 민족인데 우리가 억지로 측은시하자고 함인가, 아닙니다. 자기의 민족이 아무리 못나고 약하고 불미하게 보이더라도 사람의 천연한 정으로 측은시하여질 것은 물론이거니와, 그 밖에 우리는 우리 민족의 경우를 위하여 또한 측은시할 만하외다. 지금의 우리 민족이 도덕으로 지식으로 여러 가지 처사하는 것이 부족하다 하여 무시하는 이가 있으나 우리의 민족은 근본적으로 무시할 민족이 아닙니다.(이상 2회) 우리 민족으로 말하면 아름다운 기질로 아름다운 산천에 생장하여 아름다운 역사의 교화敎化로 살아온 민족이므로 근본이 우수한 민족입니다. 그런데 오늘 이와 같이 일시 불행한 경우에 처하여진 것은 다만 구미의 문화를 남보다 늦게 수입한 까닭입니다. 일본으로 말하면 구미와 교통하는 아시아 첫 어귀에 처했으므로 구미와 먼저 교통이 되어 우리보다 신문화를 일찍 받게 되었고, 중국으로 말하면 아시아 가운데 큰 폭원幅圓(넓은 땅)을 점령했으므로 구미 각국이 중국과 교통하기를 먼저 주력한 까닭에 또한 신문화를 먼저 받게 되었으나, 오직 우리는 그러한 경우에 처하지 않았고 원동에 신문화가 처음으로 오는 당시의 정권을 잡았던 자들이 몽매蒙昧 중에 있었으므로 신문화가 들어옴이 늦어졌습니다. 만일 우리 민족이 일본이나 중국에 구미 문화가 들어올 그때에 같이 그 신문화를 받았더라면 우리 민족이 일본 민족이나 중국 민족보다 훨씬 나았을 것입니다. 일본 민족은 해도海島적 성질이 있고 중국 민족은 대륙적 성질이 있는데 우리 민족은 가장 발전하기에 합당한 반도적 성질을 가진 민족입니다.

근본 우수한 지위에 처한 우리 민족으로서 이와 같이 불행한 경우에 처하여 남들이 열등의 민족으로 오해함을 당함에 대하여 스스로 분하고 서로 측은히 여길 수밖에 없습니다. 그런즉 우리의 천연의 정情과 우리가 처한 조건을 생각하여 불평시하는 마음을 측은시하는 방향으로 돌이켜 상부호조相扶互助의 정신이 진발進發하면 우리 민족의 건져짐이 이에서 시작된다고 합니다.

그러므로 더욱이 우리 청년 남녀들에게, 우리 민중을 향하여 노한 눈을 뜨고 저주하는 혀를 놀리지 않고, 5년 전(3·1운동을 가리킴)에 흐르던 뜨거운 눈물이 계속하여 흐르게 하기를 바랍니다.

주인인가 나그네[旅人]인가

묻노니 여러분이시여, 오늘 조선사회에 주인 되는 이가 얼마나 됩니까. 조선 사람은 물론 다 조선사회의 주인인데 주인이 얼마나 되는가 하고 묻는 것이 이상스러운 말씀 같습니다. 그러나 조선인이 된 자는 누구든지 명의상 주인은 다 될 것이되 실상 주인다운 주인은 얼마나 되는지 알 수 없습니다. 어느 집이든지 주인이 없으면 그 집이 무너지거나 그렇지 않으면 다른 사람이 그 집을 점령하고, 어느 민족사회든지 그 사회에 주인이 없으면 그 사회는 망하고 그 민족이 누릴 권리를 딴 사람이 취하게 됩니다. 그러므로 우리는 우리 민족의 장래를 위하여 생각할 때에 먼저 우리 민족사회에 주인이 있는가 없는가, 있다 하면 얼마나 되는가 하는 것을 생각지 아니할 수 없고 살피지 않을 수 없습니다. 나로부터 여러분은 각각 우리의 목적이 이 민족사회에 참주인인가 아닌가를 물어볼 필요가 있습니다.

주인이 아니면 여객旅客인데 주인과 여객을 무엇으로 구별할까. 그 민족사회에 대하여 스스로 책임심이 있는 자는 주인이요 책임심이 없는 자는 여객입니다. 우리가 한때에 이 민족사회를 위하여 뜨거운 눈물을 뿌리는 때도 있고 분한 말을 토하는 때도 있고 슬픈 눈물과 분한 말뿐 아니라 우리 민족을 위하여 몸을 위태한 곳에 던진 때도 있다 할지라도 이렇다고 주인인 줄로 자처하면 오해입니다. 지나가는 여객도 남의 집에 참변이 있는 것을 볼 때에 눈물을 흘리거나 분언奮言을 토하거나 그 집의 위급한 것을 구제하기 위하여 투신하는 수도 있습니다. 그러나 그는 주인이 아니요 객인 때문에 한때 그리고 말뿐 그 집에 대한 영원한 책임심은 없습니다. 내가 알고자 하고 또 요구하는 주인은 우리 민족사회에 대하여 영원한 책임심을 진정으로 가진 주인입니다.

이상 비관인가 낙관인가, 질시하는가 측은시하는가 하는 2언은 우리 현상에 의하여 한번 할 만하다 하여서 말했거니와, 이 역시 객관적인 여객에게나 대하여서 할 말이지 진정한 주인에게는 할 필요가 없는 말인 줄 압니다. 그 집안 일이 잘 되어나가거나 못 되어나가거나 그 집의 일을 버리지 못하고 그 집 식구가 못났거나 잘났거나 그 식구를 버리지 못하고 자기 자신의 지식과 자본의 능력이 짧거나 길거나 자기의 있는 능력대로 그 집의 형편을 의지하여 그 집이 유지하고 발전할 말한 계획과 방침을 세우고 자기 몸이 죽는 시각까지 그 집을 맡아갖고 노력하는 자가 참주인입니다. 주인된 자는 자기 집안일이 어려운 경우에 빠질수록 그 집에 대한 염려가 더욱 깊어져서 그 어려운 경우에서 건져낼 방침을 세우고야 맙니다. 이와 같이 자기 민족사회가 어떠한 위난과 비운에 처했든지 자기의 동족이 어떻게 못나고 잘못하든지 자기 민족을 위하여 하던 일이 몇 번 실패하든지, 그 민족사회의 일을 분초간에라도 버리지 아니하고, 또는 자기 자신의 능력이 족하든지 부족하든지 다만 자기의 지성으로 자기 민족사회의 처지와 경우를 의지하여 그 민족을 건지어낼 구체적 방법과 계획을 세우고 그 방침과 계획대로 자기의 몸이 죽는 데까지 노력하는 자가 그 민족사회의 책임을 중히 알고 일하는 주인이외다.

내가 옛날 고국에 있을 때에 한때 비분강개한 마음으로 사회를 위하여 일한다는 자선사업적 일꾼은 많이 보았으나, 영원한 책임을 지고 주인 노릇하는 일꾼은 드물게 보았으며, 또 일종의 처세술로 체면을 차리는 행세거리 일꾼은 있었으나 자기의 민족사회의 일이 자기의 일인 줄 알고 실지로 일하는 일꾼은 귀했습니다. 내가 생각하기는 지금 와서는 그때보다 주인 노릇하는 일꾼이 생긴 줄 압니다. 그러나 아직도 그 수효가 많지 못한 듯합니다. 한 집 일이나 한 사회 일의 성쇠 흥망이 좋은 방침과 계획을 세우고 못 세우는 데 있고 실제 사업을 잘 진행하고 못 하는 데 있습니다. 그러나 이것도 주인이 있은 뒤에야 문제지 만일 한 집이나 한 사회에 책임을 가진 주인이 없다고 하면 방침이나 사업이나 아무것도 없을 것입니다. 그런즉 어떤 민족사회의 근본 문제가 주인이 있고 없는 데 있습니다. 여러분은 스스로 살피어 내가 과연 주인이요 나 밖에도 다른 주인이 또한 많다고 하면 다행이거니와 만일에 주인이 없거나 있더라도 수효가 적은 줄로 보시면 다른 일을 하기 전에 내가 스스로 주인의 자격을 찾고 또한 많은 사람으로 하여금 주인의 자격을 갖게 하는 그 일부터 해야겠습니다. 우리가 과거에는 어찌했든지 이 시간 이 경우에 임하여서는 주인 노릇할 정도 일어날 만하고 자각도 생길 만하다고 믿습니다.

합동과 분리(『동광』 1926. 5.)

오늘 우리 조선을 보면 합해야 되겠다 하면서 어찌하여 합하지 아니하고 편당을 짓는가, 왜 싸움만 하는가 하고 서로 원망하고 서로 꾸짖는 소리가 조선 천지에 가득 찼으니, 이것만 보더라도 우리 조선 사람은 합동적이 아니요 분리적인 것을 알 것이요, 또 오늘날 조선 사람은 합동하기를 간절히 기다리는 듯합니다. 합동하면 흥하고 분리하면 망하며 합동하면 살고 분리하면 죽는다, 이 모양으로 합동이 필요하다는 이론도 사석이나 공석이나 신문이나 잡지에 많이 보입니다. 그러므로 조선 사람은 합동해야 된다는 이론은 더 말할 필요가 없다고 생각합니다.

그러면 우리 조선 민족의 개개인은 과연 합동의 필요를 절실하게 깨달았는가? 이것이 의문입니다. 남더러 합하지 않는다, 편당만 짓고 싸움만 한다고 원망하고 꾸짖는 그 사람들만 다 모여서 합동하더라도 적어도 몇

백만명은 되리라 믿습니다. 그러하거늘 아직도 그러한 단체가 실현된 것이 없는 것은 이상한 일입니다. 아마 아직도 합동을 원하기는 하지마는 합동하고 못 하는 책임을 남에게만 미루고 각각 자신이 합동의 길을 위하여 노력하는 정도까지에는 이르지 못한 듯합니다.

사지四肢와 백체百體로 이루어진 우리 몸으로서 그 사지와 백체를 분리하면 그 몸이 활동을 못 하기는 고사하고 근본되는 생명까지 끊어집니다. 이와 같이 각개 분자인 인민으로 구성된 민족사회도 그 각개 분자가 합동하지 못하고 분리하면 바로 그 순간에 그 민족사회는 근본적으로 사망될 것입니다. 그러므로 각개 분자의 합동력이 없다고 하면 다른 것은 더 말할 여지가 없습니다. 옛날 아메리카 13방(13개 주) 인민들이 자기네의 자유와 독립을 위하여 일하려고 할 때에 양식과 무기와 군대와 여러 가지 준비할 것이 많았습니다. 그러나 먼저 준비해야 할 것은 각 개인의 머리 가운데 합동의 정신을 가짐이었습니다. 그네들은 그것을 먼저 준비해야 될 필요를 깊이 깨달았기 때문에 "합동하면 서고 분리하면 넘어진다"라는 표어를 각 개인이 불렀습니다. 그런즉 우리 무리는 이 합동에 대하여서 주인된 자의 자격으로 책임을 지고 합동의 방법을 연구하며 합동하는 행위를 실천하도록 노력해야겠습니다.

내가 이제 합동에 대하여 말하자면 우리 사회가 과거에 거의 역사적으로 습관적으로 합동이 못 되어온 원인과 또 현시에 합동이 되지 못하는 모양이며 합동을 하려면 취해야 할 방법을 들어서 말할 것이 많습니다. 그러나 그것은 너무 길어질 근심이 있으므로 현시 상태에 가장 필요하다고 믿는 몇 가지만 말하려 합니다.

첫째는 전민족이 공통적으로 같이 희망하고 이행할 만한 조건을 세우는 것입니다. 오늘날 우리가 요구하는 합동은 민족적 감정으로 하는 합동이 아니요 민족적 사업에 대한 합동이외다. 민족적 감정으로 하는 합동은 인류사회에 폐단을 주는 것이라 하여 깨뜨리어 없이하려고 하는 이조차 있습니다. 내가 민족적 감정으로 된 합동을 요구하지 아니하고 민족적 사업을 중심으로 하는 합동을 요구한다 함은 민족적 감정을 기초로 이루어진 민족주의가 옳다 옳지 않다 하는 것을 근거로 하는 말이 아니외다. 어느 민족이든지 '우리 민족', '우리 민족' 하고 부를 때에 벌써 민족적 감정을 기초로 한 합동은 천연적 습관적으로 있는 것이니, 합동하자 말자 하고 더 말할 필요가 없고 우리가 요구하고 힘쓸 것은 민족의 공통한 생활과 사업을 위하여 하는 합동이외다. 그런데 '일을 위한 합동'은 그 일이 무슨 일이며 그 일을 할 방법이 무엇인가를 분명히 한 후에 생길 것이니, 덮어놓고 무조건으로 '합동하자', '합동하자' 하는 것은 아무리 떠들고 부르짖어도 합동의 효과는 얻을 수도 믿을 수도 없을뿐더러 일에 대한 조건이 없이는 합동을 요구할 이유도 발생하지 않겠습니다.

어떤 민족이 합동함에는 그 민족이 공통적으로 이해하는 조건이 선 후에야 된다 함은 세계 각국의 역사와 현재의 실례를 들어서 말할 것이 많습니다마는 우리 민족이 최근에 지낸 경험을 갖고라도 좋은 실례를 삼을 수가 있습니다. 그러면 우리 사람이 합동할 조건이 무엇인가. 그것은 첫째는 목적이요, 둘째는 그 목적을 달하기 위한 방침과 계획이외다. 그런데 우리 민족의 공통한 큰 목적은 이미 세워진 것이니까 이에 대해서는 다시 세우자 말자 할 필요도 없고 오직 남은 것은 그 방침과 계획뿐이니, 이것이야말로 우리 합동의 공통적 조건이 되고 목표가 되는 것입니다. 그런즉 이 공통적 조건의 방침과 목표를 세우는 근본 방법은 무엇인가. 그것은 우리 조선 사람 각 개인이 머릿속에 방침과 계획을 세움에 있습니다. 이 말은 얼른 생각하면 모순되는 듯합니다. 사람마다 각각 제 방침과 계획을 세워갖고 각각 제 의견만 주장한다 하면 합동이 되기커녕 더욱 분리가 될 염려가 있지 아니할까, 하고 의심하기 쉽지만 그것은 그렇지 아니합니다. 위에도 말한 바와 같이 민족사회는 각개 분자인 인민으로 구성된 것이므로 그 인민 각개의 방침과 계획이 모이고 하나가 되어서 비로소 공통적인 방침과 계획,

즉 합동의 목표가 생기는 것은 민족사회에서는 피치 못할 원칙입니다. 그러므로 각 개인은 이 원칙에 의지하여 자기네 민족과 사회의 현재와 장래를 위하여 참으로 정성껏 연구하여 그 결과를 가장 정직하게 가장 힘 있게 발표할 것입니다. 이 모양으로 각각 의견을 발표하노라면 그것들이 자연 도태와 적자생존의 원리에 의지하여 마침내 가장 완전한, 가장 여러 사람의 찬성을 받는 여론을 이룰 것이니 이 여론이야말로 한 민족의 뜻이요, 소리요, 또 명령이외다.

우리는 자유의 인민이니 결코 노예적이어서는 아니 됩니다. 우리를 명령할 수 있는 것은 오직 각자의 양심과 이성뿐이라야 할 것이니, 결코 어떤 개인이나 어떤 단체에 맹종하여서는 아니 됩니다. 우리는 각각 조선의 주인이기 때문에 내 조선을 어찌할까 하는 문제에 대하여 마치 상(賞) 받고 일하는 고용꾼 모양으로 자기의 공로를 내세울 필요가 없고 다만 우리의 일인 조선의 일만 잘 되면 그만일 것입니다. 그러므로 각 개인은 각각 자기의 의견을 존중하는 동시에 남의 의견을 존중하여 비록 어떤 의견이 사사로운 감정으로는 자기와 좋지 못한 개인에게서 나온 것이라 하더라도 그 의견이 자기의 민족사회에 이롭다고만 생각하면 자기가 일찍 생각했던 의견을 버리고 그 의견을 취하여 자기의 의견을 만들기를 즐겁게 할 것입니다. 다시 말하면 자기가 진정한 주인인 책임심을 갖고 실지로 방침과 계획을 세워보았던 사람이기 때문에 제 의견 남의 의견을 가릴 것이 없이 제 일에 좋은 의견이면 취하는 것입니다. 그런즉 우리가 만일 합동을 요구하거든 합동을 이룰 만한 조건을 세우기에 먼저 힘을 쓰고, 합동을 이룰 만한 조건을 세우려거든 나와 여러분은 서늘한 머리를 갖고 깊은 방이나 산이나 들이나 어디서든지 각각 지성을 다하여 방침과 계획을 세우기를 연구하기를 시작합시다 ── 내가 조선의 주인이라는 맘으로.

나는 (이 말이 어폐가 있을지 모르거니와) 더욱이 우리 사회 각 계급에 처한 여러분께 대하여 진정한 민족적 방침을 세우는 데 너무 무심하지 말고 추상적 관찰과 추상적 비판을 일삼지 말고 이 앞날의 문제에 대하여 각각 깊이 연구하여 구체적 방침을 세워갖고 한때에 발표하여 서로 비교한 후에 가장 다수 되는 가장 원만한 계획 아래에 일체 부응하여 우리 민중이 한 깃발 밑에 같이 나아가는 것이 하루 바삐 실현되기를 간절히 바랍니다.

둘째는 공통적 신용을 세우는 것입니다. 이 위에 말하기를 민족적 합동은 공통한 조건을 세움으로 이루어진다고 했거니와, 그보다 먼저 될 문제는 사회의 각 분자 되는 개인들의 신용입니다. 서로 신용이 없으면 방침이 서로 같더라도 합동될 수가 없고 서로 신용이 없으면 공통한 목적과 방법을 세우기부터 불가능할 것입니다. 그러므로 공통한 방침을 세워갖고 공통한 진행을 하려면, 즉 합동의 사실을 이루려면 먼저 사회의 신용을 세워야 하겠고 사회의 신용을 세우려면 먼저 각 개인의 신용을 세워야 하겠습니다.

한때 잠시의 여행을 하는데도 의심스러운 사람과는 동행하기를 원치 아니합니다. 하물며 한 민족의 위대한 사업을 지어나가려 할 때에 자기 마음에 의심하는 사람으로 더불어 같이할 뜻이 없을 것은 면하지 못할 사실입니다. 오늘 우리 민족사회가 이처럼 합동이 되지 못하고 분리한 상태에 있는 것은 공통한 방침을 세우지 못함과 그 밖에 다른 이유도 많지마는 그중의 가장 큰 이유는 조선인이 조선인을 서로 믿을 수 없는 것이요, 서로 믿을 수 없이 된 것은 서로 속이기 때문입니다. 지금 우리 사회 중에 누가 무슨 말을 하든지 누가 무슨 글을 쓰든지 그 말과 그 글을 정면으로 듣거나 보지 않고 그 뒤에 무슨 딴 흑막이 있는가 하고 찾으려 합니다. 동지라 친구라 하고 무엇을 같이하기를 간청하더라도 그 간청을 받는 사람은 이것이 또 무슨 협잡이나 아닌가 하고 참마음으로 응하지 아니합니다.

슬프다! 우리 민족의 역사를 돌아보면 우리 민족의 생활이 소위 하급이라고 일컫는 평민들은 실지로 노동 역작하여 살아왔거니와, 소위 중류 이상 상류 인사라는 이들은 그 생활한 것이 농사나 장사나 자신의 역작을 의뢰하지 않았고 그 생활의 유일한 일은 협잡이었습니다. 그러므로 그네들은 거짓말하는 것이 자기의 생명을 유지하는 유일한 방법이었습니다. 그러므로 거짓말하고 속이는 것이 가죽과 뼈에 젖어서 양심에 아무 거리낌 없이 사람을 대하고 일에 임함에 속일 궁리부터 먼저 하게 되었습니다. 이것이 후진인 청년에게까지 전염이 되어 조선사회가 거짓말 사회가 되고 말았습니다.

아아, 슬프고 아프다! 우리 민족이 이 때문에 합동을 이루지 못했고 서로 합동을 이루지 못했기 때문에 사망에 임했습니다. 사망에 임한 것을 알고 스스로 건지기를 꾀하나 아직도 서로 믿을 수 없기 때문에 민족적 합동운동이 실현되지 못합니다. 조선 민족을 참으로 건질 뜻이 있으면 그 건지는 법을 멀리 구하지 말고 먼저 우리의 가장 큰 원수가 되는 속임을 버리고 각 개인의 가슴 가운데 진실과 정직을 모시어야 하겠습니다. 조선 사람은 조선 사람의 말을 믿고 조선 사람은 조선 사람의 글을 믿는 날에야 조선 사람은 조선 사람의 얼굴을 반가워하고 조선 사람은 조선 사람으로 더불어 합동하기를 즐거워할 것입니다. 조선의 정치가로 자처하는 여러분이시여, 이런 말을 하면 종교적 설교 같다고 냉소하지 마시고 만일 조선 민족을 건질 뜻이 없으면 모르거니와 진실로 있다고 하면 네 가죽 속과 내 가죽 속에 있는 거짓을 버리고 참으로 채우자고 거듭거듭 맹세합시다.

합동의 요건: 지도자(『동광』 1926. 8.)

우리가 상당한 공통적 방침하에 서로 믿고 모여 합동적으로 나아가려 하면 없어서는 안 될 필요한 물건이 지도자외다. 세상 무슨 일이든지 단독적 행동에는 자기의 이익을 위하여 좋은 지도자의 지도를 요구하되 그다지 절실한 필요가 없다 하려니와, 합동적 생활에 있어서는 작은 협동이나 큰 협동이나 그 협동한 전체를 지도하는 지도자가 있고야 협동의 사실을 이루고 협동의 효과를 거둡니다. 이와 반대로 지도자가 없다고 하면 협동은 한다고 하더라도 그 사실을 이루지 못하고 따라서 그 효과를 거두지 못합니다. 작은 음악하는 일을 한가지 두고 생각합시다. 나팔이나 피아노나 일종의 악기를 갖고 독주를 하면 모르거니와, 북과 나팔이나 퉁소나 거문고 들의 여러 가지를 합하여 협동적으로 음악을 병주#奏할 때에는 악대 전체를 지도하는 이가 있습니다. 이것은 어떤 사람에게 지도자라는 존호尊號를 주기 위하여 됨이 아니요 협동적 음악을 이룸에 없어서는 안 될 필요가 된 고로 지도자를 두게 된 것이외다. 이것뿐인가, 한때 어느 지방에 구경을 가되 단독적이 아니요 협동적 관광단일 것 같으면 반드시 그 여행단을 인도하는, 명칭은 무엇이든지 지도자가 있고야 그 협동적 여행을 이루게 됩니다. 이것뿐일까, 군대, 경찰, 실업단, 교육단, 정당, 연구회 등 이루 말할 수 없는 천종 만종의 인류의 협동적 행동에는 정해놓고 지도자가 있습니다. 소협동에는 소협동의 지도자가 있고 대협동에는 대협동의 지도자가 있고야 맙니다. 여러분이시여! 보시지 않습니까, 어떠한 분자로 어떠한 주의로 조직된 민족이든지 그 민족에는 그 민족의 지도자가 있지 않습니까.

소위 민족주의를 타파하고 세계주의를 표방한다는 그 민족에도 그 주의를 갖고 일하는 그 민족의 대표가 있습니다. 여러분이시여, 우리는 그와 같이 지도자를 세웠었습니까, 아니 세웠었습니까. 이 글을 보는 형제나 자매 중에 혹 말하기를 이것은 누가 모를까, 쓸데없는 유치설이라 할는지 모르겠습니다마는 조선사회의 현상을 보면 이것을 진정으로 아는 사람이 많은지 적은지 크게 의문됩니다. 근대의 청년들은 평등 동등성을 주장하면서 평생에 자기에게는 지도자를 두는 것을 모순된다고 생각하는 듯합니다. 나는 아직까지도 우리 사람들이 합하자, 합하자 말은 하지마는 합동의 사실을 이루는 지도자를 세우는 것을 큰일로 알고 그것을 위하여 생각하고 힘을 쓰는 사람을 만나보기 어렵습니다. 그런데 지도자를 세워야 할 것은 물론 필요하지마는 내세울 지도자가 있는가 없는가 하는 것이 문제입니다. 내 귀에 많이 들리는 말은 조선사회에는 아직도 지도자 자격이 없으니까 지도자를 아무리 세우려 하더라도 사실 불가능이므로 이 앞에 지도자의 자격이 생기는 때에는 세우려니와, 당분간은 할 수가 없다고 말을 합니다. 과연 그럴까. 아닙니다. 오늘에 만일 지도자의 자격이 없다고 하면 이 앞에 백년 천년 후에라도 지도자의 자격이 없을 것이요, 이 앞에 지도자의 자격이 있으리라고 하면 오늘에도 그 지도자의 자격이 있습니다. 오늘에 지도자의 자격이 없다고 말하는 사람은 아직도 그 지도자가 무엇인지를 모르는 때문인가 합니다. 지도자의 자격을 무엇으로 판정하는고? 어떠한 협동이든지 그 협동 중에 앞선 사람은 곧 지도자의 자격을 가진 자외다. 바꾸어 말하면 지도자의 자격은 비교 문제로 생기는데 그 비교는 다른 협동적 인물과 비교하는 것이 아니요, 어떤 협동에든지 그 협동 자체의 인물 중에 비교로 그중 앞선 사람을 지도자의 자격으로 인정하게 됩니다.

아까 음악대를 말했지만 사명은 다르되 우등 음악대와 열등 음악대의 여러 층의 구별이 있습니다. 그런데 우등 음악대에는 우등 음악 지도자가 있고 열등 음악대에는 열등 음악 지도자가 있어서 열등 음악 지도자를 우등 음악 지도자에 비하면 지도자의 자격이 못 된다 하려니와, 열등 자체의 악공에 비하여 앞선 때문에 그 음악대에는 완전한 지도자의 자격이라고 칭할 수 있나니, 음악대뿐일까, 고상한 학자가 모인 협동에도 여러 학자에 비하여 앞선 자가 그 자체의 지도자가 되고 무식한 노동자 모임에는 그 노동자 중에 앞선 사람이 그 노동자 협동 자체의 지도자가 됩니다. 그 협동 자체가 없으면 모르거니와, 협동 자체가 있는 시일에는 반드시 지도자가 있고 지도자를 택함에는 딴 협동체의 인물과 비하지 아니하고 그 협동체 인물과 비하여 택할 것이 인류사회의 협동적 생활의 정착이 아닙니까. 그런즉 오늘 우리 민족사회의 정도가 낮다 하면 낮더라도 오늘 형편에 의지하여 앞선 지도자의 자격이 있겠고 앞날에 우리 정도가 높다고 하면 그날

높은 정도에 의지하여 앞선 지도자가 있겠습니다. 그런고로 지도자의 자격이 없는 시간은 절대로 없습니다. 지도자의 자격이 없다고 하는 것은 그 협동의 진리를 깨닫지 못하고 스스로 지도자를 세우지 않는 것뿐입니다.

여러분 생각하여보시오. 우리 조선 사람은 성의나 능력이나 수평선처럼 다 같고, 앞서고 뒤선 사람이 없다고 봅니까. 그럴 리는 만무하지요. 내 눈으로 고국을 들여다볼 때에는 고국 안에 우리 지도자 될 만한 자격을 갖춘 위인들이 있습니다. 나는 그네들을 보고 사랑하고 공경하고 내 맘으로 그이들을 우리의 지도자로 세웠습니다. 여러분도 다 보시겠지요. 위인이란 별 물건이 아니요 위인의 맘으로 위인의 일을 하는 자가 위인입니다. 남이야 알거나 모르거나 욕을 받고 압박을 받아가면서 자기의 금전, 지식, 시간, 자기의 정열을 다 내어놓고 우리 민족을 위하여 일하는 그네들은 곧 위인의 맘으로 위인의 일을 하는 우리의 지도자가 될 만하기에 넉넉합니다. 이런 사람이 있는가 없는가, 분명히 있습니다. 내 눈에 보일 때에는 여러분의 눈에도 응당 보이겠지요. 이와 같이 성의와 재능으로 앞선 사람들이 있는데 어찌하여 지도자의 자격이 없다고 합니까.

내가 바로 살피었는지 모르거니와, 오늘 우리 사회를 대표한 지도자가 세워지지 아니한 것은 지도자가 없었다는 것이 이유가 되지 못함은 물론이거니와, 이 밖에 다른 이유가 많다고 할지는 모르거니와 가장 큰 이유는 우리 민족의 큰 원수라고 인정할 만한 시기猜忌 하나 때문입니다. 우리 사람은 지도자를 세우고 후원하기에 힘쓰는 것은 고사하고 지도자가 세워질까봐 두려워하여 지도자 될 만한 사람은 거꾸러뜨려 지도자 못 되게 하기에 노력하는 듯합니다. 우리 역사에 이순신李舜臣이 가장 비참하고 적당한 실례입니다. 그를 꼭 지도자로 삼고 후원해야만 할 처지였거늘 선인들은 시기하고 모함하여 거꾸러뜨리고야 말았고, 근대에도 유길준俞吉濬 (1856~1914) 같은 어른은 우리의 지도자 되기에 합당했건만 우리의 선인들은 그를 지도자로 삼지 아니하고 압박과 무시를 더하다가 마침내 그의 불우의 일생이 끝날 때에 가서 성대한 화장華藏을 한 것을 보고 나는 슬퍼했습니다. 언제든지 이 현상이 변한 후에라야 조선 민족이 운동을 하는 길에 들어서겠습니다. 여러분이시여, 우리 사회 중에, 같은 자본력을 가진 사람 중에 그 금전을 조선사회를 위하여 한푼도 쓰지 아니하거나 도리어 그 금전을 우리 민족에게 해로울 만한 데 쓰는 사람에 대하여서는 아무런 별말이 없고, 우리 민족을 위하여 자기의 금전을 쓰는 사람들에게 대하여서는 비난과 핍박이 있습니다. 적게 쓰는 사람에게는 적은 핍박이 있고 크게 쓰는 사람에게는 큰 핍박이 있는 것이 보입니다.

같은 신지식을 가진 사람 중에 그 지식을 민족을 위하여 쓰지 아니하거나 쓴다면 해롭게 쓰는 사람에게는 아무런 말이 없고 그 지식을 우리 민족을 위하여 공헌하는 사람에게는 비난과 핍박이 있습니다. 이도 적게 쓰는 사람에게는 적은 핍박이 있고, 많이 쓰는 사람에게는 많은 핍박이 있습니다. 다시 말하면 인격도 없고 성의도 없는 사람에게는 아무 문제가 없고 상당한 사람, 성의 있는 사람에게 향하여는 살(矢)을 던지고 칼을 던지는 것이 현상의 사실인가 합니다. 누구든지 일부 지방 군중의 신임을 거두면 각 지방에서 그 지방파의 괴수라 하고 공격·비평을 더합니다. 누구든지 일一 단체, 일一 기관의 신임을 얻게 되면 각 방면이 일어나서 파당의 괴수라 칭하고 공격을 시험합니다. 누구든지 두뇌에 가진 지식이 다수 청년의 흠앙欽仰을 받을 만하면 어떤 수단으로든지 허물을 찾아서 그 사람의 신용을 거꾸러치고야 맙니다. 여보시요, 민중을 위하여 돈을 쓰는 사람은 안 쓰는 사람에게 비하여 앞선 사람이요, 자기의 지식, 자기의 시간, 자기의 정력을 쓰는 사람은 안 쓰는 사람에게 비하여 앞선 사람이요, 한 지방이나 한 단체라도 신임을 거두는 사람은 거두지 못하는 자에 비하여 앞선 사람인 것은 사실입니다. 그러나 이 위에 말한 바와 같이 앞선 사람은 기어이 거꾸러치고야 말려고 하여 오늘 우리 사회에 가장 시간을 많이 허비하고 골몰하게 다니는 일은 지도자 될 만한 사람을 지도자 못 되게 하는 일인가 합니다.

오늘 우리 사람들의 풍기風氣를 보면 누구를 숭배한다, 누구 부하가 된다 하면 수치 가운데 가장 큰 수치로, 욕 가운데 가장 큰 욕으로 압니다. 그러므로 어떤 사람을 자기 양심상으로 숭배하고 지도자로 만드는 이가 있지마는 옛날 베드로가 자기의 스승 예수를 모른다 한 것처럼 사회와 사람에 대하여서는 숭배 아니하는 듯한 형식을 꾸미고 자기가 옳다고 인정하는 사람에게 대하여 누가 어떤 비난을 하든지 한마디 변명을 못 합니다. 그러므로 오늘 우리 사회에는 사람에게 대한 존경어가 없어지고 그 대신 모욕어와 무시어가 많이 번성하는 것 같습니다. 현시에 우리 사람들이 지도자라면 말부터 하기 싫고 듣기도 싫어하는 것 같습니다. 그러므로 지도자를 세워야 되겠다는 의견을 가진 사람이라도 문제를 갖고 공중을 향하여 발론發論하기를 주저합니다. 그 이유는 그 말을 해야 효과를 거두지 못하고 자기를 지도자라고 섬기어달라는 뜻이라는 혐의나 받고 군중에게 배척을 받을까 두려워하는 때문입니다.

아아 슬프다, 내 말이 너무한지 모르거니와 오늘 우리 사회 현상은 과연 지도자를 원하지 않는 것이 극도에 달했습니다. 혹은 말하기를 지도자들이 바로만 하면 지도자를 세우지 않을 이유가 있으랴, 지도자 놈들이 협잡이나 싸움만 하기 때문에 우리가 지도자로 세우지 않는다고 말합니다마는 이것은 말이 되지 못하는 말입니다. 지도자란 것은 앞선 사람이라 하는데 협잡만 하고 싸움만 하는 사람은 벌써 뒤떨어진 사람이거늘 지도자란 말부터 당치 아니한 말입니다. 그러면 협잡 아니하고 싸우지 아니하는 놈이 어디 있는가 하고 말합니다. 있습니다. 많다고 할는지는 모르나 자기 금전, 자기 지식, 자기 능력을 갖고 정직하게 민중을 위하며 일하고 협잡을 도무지 아니하는 사람이 과연 있습니다. 또는 외형을 보면 남한테 욕도 받고 공격도 받고 모힘도 받기 때문에 같은 싸움꾼인 듯하나 그 욕과 그 핍박, 그 모함을 받으면서도 한번도 저항의 행동을 취하지 않고 공평하고 원만한 맘으로 군중을 향하는 사람도 있습니다.

나는 이렇게 살피지마는 나의 살피는 것과 달라 다 협잡하고 다 싸움만 한다고 판정하더라도 그중에 협잡과 싸움을 적게 하는 사람이 지도자의 자격입니다. 왜? 자체 인물에 비교하여 앞선 때문입니다. 남을 시기하는 태도를 없이하고 우리의 민족을 위하여 지도자를 찾아 세울 성의로 냉정한 머리를 갖고 살피면 과연 앞선 사람들이 보입니다. 앞선 사람을 찾기 위하여 서늘한 머리로 사회를 살피는 정도에 이르는 것은 값없는 허영에서 떠나 자기 민족사회의 사업을 실제로 표준하는 주인 되는 책임심이 있은 후에야 됩니다.

어느 집이든지 그 집에 주인이 된 자기 식구 중에 좋은 인물이 생기는 것이 영광스럽고 기쁘게 생각할 뿐이요 시기심이 조금도 없습니다. 형이나 아우는 고사하고 똑똑한 하인만 들어오더라도 즐거워합니다. 이것은 자기 집에 이로울 것만 생각하는 주인 된 때문입니다. 자기 집안 식구 중에 좋은 사람이 생기는 것은 기뻐하고 사랑하고 보호합니다. 이와 같이 자기 민족사회의 사업이 다른 민족사회보다 더 낫기를 요구하는 때문에 자기 민족 중 좋은 사람이 생기기를 간절히 기대하고, 생기는 시간에는 기뻐하고 즐거워하여 숭배하고 후원하기를 마지않습니다.

말이 너무 길어지므로 이것을 참고로 하려니와 이 밖에 더 나은 방법으로라도 지도자를 세움에 주력하심을 바라옵니다. 무조건하고 허영만 표준하여 지도자라고 인정하지 말고 먼저 그 사람의 주의와 본령과 방침과 능력을 조사한 후에 그 주의와 본령이 내 개성에 적합하고 그 주의에 대한 방법과 능력이 나와 다른 사람보다 앞선 것을 본 후에 지도자로 인정할 것이요, 그것을 살피는 방법은 사회에 떠돌아다니는 요언비어妖言蜚語에 의하지 말고 그 사람의 실지實地적 역사와 행위를 밝게 살필 것입니다.

큰 주의의 대본령이 맞고 큰 성의가 있는 줄로 인정한 후에는 그 사람이 한때 한때 말이나 일에 실수함이 있더라도 그것을 교정하여주기를 노력할지언정 가볍게 배척하지 아니할 것입니다. 한때 허물로 사람의 평생을 버리고 한가지 두가지 허물로 그 사람의 전체를 버리는 것은 불가합니다. 과거 시대에는 일불살육통一不殺六通[22] 했거니와 현실에는 육통생일불六通生一不합니다. 지도자를 택할 때에 친소 원근과 이 당, 저 당의 관념을 떠나서 전 군중의 이해를 표준하고 공평 정직한 마음으로 할 것입니다.

부허에서 떠나 착실로 가자(『동광』 1926. 9.)

부허浮虛는 패망의 근본이요, 착실은 성공의 기초외다. 그런데 우리 조선의 사회 상태가 부허적인가 착실적인가. 다시 말하면 패망적인가 성공적인가. 이것을 크게 묻고 크게 말하고자 합니다.

얼마 전에 『○○일보』를 읽다가 어떤 외국의 유명한 선비가 조선을 시찰하고 갈 때에 우리의 어떤 신문기자가 그이를 대하여 "조선의 장래가 어떠해야 하리까?" 하고 물은즉, 그는 여러 다른 말은 하지 않고 오직 "조선 사람이 부허 그것을 떠나서 착실한 데로 들어가야 되겠다"는 간단한 말로 대답한 것이 기재된 것을 보았습니다. 생소한 외국 손님이 우리 사회의 문 안에 처음 들어설 때에 그 눈에 얼른 뜨이어 보일 만큼 부허하여졌으니 우리의 부허가 얼마나 심하여졌습니까. 연래로 고국에서 오는 소식을 듣건대 지금 조선사회에 가장 크게 성행되는 것이 미두취인米豆取引(쌀의 시세를 이용해 현물 없이 약속으로만 거래하는 일종의 투기)이라 합니다. 누구나 이것이 정당하고 착실한 업이 아니요, 허황한 것으로 인정하고 또 이것을 함으로 결국은 실패하는 줄 다 압니다. 그러나 이것을 즐기어 하여 열심으로 들어 덤비니 이것만 보더라도 우리 사회의 부허한 것이 가려지지 못할 사실인 듯합니다. 어찌 미두취인뿐일까요. 이 밖에 일의 목적은 얼마나 선하고 성질은 얼마나 좋다 하더라도 일에 대한 수단은 거진 미두취인적 정신을 취하

---

22   과거시험에서 한 과목을 실수해 전체를 망친 경우를 일컬음.

는 듯합니다. 아아 슬프다, 부허 중에 장사葬事를 받은 우리 민족이 아직도 그 부허의 그물을 벗지 못하였고 그냥 그물을 벗을 생각도 아니하는 듯합니다.

대저 착실이란 것은 무슨 일이든지 실질적 인과율因果律에 근거하여 명확한 타산하에 정당한 계획과 조직으로써 무엇을 어떠한 결과를 지어내겠다 하고 그 목적을 달하기까지 뜻을 옮기지 않고 그 순서에 의지하여 각근한 노력을 다함을 이름이외다. 부허는 이와 반대로 인과의 원칙을 무시하고 정당한 계산과 노력을 하지 아니하고 천에 한번 만에 한번 뜨이는 요행수만 표준하고 예외적 행동으로 여기 덥썩, 저기 덥썩, 마구 덤비는 것이요, 또한 당초에 일의 성불성成不成 여하는 문제도 삼지 아니하고 다만 한때의 빈 명성이나 날리기 위하여 허위적 행사를 취하여 마구 들뜨는 것이외다. 이상에 말한 착실과 부허의 뜻만 밝게 이해하면 긴 이론이 없더라도 어느 것이 성공적이요 어느 것이 패망적임을 쉽게 판단하겠습니다. 혹은 말하기를 정치가의 사업은 오물꼬물하게 조직이니 타산이니 하는 학자적 사업이 아니요 엉큼히고 허황한 듯한 수단을 취한다 하며, 그 시내 일은 그 시대 군중의 심리를 이용한다 하여 일을 부허한 심리에 맞도록 꾸미고 허장을 일삼으며 부허한 것을 장려하는 패도 있습니다마는 이때가 『수호지水滸志』적 시대가 아니고 과연 학자의 시대입니다. 그러므로 정치나 무엇이든지 일을 위하는 학자적 지식은 없더라도 학자적 관념은 있어야 합니다.

이러므로 복술卜術 선생을 모시어다놓고 미두 점을 칠 때가 아니요 학자적 지식이 있는 이를 모시어다가 지도자로 세우고 그 지도를 밟아 일할 때입니다. 가다가 한때 부득이한 경우로 인하여 군중의 그릇된 심리를 이용하고 허황한 수단을 잠시 취한다 하여도 불가하거든, 하물며 부허한 것으로 기초와 본령을 삼아서야 되겠습니까. 우리 사회의 해내 해외를 물론하고 과거의 부허한 원인으로 실패한 경험의 실증을 낱낱이 들어 밝혀 말하고자 하나 그것은 참고 그만두거니와, 대개 오늘 우리 사회의 위협 강탈과 사기 협잡과 골육상전骨肉相戰하는 모든 악현상이 거의 다 이 부허로 기인했고, 조선 사람이 조선 사람으로 더불어 서로 믿고 의탁하여 협동할 길이 막힌 것과 조선 사람이 조선 사람으로 더불어 질서를 차리어 이를 지어 나아갈 길이 막힌 것과 외인外人한테까지 신용을 거두지 못하게 된 모든 원인이 또한 이 부허 때문입니다. 다시 말하면 우리는 부허로 인하여 무엇이든지 실제로 성공하기는 고사하고 패망하게 되었습니다. 이러므로 외국 사람이 우리에게 충고를 줄 때에도 먼저 착실을 말했습니다.

그런데 우리의 처지와 경우가 절박한 이때에 착실이라 부허라 가릴 여지가 없다고 생각하기 쉽습니다마는 나는 과연 우리의 경우와 처지가 너무도 절박한 때문에 어서 급히 착실한 방향으로 노력하여 절박한 것을 실제로 벗자 함이외다. 착실한 방향으로 절실히 노력하면 성공이 있을 줄을 확실히 믿습니다. 이 믿음에 대한 실제 사실을 밝게 말씀 못 하는 것이 유감이외다. 그러나 여러분들이 과연 착실한 관념을 품고 앞을 내다보면 내 말이 없더라도 여러분의 눈앞에 성공의 길이 환하게 보일 줄을 믿습니다.

더욱이 우리가 하려고 하는 위대하고 신성한 사업의 성공을 허虛와 위僞로 기초하지 말고 진眞과 정正으로 기초합시다. 다시 말씀하옵나니 우리의 하려고 하는 위대하고 신성한 사업의 성공을 허와 위의 기초 위에 세우려고 하지 말고 진과 정의 기초 위에 세우려고 합시다. 허와 위는 구름이요, 진과 정은 반석이외다.

그런데 지금 우리 사회가 이같이 부허하더라도 다 부허한 것은 아니요 그중에도 착실을 추종하는 이가 있습니다. 이 착실한 관념을 가진 이는 현시 우리 사회의 반동의 자극으로 이 착실한 맘이 더욱 강할 줄 압니다. 착실한 관념을 가진 여러분께 특별히 고하옵나니 독선적으로 혼자 그 맘을 갖고 고립한 땅에 서서 사회의 부허한 것을 원망하고 한탄만 하지 말고 착실한 관념을 가진 사람을 서로서로 찾아서 착실하게 뭉치어 착실한 일을 참작하여 착실의 효과를 이론으로만 표시하지 말고 사실로 표현되도록 노력하소서. 이렇게 한다고 부허한 이들이 쉽게 따라오지 않을 터요, 따라오지 않을뿐더러 그네들의 부허한 심리에 맞지 않는 때문에 훼방과 공격과 방해까지 더하는 일도 없지 아니할 듯합니다. 그렇더라도 이것저것을 꺼리지 말고 한참 착실하게 나아가면 공격하고 반대하던 그네들도 그 부허한 것을 버리고 성공의 길로 같이 들어설 줄로 믿습니다.

나는 본시 문자에 생소하여 문자로서는 내 의사를 의사대로 표시하기가 곤란합니다. 게다가 경우로 인하여 맘에 있는 뜻을 맘 놓고 쓰지 못하고 스스로 제한을 지어가면서 쓰려니까 더욱 곤란했습니다. 이러므로 여러분이 어떻게 살피어보실지는 모르거니와, 나의 중언부언하는 본뜻은 우리가 우리 민족사회의 현재와 장래에 대한 책임을 지고 각각 주인된 자의 자격으로 우리 일정한 옳은 목적을 향하여 나아가다가 어떠한 곤란과 장애와 유혹이 있더라도 비관, 낙망으로 나아가는 걸음을 멈추거나 또는 다른 무엇에 뜻을 옮기지 말고 철저한 정신으로 목적을 성공할 때까지 굳세게 나아가자 함이요. 나아가되 동족 간에 상부호조相扶互助하는 애호의 정신으로써 공통한 조건하에 각파가 조화하고 상당한 인도자를 세우고 서로 믿음으로 협동하여 함께 나아가자 함이요, 공통한 조건을 세우고 나아가되 부허한 것으로 근거하지 말고 착실한 것으로 근거하여 나아가자 함이오니 여러분은 나의 원하는 본뜻에 유의하여주소서. 혹 이것은 작은 문제요 심상한 말로 생각할는지 모르거니와, 나는 이 몇 가지가 큰일을 해가려는 우리 사회에 큰 걱정거리요 큰 말로 여기는 까닭에 말씀함이외다. 우리 사회는 심상하다고 할 만한 이상 몇 가지에 대한 큰 각성이 생긴 후에야 내게서든지 누구에게서든지 이 이상의 큰 말이 나오고 큰 사실이 실현되리라고 생각하옵니다.

죽는 날까지 희망을 갖고 일합시다

— 시카고 한인회 연설[23]

10년 전에 이곳을 지나갈 때에 장씨에게 냉면을 대접 받은 일이 있었습니다. 다시 와보니 참 반갑습니다. 그 이유는 일반이 많이 진보된 까닭입니다. 첫째로 학업, 둘째로 산업 또한 따라서 다른 방면으로 진보가 많은 줄 압니다. 다른 사례를 제하겠습니다.

여러분이 나에게 들으시고자 하는 것이 많은 줄 압니다. 과거가 어떠했으며 진행 방침이 어떠한지를, 그러나 오늘은 그만두고 후일 다른 기회에 말씀드리겠습니다. 오늘은 우리의 성공과 불성공이란 문제로 몇 말씀 드리겠습니다.

일본에 대하여 어떠한 태도를 취할 것인지, 통일, 재정방책, 군사 등 실제 문제는 후일로 미루고 정신에 대한 문제부터 말씀드리겠습니다. 이 문제를 말씀드리기 전에 잠깐 이승만 박사와 안창호 두 사람에 대한 것을 말씀드리겠습니다. 이 두 사람의 문제에 대해 아메리카 한인사회에 많은 여론이 있으므로 간단히 몇 말씀 드리는 것이 필요할 줄로 압니다.

상해에서는 안창호가 이 박사를 돕는다는 비평이 많았습니다. 미주에 와보니 안창호가 이 박사를 해한다는 비평이 또 있습니다. 캘리포니아에서 어떤 친구가 나에게 말하기를 우리 시국에 제일 긴요한 것은 이승만, 안창호 양인이 속히 악수하는 것이 급선무라 하기에 내가 묻기를, 내가 어떤 때 어떤 일로 이 박사를 해롭게 한 일이 있더냐고 물은즉 씨는 대답하기를 후일 조용히 이야기하겠다 하고 과연 그 후에 다시 만나게 되었습니다. 다시 물은즉 씨는 한참 숙연히 앉았다가 대답하기를 "내가 한가지는 압니다. 즉, 이 박사는 외교를 주장하고 안 선생은 외교를 반대하여 양인이 합일치

23 1925년 4월 19일 연설로 『신한민보』(1925. 5. 28)에 「시카고 한인에게 하신 안도산의 연설」이란 제목으로 게재. 기록자는 이용설(李容卨, 1895~1993).

못한다고 합디다." 내가 다시 묻기를 "안창호가 어떤 때, 어떤 외교에 대하여 반대한 일이 있는지 아시면 말씀해주시오" 한즉 씨는 묵언할 따름이었습니다. 사실이 없으니 대답 못하는 것은 당연한 일이지요. 이승만, 안창호 양인이 불합한다는 것은 사실은 없이 추측으로 던지든지 하여 사실처럼 알려지게 되었습니다. 이 박사와 안창호는 원수가 아니올시다. 또한 친구도 아니올시다. 친구가 아니라 하는 것은 참 지기의 친구를 맺을 만한 기회가 없었기 때문입니다. 처음 이 박사를 알게 되기는 경성에서 독립협회 시에 한 자리에 회합했으나 긴 담화도 못해보고 안창호는 미주로 오고 이 박사는 옥중생활을 하게 되었습니다. 그 후에 내가 캘리포니아에 있을 때에 이 박사께서 미주로 오신다는 말을 듣고 기뻐하여 씨가 오시면 회의에 한인 수령을 삼을 생각이 있었습니다. 그래서 박용만 씨와 의논한즉, 박씨의 생각은 나와 같지 않습디다. 이 박사께서 미주로 오신 후 씨와 한 15분간 캘리포니아에서 담화한 일이 있은 후에 이 박사는 동방으로 가시고 나는 한국으로 나오게 되었습니다. 그 후에 나는 망명하여 미주로 다시 오니 그때 이 박사는 학업을 마치시고 본국으로 다시 나가셨습디다. 그 후 이 박사께서 한인 평신도 대표로 캘리포니아에 오신 후 몇 시간 담화하게 되었습니다. 그때 이 박사는 교회 일과 교육사업을 힘쓰시겠다고 했습니다. 저는 찬동했습니다. 그 후 이 박사는 하와이로 가셨습니다. 제가 캘리포니아에서 소위 국민회 중앙총회장으로 있을 때에 하와이에서 이 박사, 박용만 양씨 간에 불평이 생겨 국민회까지 양립하게 되었습니다. 그리하여 국민회 총회장의 이름으로 양쪽을 중재시키려고 하와이에 나갔습니다. 그때에 이 박사와 긴 시간 담화했습니다. 그러나 양인 간 화의和議를 맺어주지 못하고 몇 곳 한인모임에서 연설한 후에 캘리포니아로 돌아왔습니다. 그 후 빠리강화회의에 대표 파송할 일로 잠깐 회합한 일이 있은 후 상해에서 다시 만났습니다. 이렇게 된 사실을 보면 우리 양인의 상담할 기회가 많지 못했으니 친절한 교의를 결結할(맺을) 시기를 얻지 못했던 것입니다.

또 양인 간에 무슨 철저한 주의주장이 상반되는 일도 없음은 사실이외다. 이 박사는 하와이에서 기독학원을 힘쓰시고 나는 캘리포니아에서 흥사단·실업회사를 하고 있었습니다. 양인 간에 충돌될 주의가 없는 것은 사실이외다. 주의 충돌이 혹 있었다 할지라도 태평양을 격하여두고 싸울 만한 세력이 없는 것은 분명한 사실이외다. 이 두 사람 사이에 상반할 만한 사실이 없는데 이런 비평이 나게 된 것은 알 수 없는 일이올시다. 이 모임에 계신 이 중에서라도 만일 아시는 사실이 있으면 나에게 알게 해주십시오. 천만 사례하겠습니다. 이 위에 말한 것은 다 독립운동 이전의 사실입니다. 최근 한가지 비판받고 있는 점은 이것인 줄 압니다. 즉, 구미위원부의 공채公債金, 국민회의 애국금 문제이올시다. 이 박사는 공채를 모집하여 쓰고 안창호는 애국금을 소집하여 쓸 야심으로 두 사람이 싸움이 끊이지 않는다고 합니다. 그 사실을 좀 설명하리다.

의정원에서 독립운동에 쓸 재정을 애국금으로 충당하자고 가결이 되었습니다. 그러므로 캘리포니아 국민회에도 통지하여 애국금을 모집하라고 했습니다. 이 박사께서 워싱턴서 전보하기를【안창호가 내무총장으로 있을 때에】공채권 5백만원을 허락하라고 했으므로 정부 각원이 생각하기를 이는 이 박사께서 외국인들에게 재정운동을 해놓고 외국 공채를 발행하려는 줄 알고 곧 허락했습니다. 이것이 외국 공채권이므로 그 후 다시 내국 공채를 발행할 결의를 했습니다. 만일 이 박사가 청한 것이 내국 공채인 줄 알았으면 다시 정부에서 내국 공채를 의결할 필요가 없는 것이 아닙니까? 이 박사가 5백만불 공채권을 청한 것은 외국 공채로 정부에서 인정케 됨은 이치에 합당합니다. 그때 한인사회의 형편으로 보아 어찌 내국 공채로 5백만불을 누구에게 청할 가망이 있었겠습니까? 그러니 외국 공채인 줄 알게 되었습니다. 그 후 전보를 받으니 벌써 공채와 애국금 모집으로 미주에서 싸움이 났다고 했습디다. 정부에서는 두통거리가 되었습니다. 그리하여 의정원에서 공채와 애국금 모집을 다 중지시키고 정부에서 직접으로 재정위원을 미주에 두려 했으나 위원부에서 반대하므로 그냥 그대로 두게 되었습니다.

정부 조직으로 분쟁이 있었을 때는 나는 아무 관계를 못하게 되었습니다. 그 후 위원부와 국민회에서 불합하게 될 때도 나는 직접 관계한 바가 조금도 없었습니다.

내가 한인의 파송을 받아 상해로 나올 때 한인사회(캘리포니아 국민회)에서 작정하기를 나에게 매일 5원씩 주고 가족에게 매달 50원씩 주기로 했습니다. 그 후 가족에게 50원씩 두번 준 일이 있고는 나에게나 가족에게 지불된 일이 없었습니다. 이렇게 말씀하는 것은 즉, 어떤 이는 생각하기를, 캘리포니아에서 모집된 금전은 안창호가 다 쓴 줄 알기 때문입니다. 이 오해를 풀고자 함이외다. 임시정부에도 재무부가 있습니다. 부원들이 목석이 아니면 어찌 캘리포니아에서 오는 돈을 안창호 혼자 쓰라고 할 수가 있습니까?

또 캘리포니아에서 들으니 코튼필드cotton field[24]의 책자를 강영승康永昇 (1888~1987) 씨가 흥사단을 대표하여 썼다고 합니다. 강씨는 흥사단원이 아니올시다.[25] 근거 없는 헛소리가 사방에 생기므로 무식한 동포를 요동시킵니다.

진정한 애국자이시면 이나 안이 잘못하는 것을 진정한 마음으로 충고하시오. 공연히 근거 없는 회상적 시비만 함은 가석可惜한 일이올시다.

요즘 캘리포니아 『신한민보』와 하와이의 『국민보』가 상정하는 것도 안창호는 아무 관계가 없습니다. 캘리포니아 국민회 회장을 택하는 것은 국민회원의 의사요, 안창호는 상해에 있어 아무 간섭도 없었습니다. 내가 정

---

24   인쇄 상태상 판독이 어려우나 원문은 '꺼더필드' 정도로 읽힌다. 배경지가 캘리포니아인 점 등을 고려하면 이는 맥락상 '꺼던 필드' 즉, '코튼 필드'쯤으로 추정되나 이것이 책제목인지 아닌지, 그 외의 무엇을 지칭하는지는 확인하지 못했다.

25   강영승은 1929년에야 흥사단에 가입함.

부에 사표를 제출하게 된 것도 아무 야심이 없는, 다만 자기가 정부 각원으로 있는 것보다 평민의 자격으로 정부나 독립운동을 돕는 게 나을 줄로 자신한 연고입니다. 그러나 바깥사람들의 평론은 천만가지올시다. 한마디로 말하면 우리는 사실을 모르고 말하는 것이 폐단이올시다.

우리 운동이 성공을 못하는 것이 무슨 까닭이냐 물으면 흔히 답하기를 재정이 없고 지식이 없는 연고라고 합니다. 그러나 재정이 적을지언정 한 푼도 없을 수가 없습니다. 지식이 적을지라도 4천년 역사를 가진 민족이 지식이 전무할 수가 있습니까? 우리의 수준에 맞는 사업을 했으면 성공이 있었을 줄 압니다. 그러면 결점이 어디 있습니까? 즉, 지속성이 없는 까닭이올시다. 김옥균金玉均(1851~1894) 씨 등의 혁명운동(갑신정변) 때로부터 오늘의 우리 운동이 한 일을 보면, 하다가 그만두고 또 좀 하다가 그만두었으니 어찌 성공을 바랄 수가 있습니까? 만일 우리 능력이 있는 한도 안에서 계속적으로 했다면 어제의 불성공이 오늘에는 성공이 되었을 것이외다. 그러면 왜 계속이 안 됩니까?

1. 자포자기합니다.

2. 낙심하는 연고입니다.

이 두가지 원인으로 계속적 운동을 못 합니다. 무슨 사업을 하다가 자기 지식의 부족 혹은 재능의 부족을 한탄하며 그만 안 하고 맙니다. 그동안에 시작한 일이 많습니다. 그러나 그만두기 때문에 그동안 허비한 시간, 금전, 우리가 뿌린 뜨거운 피가 얼마나 되는지 여러분도 아십니다. 그러나 성공은 없습니다.

낙심하는 연고는,

1. 돈이 없기 때문입니다. 금전은 혁명에 없어서는 안 될 것이올시다. 멕시코 혁명사를 보아도 그들은 수천의 당원의 있었고 수백만원의 금전이 있었습니다. 우리의 현실을 봅시다. 임시정부 각원이나 기타 회의의 소위 선도자로 금전의 구속을 안 받는 사람이 없소이다. 지금 유럽에 긴하게 외

교할 일이 있어 대표를 파송한다 합시다. 금전이 있어야 보내지요. 그러니 낙심할 만하지 않습니까?

2. 지식이 없으니 낙심하지요. 우리 운동에 한가지 일을 각각 분담하여 할 만한 사람이 몇 명이나 됩니까? 우리는 외교를 늘 주장합니다. 그러나 상당한 외교를 할 만한 지식이 있는 즉, 국제적 관계를 잘 아는 사람이 몇 사람이나 있습니까? 그 외 일반으로 군사, 경제에 특수한 지식과 기능이 있는 사람이 없으니 낙심할 만하외다.

3. 그런 중에 상부상조하는 정신까지 약하여 서로 의혹으로 일을 삼게 되니 어찌 한심치 않습니까? 즉 내외가 상합相合하는 인도자도 없으니 모든 일을 시작은 했으나 결실치 못하니 낙심할 만하외다.

4. 개인에 대하여는 어떠합니까? 열심이 있던 사람이라도 사회에 대한 한때의 자기 과실을 생각하여, 혹은 자기의 자격이 부족함을 자탄하여 그만 성의와 열심이 다 없어지고 낙망에 빠집니다.

우리에게 묻기를, 우리 운동이 되겠는가 물으면, 된다고 대답합니다. 언제 되겠는가 물으면, 속히 된다고 합니다. 그러니 조용히 물으면 실망에 낙담뿐이올시다. 요사이 신지식을 배우는 구미와 일본 유학생의 형편은 어떠합니까? 그들은 자기 일 개인의 생활에 너무 분주하여 월급이나 좀 많이 받고 고등한 생활 할 생각만 많아서 사회에 대하여서는 이단이올시다. 한 푼도 성의가 없는 것 같습니다. 그러면 식자는 개인 생활에 분주하고 무식한 사람은 무식하여 못하니 우리의 장래는 어떠하겠습니까? 이대로 가면 멸망뿐이올시다. 생을 구하려면 생에 합당한 일을 해야 됩니다.

이 위에 말한 대로 우리는 생을 구하는 사람으로 생을 구하기에 합당한 것을 먼저 심읍시다. 심지 않은 밭에서 추수하려고 하는 생각은 큰 착오이올시다. 그러면 먼저 재정, 지식, 인도자, 단결을 살릴 종자를 심읍시다. 단결이 안 된다고 걱정도 하고 시비도 합니다. 그러나 언제 단결을 이룰 만한 계획이 있었습니까? 미국에서 구주대전쟁(1차대전)에 참가하려고 할 때 대통령 혼자 하지 않았습니다. 먼저 허다한 금전을 들여 신문·잡지로, 연설로 민의를 합하게 했습니다. 그러면 우리의 먼저 할 일이 즉, 계획과 준비올시다.

그다음에는 우리에게 금전과 지식과 단결이 적을지언정 아주 없지는 않습니다. 아메리카에서 혁명을 시작할 때 오늘과 같이 금전이나 군사력이 없었습니다. 만일 그들이 그때 금전이 부족하다고 지식이 없다고 낙심했다 하면 오늘과 같은 미국을 산출했을 수가 없으며 또 일본에서 유신시대(메이지 유신)에 된 일을 보시오. 혁신당원들이 얼마나 구차했습니까? 의복이 없이 옷 한벌을 갖고 나갈 때면 서로 바꾸어 입었다 합니다. 그러나 낙심치 않았던 고로 오늘의 일본을 보게 되었습니다. 만일 우리에게 다 풍부히 있으면 무슨 희망을 하자, 인내를 하자 할 까닭이 없습니다.

개인으로 생각해봅시다. 안창호 자신이 인도자가 못 됩니다. 그러나 낙심치는 않습니다. 나에게 적당한 일을 지성껏 할 뿐이올시다. 우리가 만일 실수하여 사회에 잘못된 일을 했으면 전보다 더 성의껏 힘써 일할 것뿐이올시다.

그러므로 나는 믿거니와 우리에게 부족한 것만 생각지 말고 나에게 합당한 일을 각기 성의껏 힘쓰면 없던 것이 있게 되고 적던 것이 커질 것입니다. 우리 일은 우리가 다 같이 해야 될 것이오. 결코 한 사람이나 두 사람이 할 것이 아니올시다. 우리 동족이 동에 있으나 서에 있으나 자기의 맡은 일을 각기 하여 안安이 하다 죽으면 김金이 또 이어 하고 그치지 않으면 성공을 기약할 날이 반드시 있을 줄 믿습니다. 안이나 이李나 개인은 못할 일이지만 2천만이 합하여 하면 성공할 것이올시다. 우리는 사업을 하는 가운데 실패가 많습니다. 그러나 우리는 죽는 날까지 희망을 갖고 일하다 죽읍시다. 그 사람은 죽을지언정 그 살아 있는 정신은 남아 있을 것이올시다. 우리가 이 살아 있는 정신을 갖고 희망 속에서 각기 힘써 일하면 우리의 앞길은 광명합니다.

장래의 선량한 중견을 예비하는 동맹수련
— 미주 흥사단 연설[26]

책임적 애국자

대한민족이 오늘 이 지경에서 벗어나려면 첫째, 계획이 있어야 하겠고 둘째로 실행이 있어야 하겠습니다. 그러나 그 계획을 하고 실행을 할 그 주인이 누구일까? 일은 사람에게서 나오는 것이니 일하는 사람이 곧 주인이외다. 이 주인은 중국 사람일까, 영국 사람일까, 혹은 미국 사람일까? 아니오. 대한의 주인은 오직 대한 사람일 것이외다.

그러면 대한 사람은 다 주인일까? 그도 아닙니다. 송병준, 이완용, 민원식도 대한의 피를 가졌으니 대한 사람이라고 하겠으나 대한의 주인이 될 대한 사람은 아닙니다. 그런즉 대한의 주인은 대한 애국자입니다. 그런데 우리 가운데 애국자가 얼마나 되는가? 과연 일을 이룰 만한 애국자 수효가 있는가? 국내외에 무수한 애국자가 있지만 참말 진정한 애국자는 적습니다.

애국자는 대개 두 종류가 있으니 하나는 감정적 애국자요, 또 하나는 책임적 애국자외다. 감정적 애국자라 함은 다만 정으로써 나라를 애모하여 따라서 나라의 자유와 독립을 원하는 자요, 책임적 애국자라 함은 그 나라를 사모하는 마음이 물론 감정적 애국자와 같습니다. 그러나 그 애국심이 감정에 그치지 않고 그 국가의 사업을 자기의 일로 책임지고 주인의 직분

---

26 이 연설문은 『전집』 11권에 포함된 곽림대의 수고(手稿) 『안도산』(1968, 영인본) 가운데 「도산의 연설과 언론」 전문을 옮긴 것이다. 곽림대의 부기에 따르면 이 연설은 1926년 상해에서 미국으로 돌아온 도산이 흥사단 단우들 앞에서 행한 것이며 신두식(申斗湜, 1896~?)의 필기로 보존된 것이다.(월일 및 장소 미상) 1970년 『기러기』(5월, 6월호)에 나뉘어 실린 바 있으며 『안도산전서』 초판에는 수록되지 않았다가 증보판에 게재되었지만 하나의 원문을 분리해 순서가 뒤바뀌고 일부 문장들이 누락되는 등 오류가 적지 않아 여기서 바로잡는다.

을 다하는 자입니다.

어린아이가 그 어머님을 사랑함이 극진합니다만 정으로 사랑하는 것뿐이요, 그 어머님의 안위에 대하여는 아무 책임이 없습니다. 감정적 애국자는 이러합니다. 우리 민족 가운데 나라를 위하여 때때로 눈물을 흘리며, 느끼며, 가슴을 두드려, 분격한 마음으로 우리 민족의 자유와 독립을 원하는 뜻이 간절한 사람이 많지만 참말 그 일을 꼭 이루기로 결심하고 자나 깨나, 괴로우나 즐거우나, 성공하거나 실패하거나 그 책임심을 변하지 않고 진심으로 연구하고 계획을 세우며 그 계획을 간단없이 밟아 행하는 책임적 애국자는 과연 적습니다. 오늘 미국이나 영국이나 심지어 우리의 원수 일본까지라도 나라 노릇하는 나라의 애국자는 몇몇 영웅에 그치지 않고 보통 국민이 거개 다 그 나라의 일을 자기의 일로 인정하고 감정과 책임을 아울러 그 나라 일에 노력합니다.

대개 계획도 책임심을 가진 주인이 할 것이요, 실행도 책임심을 가진 주인이 할 것이나 무책임한 자는 그 계획과 실행에 아무 상관이 없습니다. 나는 우리 민족의 장래를 위하여 요구하는 조건이 많지만 첫째 요구하는 조건은 책임적 애국자가 많아지는 것입니다. 내가 우리나라를 위하여 때때로 슬픈 생각을 가지는 것은 한때 한때 감정의 자극으로 떠들고 뛰노는 애국자는 많지만 꾸준하게 나라 일을 맡아갖고 실지로 일하는 책임적 애국자가 너무도 적음을 보기 때문입니다. 내가 오늘 여러 가지로 하고 싶은 말이 많은 가운데 벽두에 책임적 애국자라는 문제로 먼저 말하게 됨은 여러분이 먼저 이에 대한 깊은 각성이 있기를 바람이외다. 만일 국가에 대한 책임심이 없으면 소위 나라 일을 말한다는 것이 다 거짓이요, 헛것이올시다. 여러분은 각각 스스로 책임적 애국자인가 아닌가 살펴보시오. 나나 여러분이 다 대한 사람인데 만일 대한의 일에 대한 책임심이 없다면 다른 대한 사람은 어찌 책임심이 있기를 바라겠습니까.

우리가 오늘날 이러한 참혹한 지경에서 벗어나려면 벗어나게 할 만한 일이 있어야 하겠고, 그 일이 있으려면 그 일을 행할 책임적 애국자가 많아야 하겠고, 책임적 애국자가 많기를 원하면 멀리서 구하지 말고 나와 여러분 자신이 각각 먼저 책임적 애국자가 되어갖고 다른 동포에게 이 정신을 전염시킵시다.

낙관과 비관

우리 흥사단은 국가와 민족을 위하여 성립된 단체라 동지 여러분은 민족에 대한 책임심이 있는 동시에 흥사단에 대한 책임심이 있어야 하겠습니다. 책임심이 있는 자는 일이 잘 될 때에 마음 놓고 게을리 하지 않고, 일이 잘못될 때에 그 잘못된 것을 바로잡을지언정 낙심하여 떠나지 아니합니다. 지나간 일의 잘된 것이나 못 된 것이나 다 지나간 것입니다. 그러나 지나간 것을 참고로 하여 앞의 일에 대하여는 잘해가기를 책임적으로 노력합시다.

여러분 생각에 어떻게 추측하십니까? 자기가 여러 해 동안 노력하여 이루었던 북미실업 주식회사(1912~1929)는 실패하는 지경에 돌아가고 흥사단도 전에 비하여 퇴보된 형세에 이른 것을 보는 안창호의 마음이 어떠할까? 비관일까, 낙관일까? 버릴 마음이 있는가, 붙들고 나아갈 마음이 있는가? 나는 우리가 하던 사업이 아주 비경悲境에 빠졌다 하더라도 결단코 주의와 정신이 옳은 줄로 믿는 한, 한때의 실패 때문에 버릴 바가 아니라고 생각합니다. 나의 목숨을 다하여 끝까지 붙들어 가겠거니와 더욱이 나는 우리 사업에 대하여 비관을 가지지 않고 낙관을 가졌습니다.

대개 낙관과 비관이 어디서 나는가? 만족과 불만족심에서 생기는 것입니다. 그러면 우리의 일을 만족하게 보는가? 예, 나는 과연 만족하게 봅니다. 만족과 불만족은 비교의 문제입니다. 이 세상에는 절대적 만족이 없습니다. 지금 우리의 청년 남녀들은 불만족심이 많습니다. 이는 그릇된 절대적 만족을 요구하고 상대적 만족을 요구하지 않기 때문입니다. 내가 남경 南京에 있을 때에 어느 여학생은 자기의 자격이 부족하므로 구미의 여자들과 같이 활동하지 못한다 하여 불만족심으로 번민하는 것을 보고 이 말을 했습니다. "너의 어머니와 할머니는 이러한 불만족한 마음도 없었다. 오늘 너는 네 경우를 위하여 불만족심을 가지게 된 것이 큰 진보다. 이것이 또한 만족한 일이 아닐까"라고 했습니다.

대개 세상의 진보는 시간에 시간을 지나면, 순서에 순서를 지나 점점 나아가는 것이지 갑자기 되는 수가 없습니다. 또는 나아가는 동안에 많은 장애와 곤란을 아니 받지 못합니다. 우리가 경영하던 경제적 운동이 실패를 당했다, 또는 우리가 정의돈수情誼頓修[27]하던 것이 부분적으로 흠손欠損이 된 듯하다, 우리 결합력의 공고함이 흠손된 점도 있고 우리의 주의를 실현시킴에 장애(원문은 '고장')되는 일이 있다 하여 불만족심을 가지는 이가 있습니다. 그러나 나는 국가단체나 사설단체 중에서 아무 병이 없이 자라온 단체는 절대로 없다고 생각합니다. 나의 한 몸을 두고 말하더라도 어렸을 때부터 오늘까지 40년 자라오는 동안에 병난 때가 한두번이 아니었습니다. 한때 한때의 병 때문에 비관을 품지 않았고, 병이 있을 때에는 상당한 치료를 다하여 건강을 회복하기에 노력했습니다.

그런즉 우리 국가와 우리 민족을 위하여 단체나 개인으로나 옳은 목적을 세우고 사업을 하다가 한때 한때의 흠결된 일이나 실패가 있더라도 으레 있을 것으로 알면 비관할 바가 아니요, 다시 나아가기 위하여 낙관할 것입니다. 내가 보건대 우리가 경영하던 경제운동이 실패하므로 거액의 금전을 손실하여 다소의 낙심이 된 이도 있을 줄 압니다. 그러나 다수의 동포들은 그 실패로 말미암아 낙심하지 아니하고 더욱 용기를 분발하여 도시에 들어가서 식품점(원문은 '식물점')과 과채점과 그 밖에 다른 종류의 사업

27　'정을 주고받는 것도 갈고 닦아야 한다'는 도산의 흥사단 단원교육 이념.

으로 분투하니 장래 희망을 위하여 만족히 여기려니와 현재 상태도 이것을 진보로 보기 때문에 만족하게 여깁니다. 또 우리 흥사단에 그동안 다소의 시끄러운 문제가 생길 때에 그만둔다고 낙심하고 말았는지 모르겠으나 그렇지 않고 앞으로 더욱 굳세게 나아가는 형세를 볼 때에 또한 만족하게 여깁니다.

이상에 말한 바와 같이 과도한 희망을 가지면 언제든지 불만족을 면할 수 없고, 불만족심이 극도에 달하면 비관과 낙망을 면하기 어렵습니다. 세상 사람들이 사람에 대하여 서로 보통으로 희망했더라면 그 사람에게 낙망하여 배척할 마음이 생기지 않을 터이요, 일에 대하여서도 보통 원칙으로 희망했으면 크게 낙심하지 아니할 터이거늘, 그렇지 아니하고 너무 특별하게 완전한 것을 기대하다가 일에 대한 낙심과 사람에 대한 배척이 생깁니다. 가령 비유하면 길을 가다가 길 옆에 한 이상한 돌을 보고 기석奇石으로 알고 집어댔으면 탁자 위에 놓아두고 귀엽게 볼 수 있으나 만일 그 돌에 대하여 과도한 희망으로 금덩이나 금강석인 줄로 안 때에는 아마 성이 나서 집어 던지게 될 것입니다. 사람에 대하여도 이러합니다. 우리 사람들은 흔히 사람을 기대할 때에 성현을 기준으로 기대합니다. 여보시오, 성현이란 것은 몇백년, 몇천년에 한번씩 나는 것인데 웬걸 그리 흔하고 쉬울 거라고, 좀 어떻다는 사람을 바랄 때에 곧 성현으로서 바라려고 합니까. 그런데 우리는 성현을 글로만 보았고 실물을 보지 못했습니다. 성현의 역사들은 흔히 그 사람을 사랑하는 제자들이 기록한 것이라 아마도 다소의 과장한 것이 있었지, 성현 그 사람들이 그 글과 똑같이 했을는지 의문이올시다. 그런데 우리 사람들은 우리 사람에 대하여 공자나 소크라테스나 링컨 같은 이의 전기 책을 보고서 비교하여, 다르면 낙망하고 불만족심이 생기어 배척하는 지경에 이르니 이것이 이치 없는 과도한 희망을 품었던 결과가 아닐까요? 나는 우리 흥사단 동지들은 성현으로 기대하지 않고 따라서 우리 흥사단을 '성현단'으로서 기대하지 않으려 합니다.

이러므로 우리 동지 중에 가다가 한때에 착오가 있거나 가령, 우리 단에 불미한 일이 생기더라도 이것 때문에 낙심이나 비관을 가지지 않습니다. 우리 사람들은 흔히 우리 민족을 원망하고 사회를 무시하여 낙심 지경에 이릅니다. 이를테면, 미국에 오는 사람들은 미국의 한인사회에 대하여 낙심하고, 동경에 있는 사람이 상해 한인사회를 보고 비관하며, 국내에 있는 사람이 해외 한인사회를 보고 비관하며, 해외에 있는 사람이 국내 한인사회를 보고 비관합니다. 어느 사회를 가서 보든지 서로 싸움만 하고 아무 사업이 진행되지 아니한다고 그 사회를 불만족하게 볼뿐더러, 우리 민족은 아무것도 경영할 수 없는 민족으로 비관하며 우리 민족을 위하여 일할 용기가 없어진 이가 많습니다. 이것은 과도한 기대심으로 영국사회나 미국 사회에 비교하여 뒤떨어진 것을 불만족하게 여김이외다. 나는 우리 한인 사회가 어디든지 부패하고 무능하고 뒤숭숭하여 무슨 사업이든지 진행함에 극히 곤란한 형편을 잘 압니다. 그러나 우리의 근본 조건과 처지를 헤아려 이 시간에는 마땅히 이러하리라 하는 생각 이상의 기대심을 가지지 않기 때문에 우리 민족 장래에 대한 비관을 두지 아니합니다.

우리 민족은 원래 영특한 민족이었습니다. 지금 남에게 뒤떨어져 이러한 현실을 이룬 것은 조건에 따른 특수한 원인이 있습니다. 그 원인은 구미의 문화를 늦게 받은 까닭입니다. 만일 우리 민족이 중국이나 일본과 같이 구미의 문화를 일찍이 받았더라면 우리가 동양의 우등민족이 되었을 것이외다. 그런데 같은 동양 사람으로 어찌하여 일본이나 중국은 신문화를 일찍 수입하고 우리는 늦게 수입하게 되었는가? 이것은 어떤 조건에 의하여 그렇게 된 것입니다. 일본은 지리상으로 위치가 동양의 관문 어귀에 있는 까닭에 구미가 동양에 통상할 때에 일본을 먼저 경유하게 되었고, 중국은 대륙으로서 인구가 번다하고 물산이 풍부하여 동양의 주인 형세를 가진 고로 구미와 동아시아가 통상할 때에 중국을 중심으로 삼게 되었습니다. 이로 인하여 일본과 중국에는 구미의 신문화가 먼저 들어가게 되었고 우리나라는 이상의 중국과 일본과 같은 조건을 가진 것이 없으므로 구미와의 통상이 늦어져서 문화의 수입이 또한 늦었습니다.

늦게 수입한 문화도 미국 선교사로 말미암아 왔습니다. 그런데 한국에 들어온 미국 선교사들은 미국 사람들 중에서 문화운동에 상당한 활동을 할 만한 수양을 넉넉히 가진 이가 적었고 또는 그들의 정책이 단순히 종교만 전파하고 문화운동은 매우 등한히 여겼습니다. 다시 말하면 우민정책愚民政策을 썼다 하여도 과언이 아닙니다. 그들이 얼마 전까지만 해도 영어 가르치는 것을 금지하는 것만 보아도 알 것이외다. 그러므로 늦게 들어온 문화나마 속히 발전되지 못하고 매우 더디게 되었습니다. 내가 이렇게 말하는 것은 미국 선교사들을 원망하려 함이 아니외다. 그들이 우리나라에 와서 우리 민족을 도와준 것이 많습니다. 그런데 우리의 경우가 문화를 늦게 수입하게 되었고, 늦게 수입된 문화의 발전이 더디어진 사실을 말하려 함이외다. 만일 우리나라가 신문화를 일찍이 수입했더라면 우리가 동양에서 가장 우수한 위치를 점령했을 것이라고 다시 말합니다. 결단코 우리 민족은 근본적 품격이 부족하다고 무시할 민족이 아니요, 영원한 비관을 가질 민족도 아닙니다. 여러분은 우리 민족이 고구려시대와 발해시대에 동아시아에서 얼마나 우승優勝한 위치에 처했던가를 생각하면 우리 민족이 얼마나 영특한지를 알 것이외다.

여러분이 아시는바, 현대는 이 세상의 모든 사업이 과학에 근거하여 발전되는데 우리 민족은 문화를 늦게 받게 되므로 과학의 발전은 고사하고 과학이 없었다 하여도 과언이 아닙니다. 우리의 인도자라 하는 이들을 잘한다, 못 한다 하지만 아직도 철학이나 과학을 근거로 하여 인도하는 인도자가 없습니다. 철학이나 과학을 근거로 하여 저술한 작은 책자도 우리 군중에게 보여준 일이 없습니다. 이러한 경우에 처하여 무엇을 하겠다고 모이면 억측과 공론空論으로 서로 싸움만 하고 일에 취서就緒(첫발을 뗌)를 찾지 못하게 되는 것을 면치 못함이 사실입니다. 그런데 오늘부터는 우리 민족이 구미의 신문화를 수입하는 수준이 나날이 높아갑니다. 오늘에 당하는 불만족이라 하는 것도 당연한 과정으로 보기 때문에 어떠한 좋지 못한 현상이 보이더라도 나는 크게 놀라거나 상심하지 아니하고, 현재 진보하여나가는 상태와 앞날에 크게 발전될 것을 아울러 보고 낙관합니다.

우리 흥사단으로 말하여도 우리의 이상대로 만족하게 되지는 못했으나, 이것 또한 여건에 따른 과도단계의 당연한 현실로 보기 때문에 비관할 정도까지 불만족하게 여기지 않습니다. 10년 전에 흥사단이 아메리카에서 시작되었는데, 그때 아메리카 한인의 대다수는 노동층에 있는 무식한 동포였고, 신문화 수련을 받은 학생은 소수였습니다. 우리 사람들이 비록 문명한 미국에 왔지만 정치 문제나 남녀 문제 등을 깊이 연구할 정도가 못되었고 문명한 사회를 보았다 하여도 껍데기뿐이요, 그 속살을 살필 능력이 없었고 그 사상은 여러 해 전에 한국에서 갖고 온 옛 사상을 그대로 갖고 있습니다. 다시 말하면 나와 남을 말할 것 없이 모두가 무식한 급의 사람이었습니다. 그런데 다만 국가와 민족을 위하겠다는 양심의 발로로 무엇이든지 우리나라에 유익한 것이면 힘쓰려고 하는 것이 모두 귀한 것이었습니다. 그런즉 이러한 수준에 처한 소수 동포 가운데서 일어난 흥사단이 이만큼 되어온 것을 만족하게 볼 수 있습니다. 우리 흥사단의 주의와 이상은 과연 시대 요구에 의하여 생겼습니다. 그러나 오늘에 그 이상대로 완전히 실현되지 못함은 현재의 조건에서 피치 못할 것입니다.

첫째로 본단(흥사단)을 유지하고 본단의 주의를 발전시키기에 적당한 중견분자가 일부에 집중하여 본단의 중심 형세를 이룬 후에야 우리의 이상을 실현하게 되겠거늘, 아직은 그 중견력을 이루지 못했습니다. 이것은 때와 조건이 아직 허락되지 않았기 때문입니다. 둘째는 가난한 소수의 사람이 결합된 단체로 경제력이 결핍되어 이상을 실현키 불가능합니다.

이 두가지보다 더 큰 중요한 문제는 흥사단의 이상을 실현시키기에 적합한 인도자입니다. 이상에서 말한 바와 같이 현재 우리 사회는 완전한 철학이나 과학의 두뇌로써 인도자 노릇할 그 사람이 없는 때입니다. 그런즉 우리 흥사단이 설립된 시기와 지역으로 보든지, 설립한 후의 경제 문제, 중견의 문제로 보든지 오늘 이 현상 이상으로 원만함이 없는 것은 피치 못할 조건과 사정 때문입니다. 그러므로 본단의 과거와 현재에 대하여는 조금도 불만족이 없고 과정에 따른 단계라 하여 낙관을 가진다 하는 것입니다.

이 시간에는 특별한 인내와 노력으로 나아가자

이제 앞으로 우리가 어떻게 해야 할 것인가? 우리 흥사단 사업을 낙심하지 말고 책임적으로 계속하여 노력할까, 해오던 사업을 버리고 그만둘까? 흥사단 사업이 우리 민족에게 얼마나 필요한가, 깊이 생각하면 우리가 계속하여 노력할지 아니할지 판단을 가지게 될 것입니다.

대개 일과 힘은 수평선과 같이 나란한 것입니다. 일의 분량은 힘의 분량을 따라 있습니다. 힘이 없으면 일이 없고, 힘이 적으면 일이 적고, 힘이 크면 일이 큽니다. 그러므로 일을 요구하는 분량만큼 힘의 분량을 요구합니다. 오늘 우리의 일이 잘된다, 아니 된다 하고 걱정하지만 먼저 걱정할 조건은 힘이 있고 없는 것입니다. 그런데 우리에게 어찌 힘이 없는가? 힘을 낼 만한 그 사람과 힘을 낼 만한 그 단결이 없는 까닭입니다. 다시 말하면 도덕의 힘과 지식의 힘을 발휘할 만한 건전한 인격자가 없고 위대한 사업을 진행할 만한 신성한 단체가 없기 때문입니다. 그런즉 우리 민족을 타민족 압박하에서 해방하고, 쇠퇴한 가운데서 번영하게 하는 대사업을 이루려면 그 사업을 이룰 만한 그 힘이 있어야 하겠고 그 힘이 있으려면 그 힘을 낼 만한 건전한 인격자와 신성한 단결이 있어야 하겠습니다. 이것을 깨달은 우리 무리는 우리가 깨달은 대로 순서를 찾아나가기 위하여 건전한 인격을 양성하며 신성한 단체를 조성하기로 목적을 세워 흥사단을 조직했습니다. 흥사단의 사업은 특별하고 기이한 것이 아니요, 가장 평범한 것인데 평범하다고 등한히 볼 수 없는 것입니다. 우리의 사업을 진행하는 가운데 가장 중요한 것은 다수의 건전한 인격자들을 양성함이요, 다수의 건전한 인격자들을 양성하는 방법은 '동맹수련'입니다. 이제 동맹수련이 왜 필요한지를 말하겠습니다.

첫째, '동맹수련'이라 함은 단독적 수련을 피하여 합동적 수련으로 나아가는 것입니다. 단독적 수련으로 독선기신獨善其身[28]하면 일개인의 건전한 인격자는 되려니와 다수의 건전한 인격자를 이룰 수는 없습니다. 오늘날 우리 민족이 타민족에 뒤떨어졌고 원수에게 압박을 받고 앉아서 소수의 건전한 인격자로는 큰 사업을 진행할 수 없습니다. 그러므로 다수의 건전한 인격자를 아니 요구하여서는 안 될 형편입니다. 이러므로 단독적 수련을 피하고 협동적 수련으로 다수의 인격자를 이루기 위하여 동맹수련이 필요합니다.

둘째로 우리 대한 청년은 구미의 청년과 경우가 다릅니다. 구미의 청년은 그들의 선진先進이 있어서 그들을 잘 인도하여줍니다만 지금 대한 청년에게는 인도하여줄 선진이 없습니다. 우리들의 아버지나 어머니나 이웃의 존장尊長들이 그들의 인도자가 되지 못합니다. 우리가 흔히 우리의 청년들을 꾸짖지만 실상은 우리 청년의 형편이 매우 애석합니다. 그런즉 인도자가 없는 우리의 청년들은 수양의 뜻이 있는 자들끼리 협동하여 자치적 훈육을 행하게 할 것입니다. 인도자가 없고 청년들이 서로 연합하여 자치하는 기관도 없으면 그 청년들의 장래가 어찌 되는지 매우 위험합니다. 이러므로 자치적 훈육을 이루기 위하여 동맹수련이 필요합니다.

셋째로 우리 청년들의 환경은 매우 험악합니다. 우리 사회 주위에 보이고 들리는 것은 더럽고 악한 여러 가지 부패한 것이 많습니다. 이러한 환경에 처한 청년이 개인 단독의 힘으로는 그 환경을 정복하기 어려울 뿐 아니

---

28   남은 돌보지 않고 자기 한 몸의 처신만을 바로잡음.(『맹자』)

라 그 환경에 정복되기 쉽습니다. 그런즉 이 사회와 함께 나아갈 뜻이 있는 청년들은 서로 협동하여 분투하면 그 목적을 달성할 것입니다. 이러므로 험악한 환경을 정복하기 위하여 동맹수련이 필요하다 하겠습니다.

넷째는 어느 민족이든지 모두 그 민족의 중견이 있습니다. 한 민족 가운데 사람마다 지식이나 도덕이나 경제력이나 기타 모든 힘이 꼭 같지 못합니다. 그리하여 유식계급과 유산계급, 무산계급 등 분간이 있게 됩니다. 지식이나 도덕이나 기타의 힘을 많이 가진 무리가 그 사회의 중견이 되는 것은 면치 못할 형세입니다. 이 중견분자가 선량하면 그 전민족이 행복을 누리게 되고, 이 중견분자가 선량치 못하면 그 민족이 패망을 맞게 됩니다. 그러므로 그 민족사회의 중견은 그 민족사회의 혼과 같습니다. 그런데 우리나라의 중견은 누구였는가? 과거와 근대에는 양반이었습니다. 그리하여 그 양반들이 선량하면 국민이 복을 받고, 그 양반들이 불선량하면 국민이 화를 받았습니다. 그러다가 갑오(1894) 이후로는 양반들이 점점 중견으로서 세력을 잃었고 그다음에 소위 유신維新 선진배先進輩[29]라 하는 이동휘, 이승만, 이승훈李昇薰(1864~1930), 양기탁[30]梁起鐸(1871~1938), 이갑李甲(1877~1917), 안창호 등이 중견이라고 할 수 있게 되었습니다. 그러나 지금에 와서는 우리나라 청년들이 그들을 썩은 대강이(대가리)라, 타락한 자라 하여 배척하므로 그들도 중견으로서 세력을 잃었습니다. 지금은 옛 중견은 지나갔고 새 중견은 아직 오지 않았으므로 혼이 없는 사람과 같이 중견이 없는 민족이라 민족적 운동을 실행할 수가 없는 시간입니다.

그러면 장래의 중견은 누가 될까? 지금 대학교에서 사방모자를 쓰고 나오는 그네들이 중견이 될 것이외다. 이것은 우리 민족이 처한 단계에서 당연한 형세입니다. 그러나 오늘 이 현실대로 교육받은 청년들이 장래의 중

---

29 '유신' 즉, 낡은 제도를 뜯어고치는 전위집단이란 뜻으로 뒤에 열거된 인물이 모두 신민회 관련 인사들인 점이 주목된다.

30 원문의 '양기택'은 오기.

견이 될 것이라면 크게 위험하지 않을까 우려하는 바입니다. 대학교에서 일종의 학술을 배워갖고 나왔다 하더라도 도덕을 무시하여 인격수양에 전심치 아니하면, 불량하고 사기肆氣(함부로 행동함)하는 그 습관이 더할 터이요, 만일 다수의 불선량한 분자가 학술의 힘에 의지하여 사회의 중견이 되면 그 사회의 해독은 말할 수 없습니다. 타민족 압박하에서 구원하기는 쉬우나 자체 악 중견의 해독을 받는 것은 구원하기 어려울 것입니다. 그러므로 우리 민족의 장래를 위하여 선량한 중견을 예비하는 것이 가장 중요한 문제입니다. 그런즉 선량한 주의로써 수련하는 청년들이 단독적으로 가지 말고 뜻 같은 자들을 연결하여 협동적으로 나아가면 자신의 선량함을 보전하기 용이하고 따라서 다수의 선량한 유익 분자가 생기므로 자연 선량한 분자가 중견의 세력을 점령하게 될 것이외다. 이러므로 장래 우리 사회에 선량한 중견을 내세우기 위하여 동맹수련이 필요하다 하겠습니다.(이하 유실)

우리 혁명운동과 임시정부 문제
—상해 삼일당 연설[31]

오늘 내가 여러분 앞에서 말하려 하는 것은 특별히 지금 곤란 중에 있는 임시정부 유지책에 대하여서입니다. 그러나 나는 예정한 대로 더 오랜 시간을 여러분과 같이하지 못하고 떠나게 되는 고로 떠나기 전에 단순히 임

---

31 이 연설은 최초 『독립신문』 1926년 9월 3일자에 「오늘의 우리 혁명」이란 제목으로 앞부분 일부가 게재되었다. 이에 따르면 연설은 7월 8일 상해 삼일당에서 '우리 혁명운동과 임시정부 문제'라는 제목으로 행해진 것이다. 또한 전문은 『신한민보』에 「대혁녕낭을 조직하자: 임시정부를 유지」라는 제목으로 1926년 10월 14일(1회), 21일(2회), 28일(3회), 11월 4일(4회)에 걸쳐 게재되었으며 필기자는 곽헌(郭憲)으로 표기되어 있다. 곽헌은 본명 곽중규(郭重奎, 1891~1950)의 이명.

시정부 유지책에 대한 것뿐만 아니라 통지서에 쓰인 대로 '우리 혁명운동과 임시정부 유지책에 대하여' 이 두가지를 갖고 말하게 되었습니다. 그러므로 먼저 우리 혁명운동에 대하여 말하고 그다음에 우리 임시정부 유지책에 대하여 말씀드리려 합니다.

우리의 혁명운동에 대하여

나는 혁명에 대하여 말하려 하되 어제의 혁명이나 내일의 혁명이 아니고 오늘의 혁명을 말하려 합니다. 그러면 "오늘의 혁명이 무엇이오?" 하겠지요. 이에 대하여 먼저 말을 바루어야 하겠습니다. 그런데 먼저 혁명이 무엇인가를 생각하면 많은 이론異論이 있겠지만 나는 간단히 말하려 합니다. 혁명은 곧 재래의 옛 현상을 새 현상으로 바꾸어놓는다 함이외다. 다시 말하면 옛 현상을 파괴하고 새 현상을 건설하자, 재래 현상을 버리고 새 현상이 있게 하자, 이것이 곧 옛날 현상을 새 현상으로 바꾸어놓는다는 뜻이외다. 혁명이 곧 이것입니다. 그런데 옛것을 없애고 새것을 있게 하는 데는 두가지 방도가 있습니다. 하나는 교화의 정책으로 점진적 개조를 하는 것이요, 둘은 무단의 정책으로 급진적 개조를 하는 것이외다. 교화의 정책은 정신상 개조에 필요하고 무단의 정책은 조직체를 파괴하여 새 조직체를 건설함에 유일한 것이외다. 정치의 현상을 파괴하고 새 정치를 실현하는 것 즉, 군주정치를 민주정치로 만들자는 것과 같은 것은 정치적 혁명이라 하고 종교의 나쁜 정신을 깨뜨리고 좋은 새 정신을 가지자 하는 것은 종교적 혁명이라 하겠습니다. 옛날 독일의 루터 같은 사람이 곧 종교의 혁명을 한 사람이외다. 그 외에는 사유재산 제도를 파괴하고 공유제도로 만들자 하는 것은 곧 경제혁명이라 하겠습니다. 이뿐 아니라 과학혁명, 도덕의 혁명, 무엇 무엇 할 것 없이 모두 나타난 현상을 혁신하자는 것이 무수하게 있습니다.

그러면 우리가 원하는 혁명은 무엇인가? 오늘 우리의 혁명은 정치적 혁명이 아닙니다. 왜 아닌가 하면 가령, 우리에게 어떠한 정치가 있다 하면 정치의 혁명을 요구하려니와 우리는 군주정치도 없고 민주정치도 없는 고로 정치적 혁명을 일으킬 필요가 없습니다. 그러면 우리의 혁명은 경제의 혁명인가. 나는 그도 아니라 합니다. 경제 그것도 우리가 가진 판도 안에서 그 제도가 악한즉 그것을 파괴하고 새 제도를 건설하자 말할 것인데 우리는 그만한 경제적 시설을 가지지 못했습니다.

혹은 이에 대하여 반대하기를 오늘날 경제혁명이 세계 보편적으로 일어나는 그 대세를 따라야 할 우리 혁명이 어찌 경제의 혁명이 아니라 할 수 있으랴 또는, 우리는 일본의 정치를 파괴하고 새로운 정치를 건설하려 함인즉 어찌 정치혁명이 아니라 하겠습니다만 나는 그렇지 않다 생각합니다. 이 정치혁명으로 말하면 합병 전에 우리에게 있었습니다. 혹시는 장래 독립한 후에도 있을 것입니다. 그러나 오늘의 현실에서는 이 혁명이 우리에게 적당치 않습니다. 우리가 우리 사회의 일부분을 기준으로 말한다 하면 혹시 우리의 혁명이 경제적 혁명이라고도 할 수 있겠지만 그 한 부분을 들어서 이것이 우리의 혁명이라 하면 이것은 너무 범위가 좁습니다. 다시 말하면 경제혁명이 우리 운동의 일부분적 운동은 될 수 있을지언정 그것으로 우리의 전체 운동이라고는 못 할 것입니다. 내가 말하는 이 혁명은 넓은 범위로 말하는 것입니다. 경제혁명은 경제 한 부분뿐이요, 종교혁명은 종교 한 부분뿐입니다. 우리나라 안에 불교의 신파나 구파가 있고, 예수교의 신파나 구파가 있고, 천도교의 신파나 구파가 있으나 그것이 우리 혁명을 대표하지 못합니다. 그러므로 이 여러 부분적 혁명은 '우리의 혁명' 속에 포함해야 할 것이외다.

그러면 오늘날 우리의 혁명이란 무엇인가? 우리의 혁명은 민족혁명이외다. 민족적 혁명은 무엇인가. 비민족주의자를 깨뜨려 민족주의자가 되도록 하자는 것이 아닙니다. 이상에서 말한 대로 재래의 현상을 새 현상으로 바꾸어놓자는 것이외다. 그러면 오늘 우리 민족은 어떤 현상을 가졌는 가? 우리는 일본에게 압박받는 현상을 갖고 있습니다. 이 현상을 바꾸어 자유스러운 생활을 할 수 있는 현상을 만들도록 일본의 압박적 현상을 파괴하고 새 현상을 건설하자는 것이외다. 이는 곧 민족적 감정과 이해타산과 사활의 문제를 원인으로 하여 일으키게 된 민족적 혁명이외다. 왜 내가 이것을 말하는가 하면 우리의 과거 혁명이 잘 되지 못했으므로 오늘은 어떠한 혁명을 해야 이민족을 파괴하고 우리 민족을 자유롭게 할까 함에는 먼저 우리의 오늘 혁명이 무엇인지를 알고 가야 할 것이기 때문입니다. 지금까지 말한 대로 재래의 현상을 파괴하고 새 현상을 건설하자, 그것이 우리의 혁명이외다.

그러면 우리는 일본의 압박적 현상 즉, 불의한 제도를 파괴한 후에는 어떠한 제도를 건설해야 할까, 하는 문제가 생깁니다. 이에 대하여는 어떠한 방식이 있어야 할 것입니다. 이것이 없으면 그 혁명은 무의미하고 무가치한 것이 되겠습니다. 지나간 혁명에는 이것이 없었으므로 힘이 맹렬하지 못했습니다. 이에 대하여 문제가 많습니다.

누군가는 이천만 민중이 공동생활 제도를 세워놓은 후에 혁명을 해야겠다는 이도 있습니다. 그러나 이것은 될 수 없습니다. 왜 그런가 하면, 첫째는 너무 긴 시간을 요구하는 까닭에 될 수 없습니다. 또, 지금 혁명을 주장하는 사람들은 공산주의로 하자, 민주제로 하자, 무정부주의로 하자, 복벽復辟(물러난 임금이 돌아옴)운동을 하자, 하여 각각 자기의 의사를 주장합니다. 지금 어느 때라고 복벽을 말하겠습니까마는 경상도 방면으로는 복벽을 주장하는 이가 많습니다. 이것이 우리의 실제인즉 그 주장점이 다르다고 서로 다투지 말고 단순히 우리는 민족혁명을 해야겠다는 각오를 갖고 대혁명적 조직을 성립한 후에 일치적 행동을 취해야 할 것입니다. 그래서 성공한 후에는 어떠한 주장이 실현되든지 각각 철저히 연구한 대로 많은 수효의 지지를 가진 그가 세력을 가지게 될 것인즉 장래에 어떻게 될지는 각각 연구하는 점에 맡기고 어떠한 주장점을 가진 혁명가든지 현상에 당해 있는 우리 민족을 건지기 위하여 개인의 사적 이해를 갖다 붙이지 말고 큰 혁명당을 조직하도록 힘써야 할 것입니다. 그러므로 나는 어제의 혁명을 말함도 아니요, 내일의 혁명을 말함도 아니요, 오늘 혁명을 말하는 것입니다.

누군가는 나에게 묻기를 "네가 갖는 주의는 무엇이냐?" 하겠지만 내가 가진 주의가 무엇인지 나도 무엇이라고 이름 지을 수 없습니다. 민족주의도 아니요, 공산주의도 아닙니다. 그러나 나는 사유재산을 공유하자는 데 많이 동감합니다. 왜 그런가 하면, 우리 민족은 전부 빈민의 현상을 갖고 있는 까닭에 부자와 자본가의 권리를 깨뜨리지 않고는 빈민의 현상을 바꾸어놓을 수 없기 때문입니다. 그러나 이미 말한 대로 오늘날 우리의 경제적 곤란이 심하다고 단순히 경제혁명만 할 수는 없으되 우리 민족을 압박하는 일본에 대항하며 나아가자는 민족적 현상을 절규함에는 자기의 주의가 무엇이든지 같은 소리로 나아갈 수 있습니다. 대한 사람이면 어떤 주의 주장을 물론하고 이 민족혁명에 같이 나아갈 수 있습니다.[32]

우리 독립운동에 대하여 이러한 것을 주장하는 이가 있습니다. 이것이 늘 문제되는 고로 말하고 가려 합니다. 우리의 독립은 순서를 밟아야 한다고, 참정參政이니 자치自治[33]를 주장하는 자가 있습니다. 이러한 자들은 자

---

32 이 문단은 도산의 사상적 입장을 보여주는 중요한 대목이기에 『독립신문』 게재분의 해당 대목도 여기에 옮긴다. "혹 나에게 묻는 이가 있소. 그러면 나 안창호의 가진 주의는 무엇이냐고. 이에 대하여는 나도 내 주의가 무엇인지 말하기 난(難)하오. 공산주의인지 민족주의라 할지 내가 가진 주의는 나로도 무엇이라 이름 지을 수가 없는 것이오. 나는 대생산기구를 국가공유로 하자 함에 동감하는 자요. 나도 무산자의 하나이므로 다수한 빈자를 위하여 부자와 자본의 권리를 타파해야 될 것을 아오. 그러나 지금 오늘날은 부자니 빈자니, 유산자니 무산자니를 막론하고 다 같이 합동 단결하여 오직 한낱 일본을 적을 삼고 민족혁명을 해야만 쓰겠다, 생각하는 사람이오. 이러한 주의를 가진 사람이니 이름은 무엇이라고든지 지을 대로 지으시고 다만 일만 같이 합시다. 대한의 백성이면 누구나 다 같이 전체적으로 민족혁명에 합할 수 있는 것이오."(한자 풀고 현대어 표기한 것 외에는 원문 그대로임)

33 우선은 일제의 지배를 인정하면서 한국인의 참정권이나 한국 내의 자치를 요구하자는 주장.

기의 사욕을 채우기 위하여 일본놈에게 아첨을 하며 떨어지는 밥풀로 배를 채우려 합니다. 그래서 지금 우리 현상은 일본의 현상을 당할 수 없고 우리의 힘을 다 합한다 하더라도 일본의 일부분을 당할 수 없는 것인즉 순서적으로 먼저 자치를 얻고 후에 독립을 하자 합니다. 이러한 비루한 인물이 있는 것은 유감천만이외다. 나는 이에 대하여 말하려 합니다. 우리의 독립운동자 가운데도 이런 말을 하는 이가 없지 않습니다. 드러내놓고 체면상 관계로 말을 못하나 친한 친구에 대하여는 이런 말을 한 이가 있습니다. 그러나 그는 일본놈에게 아첨을 하는 뜻으로 그런 것은 아닙니다. 나는 얼마 전에 상당한 인격자인 친구를 방문할 때에 이런 말을 들었습니다. "우리 운동은 먼저 자치를 해야 한다"고 합니다. 이렇게 말하는 것을 보면 사람마다 각각 주견이 다른 고로 자치를 먼저 얻어야 독립을 할 수 있다고 생각하는 이들이 있는 줄 알겠습니다. 우리 민족은 혁명적 가능성이 없으니 자치나 참정운동을 해야 한다는 것은 그의 식견이 어리석은 까닭이외다. 나는 자치나 참정이 악하다는 것이 아니라 그 생각이 어리석음을 말함이외다.

만일 우리가 장래에 독립할 수 있을 정도가 될 만한 자치를 얻을 수 있다 하면 그는 곧 자치보다 독립을 얻기에 더 용이할 것이외다. 보시오. 지금 일인은 우리에게 자치를 주려 합니다. 왜 자치를 주려 하는가? 그는 우리의 민족을 영멸시키자는 계획이외다. 보시오. 경제의 압박이 얼마나 심한가, 상업이나 공업이 우리의 수중에 있는가. 우리는 다만 토지를 근본 삼아 농사를 주업으로 하여오는 민족인데 경상남북도, 전라남북도 어디 어디 할 것 없이 옥야천리沃野千里가 모두 일본놈의 수중에 들어가고 말았습니다. 그뿐 아니라 서북이나 경기도에도 다 그러합니다. 서울도 큼직큼직한 가옥은 모두 일본놈의 것입니다. 서울뿐 아니라 원산이나 부산이나 다른 각 항구에도 큰 집을 갖고 있는 자들은 전부 일본놈이외다. 나는 일전에 정주定州 사람을 만나 그곳 현상을 물은즉 이렇게 말합디다. "초가는 없고

기와집만 있으니 개량은 썩 잘되었지요. 그러나 우리 사람은 있을 곳이 없어서 걱정"이라고 합니다. 이처럼 전국에 있는 부동산이 일본놈의 소유가 되어 있는 까닭에 일인은 아무쪼록 속히 자치를 세우려 합니다. 자치가 되는 때는 경제의 주인 되는 일인이 주장하게 될 것은 정한 이치외다. 그러므로 오늘날 일인의 주장은 한인에게 자치를 주어 가면적假面的으로 한인에게 만족을 주고 내면으로는 자기네의 착취세력을 영원히 보전하자는 것입니다. 행정관으로 그들이 누구를 임명할 줄 압니까? 일본놈이 아니면 아주 일본화한 조선놈이겠습니다. 그런고로 이러한 위험성이 있는 자치를 하기 위하여 운동하는 것은 어리석은 일이라고 하겠습니다.(이상 1회)

그다음 문제는 무엇인가. 이것도 말하고 가려 합니다. 지금 우리가 공연히 떠들기만 하면 될 수 없다며 첫째, 실력을 준비하는 식산운동을 하자, 그래서 문화와 식산이 진흥되면 독립은 자연 되겠다고 합니다. 여러분 이것이 합리적입니까? 그렇지 않습니다. 그도 어리석은 일이외다. 정치와 경제 압박하에 있는 우리는 문화와 식산의 진흥에 능하지 못합니다. 겸하여 우리는 많은 재산을 가진 자 없고, 있다 할지라도 정치의 후원을 가진 일인이 우리와 경쟁을 함에는 우리는 자연 멸망되고 말 것입니다. 그런즉 먼저 민족적 혁명을 한 후가 아니면 문화도 식산도 할 수 없습니다. "내가 듣기에는 안창호가 흥사단 뒤에 있어서 문화운동을 한다는데 지금은 이렇게 말하니 그게 무슨 소리이냐"고 할 듯합니다. 그러나 나의 이상은 자치운동을 하자는 문화운동에 있지 않습니다. 내가 말하는 교육이나 식산운동은 독립운동의 일부분 보조되는 것이외다. 다시 말하면 운동을 길게 하여감에는 교육이 있어 지식을 돕고 식산이 있어 경제를 도와야 할 것입니다.

그러면 우리가 앞으로 어떻게 할까? 나는 이에 대하여 할 말이 많으나 다 생략하고 하나만 말하려 합니다. 이는 재래의 운동 현상을 파괴하고 새 현상으로 운동하자! 옛 현상의 운동은 무엇이었는가? 옛날 현상은 비조직적 혁명이었다. 이후로는 조직적으로 하자! 어찌하여 옛날 현상은 비조직적이었던가? 우리의 과거 운동은 어떠했는가 생각합시다. 국내외에서 손실된 재산과 희생된 생명이 얼마나 많았는가. 그렇지만 오늘날 현상은 끝이 점점 빨라가니 이것이 무슨 까닭인가 하면 지금까지 말한 대로 비조직적이었던 까닭이외다. 그러므로 앞으로는 조직적으로 해야 할 것이외다. 그렇지 않으면 혁명운동의 효과를 얻을 수 없습니다. 그러면 조직을 이루는 것이 무엇에 있으며 그 조직을 실현시키는 것이 어디 있는가. 먼저 대혁명당이 조직되는 데 있습니다. 그렇지 않으면 될 수 없는 것이 무엇인가. 김씨는 김씨, 이씨는 이씨가 각각 제 주견대로 나아가는 까닭에 될 수 없습니다. 그런즉 이것을 다 총괄하여 김씨든 이씨든 일제히 대혁명당의 자격을 갖고 활동하는 것이 조직적 혁명체가 되는 것이외다.

5조약(을사조약, 1905) 전에도 일본에 대하여 불평이 있었고 조약 후로 지금까지 많은 감정이 쌓여오는 바이지만 그동안 혁명이 성공하지 못한 것은 무슨 까닭인가? 그 원인이 셋이 있으니 첫째는 대표적 인물이 없다는 것입니다. 이 말을 듣고 여러분은 놀라실 겁니다. 그러나 나는 이에 대하여 절실히 느끼는 바입니다. 혁명당을 조직하는 데는 반드시 대표적 인물이 있어야 합니다. 러시아에 레닌Vladimir I. Lenin(1870~1924)이 있고 미국에 워싱턴이 있고 중국에 손문孫文(1866~1925)이 있습니다. 이와 같이 우리도 큰 혁명을 조직하려 함에는 그만한 인물이 없고서는 대중을 인도하여 갈 수가 없는 것이며 계획을 실행할 수 없는 것입니다. 내가 말하는 이 대표적 인물은 벼슬시키자는 큰 인물이 아니외다. 대체적 원리가 대표가 없고는 그 혁명이 성공될 수 없는 것입니다. 둘째는 중견분자가 있어야겠다. 즉 대표적 인물을 보조하며 대중을 인도하여 사업이 성공하도록 할 중견인물이외다. 내가 보기에는 다수한 군중이 있으나 그중에 중견이 될 만한 분자가 없습니다. 셋째는 대다수의 군중이 비록 훌륭한 지식은 없다 할지라도 보통적 상식은 있어야 하겠습니다. 과거에는 이것도 없었습니다.

그러면 첫째, 어떤 종류의 대표적 인물이 있어야 할까? 신망이 있고 혁명의 본의대로 몸을 바치는 사람이라야 할 것입니다. 과거에는 이런 이가 있었는데 숨어 있는지는 모르나 나는 보지 못했습니다. 둘째, 어떠한 중견 인물이 있어야 할까? 대표적 인물을 넉넉히 도와줄 수 있고 동지에 대하여 사랑하며 의리와 신조를 지키고 비밀이라면 자기의 어머니와 아내에게도 말하지 않아야 하겠고 또 무슨 일이나 맡아할 만한 한가지 기능이 있어야 할 것입니다. 만일 이것이 없으면 중견이 될 수 없습니다. 과거에는 시기하고 질투하여 어떤 잘못한 것이 있으면 그 허물을 모두 윗사람에게 미루고 자기는 책임을 면하려는 교사巧邪한 수단을 써서 이랬다 저랬다 하는 고로 중견분자가 제자리를 지키지 못했습니다. 셋째, 군중은 어떠해야 할까? 과거에는 보통 식견도 없었습니다. 그러므로 그들은 혁명이 무엇인지 그 본의를 아는 사람이 적었습니다. 그들에게 위대한 창조력이 있기를 기대는 못할지언정 명석한 판단은 있어야 할 것입니다.

그러면 내 말이 조직을 해야겠다고 하니 지금은 어떻게 하겠는가 하고 물을 겁니다. 지금도 역시 이 세가지의 어려움이 없지 않습니다. 그러나 우리는 그간 많은 훈련을 받은 고로 앞으로는 새 조직을 건설하기 쉬운 형편에 놓였다고 하겠습니다. 전번에도 말했거니와 나 같은 위인이 인도자의 자리에 그대로 있으면 우리의 혁명은 어렵다고 하겠습니다. 내 생각에는 지금 큰 인도자가 나올 듯합니다. 동경이나 미국이나 국내나 어디서 생길는지 모르나 반드시 과학적 두뇌를 가진 인물이 나와야 우리의 사업을 진행할 수 있다고 하겠습니다. 중견분자로 말하여도 과거보다 많은 훈련을 받는 중에 있으니까 앞으로는 조직적 사업에 나아가기 용이합니다. 군중의 편으로도 역시 많은 훈련을 갖고 있습니다. 전에는 어떤 등사판 글만 보아도 그것이 누가 잘못한다는 것이면 그만 성이 나서 그놈을 때려라, 죽여라, 했지만 지금은 하도 속아온 까닭에 그럴지라도 "에그, 또 거짓부리 하느냐?" 합니다. 그러므로 우리는 조직적으로 나아가기에 전보다 나은 형편에 있다고 하겠습니다. (이상 2회)

오늘날 우리가 대혁명당을 조직함에는 준비할 것이 많습니다. 인물, 그 것만을 요구하는 것이 아니라 경제적 준비 즉, 돈도 요구합니다. 그러나 나는 당면한 몇 가지 준비에 대하여 말하려 합니다. 첫째는 모이는 범위를 넓히자는 생각으로 힘써야 할 것입니다. 우리가 합하기 어려운 조건이 무엇입니까. 누구나 자기가 한가지 조건을 가진 것이 있으면 다른 이의 가진 조건을 무엇이든지 반대합니다. 예를 들어 말하면 파괴 기질이 있는 자가 파괴할 각오를 하면 외교하는 자에 반대하여 말하기를 "외교가 무엇이냐, 이 때가 어느 때라고! 우리는 다 폭탄을 들고 나가야 한다"고 떠들고 또, 외교하는 사람은 말하기를 "공연히 젊은 놈들이 폭탄이나 갖고 그리하면 우리 독립이 되나" 하고 있습니다. 이는 각각 그 심리가 단순한 까닭이외다. 그런고로 심리상 이러한 것은 변하지 않으면 안 되겠습니다. 혁명사업은 심히 복잡하여서 한두 사람으로 감당할 수 없는 것이외다. 전에도 말했거니와 분업적으로 해야겠습니다. 나는 여러 가지 일을 다 해나갈 수 없는 고로 한가지만 해나가는데, 누가 다른 것을 해나가는 것을 보면 나는 기뻐해야 할 것이외다. 그렇지만 우리가 서로 자기가 하는 것만 옳은 줄 알고 그것만 해야 한다고 하는 것은 우리의 뇌가 너무 단순한 까닭이외다. 다시 말하면 하나만 알고 둘은 모르는 까닭이외다. 이는 우리의 혁명에 대한 두뇌가 어린아이 같은 까닭이외다. 가령 어린아이가 여기 있는데 안경을 보고 달라고 합니다. 어른이 꾸짖고 나무랄지라도 듣지 않고 자꾸 보이는 그 안경만 달라고 합니다. 그럴 때에 어른이 특별한 수단으로 저기 기러기가 날아가는 것 보라고 하면 어린아이도 기러기 보기에 집착하여서 안경 생각을 잊어버립니다. 어른은 안경이든 기러기든 책상도 의자도 모두 생각하지만 어린아이는 생각이 단순하여서 안경이면 안경만, 기러기면 기러기만 생각합니다. 그러므로 과거에 우리들이 서로 많이 싸워온 것은 너무 생각이 단순했던 까닭이외다.

　　실례를 들어 말하면 과거에 동경 지진(칸또오關東대지진, 1923)이 있을 때에 나는 북경에 있었는데, 상해에서는 적이 힘이 약할 때에 우리는 무력을 갖고 해야 한다고 떠들며 지금이 어느 때라고 교육이니 상업이니 할 시대이냐, 적이 지금 저렇게 되었으니 우리는 무력을 갖고 나아가야 한다고 떠드는 동시에 한편으로서는 준비독립운동자는 다 때려 죽여야 한다고 야단했습니다. 그런데 이런 일도 있었습니다. 교과서 쓰던 사람이 ─ 누구라고는 말하지 않겠습니다 ─ 교육이 소용없다고 연설했습니다. 그러나 돌아가서는 다시 교과서를 썼습니다. 이것은 정신이 너무 단순하여서 연설할 때에는 아까 교과서 쓰던 생각을 잊었고 다시 교과서 쓸 때에는 아까 연설한 것을 잊어버린 까닭이외다. 총을 갖고 나가 죽는 것이 옳다고 하는 사람은 문학자가 쓸데없다고 합니다. 혁명에는 총과 칼이지 문학자가 무슨 일을 하겠는가고 합니다. 그렇지만 혁명에는 가장 모범이 되는 러시아혁명(1917)의 공산주의 선전을 보아도 문학자들이 있어서 프로파간다를 만들어 사방으로 돌리매 그 주의가 오늘날 세계에 퍼지는 것을 봅니다. 이만하여도 문학의 위대한 힘이 얼마나 혁명을 돕는지 알 수 있습니다. 나의 이 말은 문학만을 주장하고자 하는 것이 아니라 무력주의자가 보기에는 혁명사업에 도무지 소용없는 문학이지만 그 돕는 힘이 그만치 크다는 것이외다. 또 조화책을 연구하는 사람이 있다 하면 그도 혁명운동에 소용이 있다고 하겠습니다. 혁명운동이란 그저 들고 나와서 부수는 것이지 조화는 해서 무엇을 하겠느냐, 하지만 조화하는 자가 없으면 일을 합하여 진행할 수가 없습니다. 그렇다고 모두 조화만 주장하자는 것이 아닙니다. 소용없는 것 같지만 역시 소용이 있다는 것이외다.

또는 우리 사람은 혁명당을 조직하는 데 성현聖賢당을 조직하려 합니다. 누가 조금만 잘되는 것을 보면 목을 벨 놈이라고 합니다. 결백한 자가 아니고는 참가할 수 없다면 그것은 성현당일 것이외다. 혹시 독립운동자라는 누가 좀 한가히 있기만 하여도 "저놈 그렇게 열렬한 운동자라 하면서 이때까지 죽지 않고 있으니 때려 죽여야 한다"고 떠듭니다. 전에 나는 이러한 것을 보았습니다. 국민대표회 때 사람이 많이 모였던 때올시다. 어느 회석에서 어떤 청년이 일어나 말하기를, 당신네가 소위 인도자들이라 하며 왜, 이때까지 죽지 않고 있느냐고 질문을 했습니다. 그때에 김동삼金東三(1878~1937, 국민대표회 의장) 씨가 이렇게 대답했습니다. 너는 왜 죽지 않았느냐. 만일 죽은 열사의 혼이 와서 우리를 책망한다면 달게 받으려니와 너 같은 청년이 책망하는 것은 불가하다고 했습니다. 그때 그 청년은 아무 말 없었습니다. 김동삼 씨의 이 대답은 매우 잘한 대답이었습니다.

또는 가령 무슨 일을 위하여 연조捐助를 하는데 100원을 낼 만한 사람이 10원을 내면 벌써 욕합니다. 그놈 도무지 사람 아니다, 두드려 주자고 합니다. 나는 이번에 미주에 가서 누구에게 임시정부를 위하여 기부를 청했습니다. 그는 나에게 100원을 내겠다고 허락했습니다. 그다음에 누가 묻기를 그 사람이 얼마나 내기로 했는가? 100원 내겠다고 했다는 대답을 했습니다. 그는 성이 나서 말하기를 선생님, 그것 받지 마시오. 100원이라니 그게 무엇입니까? 그는 양옥에 피아노 놓고 있지요. 요리간이 둘이나 있습니다. 100원이라니요? 1,000원도 적습니다. 나는 대답하기를 1원도 고맙다고 했습니다. 이와 같이 군중의 수준은 하나같지 않습니다. 한 길 되는 이도 있고 한 자 되는 이도 있고 최저로 한 치 되는 이도 있습니다. 그뿐 아니라 각 사람은 각각 가진 만큼 수준이 다릅니다.

그런데 그중에 특별한 사람은 안중근 같은 이가 있습니다. 이런 특별한 인물에 대하여는 특별한 대우를 해야 하지만 사람마다 안중근 같기를 바랄 수는 없는 것입니다. 그런데도 불구하고 사람마다 다 특별하지 못하다고 사람마다 다 성현이 아니라고 나무랄 수는 없는 것이외다. 만일 누가 고물전에 가서 명주 두루마기를 사서 입었으면, 아! 저놈 보게, 독립운동자라는 놈이 명주 두루마기를 입고 그 돈이 어디서 났을까, 벌써 욕하고 의심합니다. 이런 고물이나 사 입는 것이 흠은 아니지마는 사람이 성인이 아닌 이상에야 어찌 흠이 없겠습니까. 혁명당을 모으는데 성현을 모으려 하며 인도의 간디를 보려 하니 사람이 어찌 다 간디 같을 수 있습니까. 국민대표회 때에는 상해에서 침상에서 잠자는 놈은 모두 때려죽여야 한다고 야단이 났었습니다. 침상에서 잠자는 것이 무엇이 독립운동에 죄 된다고 그리합니까. 상해에서는 보통 생활제도가 그러한 것을 간도에 있다 온 사람이 보면 호강한다 합니다. 이러한 것은 모두 시기하는 데서 생겨나는 것인데 사람마다 자기의 친구가 아니면 비록 특별한 사업을 하는 이라도 특별한 대우를 할 줄 모르는 까닭이외다. 아까도 말했거니와 우리는 특별한 일을 하는 사람을 특별히 대우할 줄 알아야 하겠습니다. 사람마다 자기에게 가깝지 않다고 시기하고 질투하면 언제든지 우리가 일해나가는 데는 큰 장애가 될 것이외다.

그런데 지금 내가 말한 대로 민족혁명, 이것은 곧 이민족의 압박적 현상을 파괴하고 본래 민족의 자유적 현상을 건설하자는 철저한 각오하에서 일어난 것이므로 정치적 혁명이나 경제혁명이나 종교혁명 같은 부분적 성질에 있지 않고 우리 민족으로는 누구나 다 같이, 어떤 혁명분자나 다 같이 힘 쓸 결심을 해야 할 것이외다. 오늘날 이 민족적 혁명은 막으려야 막을 수 없는 민족적 감정이 깊어진 까닭에 일어난 것입니다. 이는 과거와 현재의 있는 사실이 그렇지 아니할 수 없는 까닭이외다. 그런고로 일본놈의 통치하에서는 하루에 세번을 먹고 편히 산다 할지라도 그것을 원치 않고 독립한 후에는 하루 한번을 먹는다 할지라도 그것을 좋아합니다. 이는 잘살자는 경제 문제보다도 민족적 감정이 깊은 까닭이외다. 보시오. 피를 흘리고 나가 죽은 청년들이 자기네 잘살기를 바라고 그리하는 것입니까? 살려야 살 수 없으니까 이래 죽으나 저래 죽으나 죽기는 일반이라는 민족적 감정에서 일어난 것입니다. 그래서 우리가 이민족의 압박을 벗으면 살고 그렇지 않으면 멸망하고 말겠다는 이해타산과 사활 문제로 이 혁명이 일어난 것입니다. 그래서 나가 죽는 그들이 자기의 행복스러운 생활을 목적함이 아니요, 기왕 죽게 된 이상에는 동족의 행복이나 위해야겠다는 것입니다. 국내의 현실을 보시오. 일인에게 토지를 팔면 안 되겠다고 말하는 바이지만 경제와 정치의 세력으로 덮어 누르는 아래에서 견딜 수 없으니 자연 팔지 아니할 수 없게 되는 것입니다. 그래서 토지와 가옥을 잃은 사람들이 날로 오오사까와 코오베와 요꼬하마로 건너가게 됩니다. 그뿐 아니라 만주로 들어가는 사람은 얼마입니까. 이처럼 누르는 이민족의 압박은 본래 민족의 사활문제인 까닭에 불가불 민족혁명을 아니할 수 없게 되는 것입니다.

그러므로 우리는 각각 그 정신과 주의와 길고 짧음은 따지지 말고 대혁명당을 조직하도록 합해야겠습니다. 각각 협애한 주의와 생각은 버리고 전민중을 이끌어 동일한 방향으로 나아가야 할 것입니다. 이렇게 하려 함에는 아까 말한 대로 대표적 인물이 있어야 하겠습니다. 나는 진정으로 이것을 붙들고 나갈 만한 인도자를 목마른 것처럼 기대합니다. 지금 생각으로는 내일 올 듯, 모레 올 듯합니다. 누군가는 말하기를 인도자 되는 이가 자격이 있으면 되는 것이지 어떻게 그것을 만들겠느냐, 합니다. 과연 그렇습니다. 제가 자격이 있으면 되는 것입니다. 그러나 같은 자격이 있을지라도 군중이 인정하지 않으면 될 수 없습니다. 소크라테스 같은 이는 많은 군중이 따랐지만 마지막 죽을 때에는 제자 하나 없이 죽었습니다. 그가 상당한 자격이 없는 것이 아니지만 군중이 배척하는 데는 어쩔 수 없는 것입니다. 우리나라에도 이순신 같은 이로 말하면 상당한 인도자의 자격이 있었지만 시기를 받아 아무것도 할 수 없는 곳에 두었다가 결국 급하게 되니까 죽을 땅으로 내몰았던 것이외다. 그러므로 그는 승전하고 돌아오면 어떠한 시기가 있을지 몰라서 차라리 죽는 것이 낫다고 부러 적의 살에 맞아 죽었습니다.[34]

오늘 이 자리에 모인 여러분, 우리는 이제부터 누구의 길고 짧음과 크고 작음을 말하지 말고 단결하여나갑시다. 전민족적 운동을 할 배포를 가집

---

34 도산은 이른바 이순신 자살설을 긍정하고 있으나 이는 아직 입증된 사실이라고 보기 어렵다. 이는 전근대 조선의 체제에 대한 부정의식과 관련되어 있는 것으로 추정할 만하다.

시다. 하루바삐 민족적 일대 혁명을 기성期成하기 위하여 노력합시다. 우리 운동이 과거에 많은 경험을 가진 고로 큰 조직을 이룰 만한 큰 인물이 나오게 되었습니다. 그러므로 내일 올 듯, 모레 올 듯 갈수록 나올 날이 가까이 온다고 생각합니다. 이다음에는 인도자 될 만한 인물이 나오면 여간한 흠점이 있더라도 이것을 말하지 말고 더 크게 넓은 것을 바라보고 나아갑시다. 중견분자 될 만한 여러분이 앞으로 대혁명당을 조직할 만한 준비를 할 날이 오늘이외다. 그런즉 나와 여러분은 대혁명당이 실현되도록 각각 사견을 버리고 공리를 도모하기 위하여 민족적 혁명정신으로 힘써 나갑시다. 그래서 우리 대혁명의 기치 아래 대중이 단합하도록 해야 하겠습니다.

내가 오늘 말한 대략의 취지는, 오늘의 우리 혁명이 무엇인가 하면 즉, 민족운동이라는 것을 말했고, 그다음에 과거의 이 운동이 어떠한 결함이 있었는지를 들어 고쳐야 할 것을 말했고, 마지막으로 우리의 힘을 더 모으고 우리의 목적을 달성하기 위하여 제일 필요한 대혁명당을 실현시키기에 노력해야 할 것을 말했습니다. 잠깐 쉬었다가 임시정부 문제에 대한 말씀을 하겠습니다. 【쉴 동안에 애국가를 부르다. 때는 9시 50분이더라.】(이상 3회)

임시정부 문제에 대하여

지금은 임시정부 문제에 대하여 간단히 말하겠습니다. 나는 오늘 낮에 어떠한 감촉을 받은 일이 있어 매우 애달팠습니다. 나는 임시정부에 대하여 죄악이 많다고 합니다. 어찌 죄가 있다는 것을 아느냐 하면, 우리가 시작했던 것은 이것저것 다 없어지고 따라서 사람까지 없습니다. 전에 우리가 세운 임시정부가 얼마나 쇠약합니까? 우리의 쇠잔함이라는 것은, 남에게 책임이 있지 않고 우리 잘못입니다. 그러므로 우리는 새 각성을 갖고 죄를 회개하고 나아가야 하겠습니다. 임시정부 문제에 대하여는 오늘날 그대로 보존해야 할까, 걷어치우고 말까 하는 문제가 있습니다. 다시 말하면 누구는 없애 버리자, 있으면 그것 때문에 싸움만 한다고 합니다. 우리가 싸우는 것이 임시정부의 문제가 아닙니다. 임시정부 때문에 싸우는 그네는 정부가 없더라도 싸울 것입니다. 그 싸우는 것은 정부 때문이 아니요, 각각 자기에게 깨끗하지 못한 심의가 있는 까닭이외다. 아이가 급체하는 것은 밥의 죄가 아니요, 밥을 잘못 먹은 죄입니다. 그와 같이 우리가 싸우는 것이 죄요, 임시정부의 죄가 아닙니다. 이런데도 불구하고 임시정부 때문이라 하면 우리의 죄는 한층 더합니다. 그뿐 아니라 임시정부 때문이라는 것은 그 말부터 헛소리올시다. 어쨌거나 지금 이것을 버릴 수는 없는 것입니다. 만일 부족한 것이 있으면 잘 되도록 할지언정 버릴 수는 없는 것이외다.

그 이유를 말하면 첫째로 역사적 관계입니다. 이 임시정부는 '조선은 독립국임을 선언함'이라는 한 종지宗旨(핵심적 근본) 위에 건설한 것으로 우리의 생명이 없어질지언정 임시정부는 없앨 수 없습니다.

둘째로 독립운동의 방략상 그럴 수 없습니다. 8년 동안 있어온 것이 지금 와서 없어진다 하면, 첫째 본국에 있는 인민들이 어떻게 생각하겠습니까. 외국에서도 역시 한국에 임시정부가 있는 줄 다 알게 된 것인데 지금 없어진다 하면 세상 사람이 어떻게 생각하겠습니까. 아무리 하여도 이것을 버릴 수 없는 것입니다. 그런데 지금 임시정부는 조그마한 농장 집세를 주지 못하고 국무령國務領[35] 할 사람이 없어서 그만두었다 하면 이 어찌 우리의 죄가 아니겠습니까. 만일 이것이 없어진다 하면 우리는 세계적으로 민족적 타락을 받을 조건이 되겠습니다. 혁명사업이 실패에 처하고 곤란이 극심해 오늘날 이것을 유지할 수 없다 하나 우리가 힘써 유지하여 나간

---

[35] 1926년 9월 임시정부 의정원은 대통령제 대신 국무령제를 채택했다.

다 하면 이다음에 큰 힘으로 해나갈 수 있는 기회가 있으려니와 만일 그것을 그치면 우리의 생각을 끊는 것과 같습니다. 그러므로 불가불 유지하도록 해야겠습니다.

나는 이번에 호주에서 올 때에 배 안에서 중국 사람을 만났는데 그는 우리 임시정부는 근래 형편이 어떠하냐고 묻습디다. 또 그는 말하기를 한국 임시정부와 우리 국민정부가 서로 연합하여 약소민족을 압박하는 제국주의를 파괴하도록 하면 좋겠다고 합디다. 사실로 그러하거니와 환경도 그러하니 불가불 유지하여가지 않으면 안되겠습니다.

그런데 과거에는 우리가 임시정부에 대한 책임심이 없어서 그렇게 했습니다. 이승만 씨가 있든지 이상룡李相龍(1858~1932) 씨가 있든지 박은식 씨가 있든지 임시정부는 우리 것이라고 생각하지 못한 착오이외다. 정부 안에 있는 자연인은 설혹 부족하다 할지라도 그 책임은 개인에게 돌릴 것인데 우리는 그것을 정부에 돌렸습니다. 그래서 과거에 누군가가 잘못한 것을 지금까지 정부에 미루는 고로 그 책임이 지금 있는 사람에게 덮어씌워집니다. 그래서 임시정부에서 무엇을 했느냐고 합니다. 정부가 책임지는 것은 대외적으로 할 것이지 국내에서는 할 수 없습니다. 외국에서는 언제든지 국제상 책임은 어떤 내각에서 했든지 정부에서 책임을 지되 국내의 책임은 잘못한 그 내각이 지고 정부는 그대로 신성하게 받들어 올립니다. 그러나 우리는 그렇지 않습니다.

어떻든 잘못된 사실이 있으면 그 사실로서 그 자연인의 잘못이지 그렇다고 정부를 배척해서는 안 됩니다. 이와 같은 일은 정부가 잘못한 일이 있어서 그렇다는 것보다도 첫째 책임심이 없어서 그런 것이요, 둘째는 정부를 가벼이 여기는 까닭이외다. 그런즉 우리는 과거에 누가 있었고 지금은 누가 있든지 장래에는 누가 있게 되든지 말하지 말고 또 그중에 누가 잘못하든지 말든지 정부는 아무쪼록 유지해가야 할 것입니다. 지금 우리 정부가 왜 이러한 지경에 있는지를 보고 어떻게 해야겠다고 생각해본 적이 있다면, 왜 그렇게 되었겠습니까. 전에 우리는 정부에서 어지간히 집세를 주지 못할지라도 아무쪼록 숨기고 우리끼리 서로 힘써 대처하려고 했습니다. 만일 외국 사람이 알게 되면 수치스러운 일이기에 그렇게 했습니다. 그러나 지금은 이러한 사정을 왜놈이 다 압니다. 정부의 집세 못 주는 사정뿐 아니라 기타 사소한 것까지라도 다 압니다. 지난 일은 어떻든지 지나간 것인즉 이제는 아무쪼록 잘 유지하도록 해야겠습니다.

그러면 임시정부를 계속 존재하게 하려면 어떻게 할까? 첫째는 인물이 있어야 하겠고, 둘째는 돈이 있어야 하겠습니다. 인물이 없어 곤란하다면 누군가는 말하기를 우리가 다 한인인데 국무령 할 사람이 없으랴, 없으면 아무라도 하겠지 하지만 그렇지 않습니다. 과거에도 임시정부 승인파, 불승인파가 있었는데 자연히 인물은 승인파에서 선발할 수밖에 없었습니다. 그러므로 일파에서는 반대하고 일파에서는 붙들어가려니 오늘날은 몰락의 상태에 빠지게 된 것입니다. 그렇다면 대혁명당을 조직하자는 이때에 어느 한쪽에서만 인물을 선발할 수 없는 것은 사실이외다. 그러므로 쌍방을 타협시킬 만한 인물을 요구하게 되는 것이매 곤란하지 않을 수 없습니다. 그러나 사실은 사실대로 할 수 밖에 없는 것인즉 그렇게 되지 않는다고 낙심하고 말 것은 아닙니다. 할 수 있는 한도까지 하여나가며 잘될 수 있는 기회를 만들기에 힘쓸 것입니다. 그런즉 누구나 해보려는 이가 있다면 하게 하고 우리는 같이 힘써야 할 것입니다. 혹자는 나에게 말하기를 그러면 왜 너는 정부를 유지하기 위해 취임하지 않고 그리하느냐 하겠지만 나도 정부를 위하여 나가지 아니하는 것입니다. 이는 자신의 문제인 까닭에 긴 말을 하지 않겠습니다.

이러한 때에 진강鎭江(장쑤성 남부의 도시)에 가 있는 홍진洪震(본명 면희冕熹, 1877~1946) 씨가 정부의 생명을 지속하여주기 위하여 나왔습니다. 그는 본래 어느 편에 가담한 적이 없고 제일 욕먹지 아니한 분입니다. 나는 일찍이 그의 말을 들은즉 그는 나의 말과 같이 국부적으로 하지 아니하고 앞으로 대단결을 지어서 나아가야 한다고 합디다. 또 그는 우리의 대단결을 위하여 서적[36]까지 지은 것이 있습니다. 과거에 우리는 편당이 있었고 그 편당에 간섭받지 않은 자 없었지만 홍진 씨는 아무 간섭이 없었습니다. 그런데 그가 사양치 아니하고 나와주는 것은 우리에게 얼마나 다행한지 다 말할 수 없습니다. 그래서 우리는 인물에 대한 한가지 문제를 덜어냈습니다. 아시는 분도 많으시겠지만 그는 오늘 오후에 취임(국무령)까지 했습니다.

둘째로 돈을 요구하는 것은 첫째 집세도 주어야 하겠고, 그 나머지 비용도 써야 하기 때문입니다. 그런데 여러분, 돈은 어디서 납니까. 혹은 러시아에서 얻어다 쓰게 하자, 광동정부에서 얻어다 쓰게 하자 합니다. 왜 러시아 사람이나 광동 사람이 돈을 내겠습니까. 이것이 러시아 사람이나 광동 사람의 정부입니까? 이것이 대한 사람의 임시정부이면 대한 사람이 돈을 바쳐야 할 것입니다. 과거에 이승만 씨를 고얀 놈, 고얀 놈 하기만 했지 정부를 위하여 단돈 5원이나 내면서 그렇게 했습니까? 이승만 씨에게 비록 나폴레옹 같은 재능이 있었던들 어떻게 하겠습니까. 그런즉 러시아 사람은 러시아 사람의 정부를 위하고 대한 사람은 대한 사람의 정부를 위하여 세납을 바치며 의무를 이행해야 할 것입니다.

그런즉 나는 이에 대하여 더 긴 말을 하지 아니하려 합니다. 대한 사람의 정부는 대한 사람이 지키고 법에 의하여 인두세를 동맹하고 또 특별 부담으로 1년에 1원 이상으로 몇 원이든지 각각 그 힘에 따라 바치기로 맹약해야겠습니다. 그러면 각 사람은 매년에 2원 이상을 부담을 하는 것이 되겠습니다. 혹시는 머리 둘 곳도 없는 사람도 있겠지만 그렇다고 1년 내에 1, 2원의 금전 낼 만한 기회가 아주 없을 리는 만무한 것입니다. 지금 이것

36　홍진은 파벌대립에 회의를 느껴 1924년 4월 임시정부 법무총장직을 사임하고 진강에 은거 중이었는데 이때 임시정부를 중심으로 한 민족대단결 방안을 강구하며 『통분과 절망』을 저술했으나 실물은 전해지지 않는다. 다만, 그 일부는 「대중아! 모여라」, 『독립신문』(1926. 9. 3)에 수록되었다고 한다. 韓詩俊 「민족유일당운동과 洪震」, 『한국독립운동사연구』 제20집 (2003. 8) 주3 참조.

을 할 수 없다고 하면 그는 양심이 없어 그런 것이지 할 수 없는 것은 아니겠습니다. 그런즉 우리는 이처럼 맹약하고 실행하여나가며 상해 이외에 남경과 만주와 미주로 이 취지를 선전하면 자연 향응響應(메아리)될 것입니다. 혹시는 정부에 있는 자연인이 미워서 바치지 않는 이도 있겠지만, 하는 사람끼리라도 하여나가면 운동 발전에 역시 큰 도움이 되겠습니다. 그리고 우리가 지금 홍진 씨를 국무령이라고 해서 그를 근거로 할 것이 아닙니다. 나는 그이와 친하니까 내겠다, 나는 그이와 친하지 않으니까 내지 못하겠다, 하지 말고 우리 공동의 그릇을 유지해가야 하겠다는 뜻으로 미우나 고우나 바쳐야 하겠습니다. 그러니까 정부에 있는 자연인을 문제 삼지 말고 정부 유지에만 힘써야 하겠습니다. 누군가는 말하기를 “아, 그러면 돈만 내고 정부에는 부적합한 사람이 들어가도 말을 말란 말이요?”하고 질문하겠지만 그 문제는 따로 갈라서 그것을 말하기를 원하는 사람끼리 딴 모임을 조직하여갖고 말할 수 있습니다. 나는 전에도 누군가에게 이런 말을 한 적이 있습니다. 우리는 경제만 후원하고 정치 문제는 일절 간섭을 말자, 그러되 단독적으로 후원한다 하면 힘이 약한 까닭에 합동적으로 하자, 이런 취지로 우리는 한 회를 조직하되 정부에 있는 자연인의 적합, 부적합도 말하지 말고 그 외에 일절 정치도 간섭하지 말고 단순하게 하자, 그래서 우리는 한 당적 책임을 갖고 나가자고 말입니다.

우리가 우리의 혁명사업이 성공하도록 하려면 첫째는, 대혁명당을 조직해야겠고, 둘째는 대혁명당이 조직되기까지 임시정부를 어떻게든지 붙들어가야 할 것이외다. 대혁명당이 조직되는 동시에 임시정부보다 더 큰 어떤 조직체가 생긴다면 그때는 그만둔다 할지라도 그것이 실현되기 전에는 내부적으로 드러내놓고 임시정부를 집어치운다 하면 우리의 운동을 부흥시킬 여지가 없어지겠습니다. 그런즉 임시정부를 붙들어가는 것은 오늘날 우리들이 마땅히 해야 할 책임으로 알고 일치 협력하여 대조직체가 실현되기까지 유지하여가도록 하기 바랍니다.

나는 오늘밤에 우리의 앞길을 밟아나갈 것으로 첫째, 새로운 대혁명당을 조직할 필요를 말했고 둘째, 지금의 임시정부를 유지할 필요와 방침을 말했습니다. 그런데 잠깐 알고 싶은 것은 여러분의 뜻이 어떠한지입니다. 우리 임시정부를 남에게 의존하지 말고 우리 스스로 유지하여가도록 매년 2원 이상의 돈을 바칠 마음이 있는 이는 손을 들어 표하여주시오.【모두 들다.】감사합니다.(이상 4회 完)

민족적 해방과 계급적 해방을 아우르는 통일당 〔국한문 번역〕
─ 홍언洪焉[37] 동지에게 보내는 편지

두차례 귀한 편지를 받아 읽고 기뻐했습니다. 이번에 일본이 중국의 동북 지방을 침략하므로 중국의 일반 민중이 격분하여 일본 상품 배척에 적극적으로 나서며 학생과 시민들이 의용군에 참가하여 출전하기를 맹세하니, 중국이 새롭게 일어나는 분위기에 탄복합니다. 그러나 그 영도자급에 있는 이들은 아직도 단결을 이루지 못하고 분규하는 가운데 있으니 애석합니다. 우리에게도 이 시기에 있어서 평상시보다 일층 더 분발함으로써 중국과 합작하여 일본에 대항할 뜻이 많습니다. 만주 일(만주사변, 1931)이 발생된 후로 상해 한인사회의 각 단체가 연합하여 격문과 전문을 보내는 등 선전에 힘쓰며 중국인들과의 감정적 유대에 치중했습니다. 제가 연합회[38] 회장의 명의를 가진 고로 책임이 더욱 중하오나 본시 무능한 자로서 자금이 없으므로 일의 진행이 어렵습니다. 현재 만주에 재류하는 동포 중 지금까지의 혁명운동자들은 적에게 포로로 잡히거나 학살을 당하고 보통

37 　1880~1951. 『신한민보』 주필, 대한인국민회 부회장을 역임한 미주 지역 독립운동가, 언론인.

38 　'상해한인각단체연합회'를 가리킴. 1931년 7월의 만보산사건(만주의 조선인과 중국인 간의 유혈사태) 이후 조선인과 중국인 사이의 적대 상황을 수습하기 위해 결성.

농민은 중국의 패잔병과 지방 도적에게 약탈과 학살을 당하오니 비통함을 금할 수 없습니다. 이러고 본즉 만주에서 일찍부터 운동하던 혁명단체는 유지해나갈 길이 없고 생명이 남아 있는 혁명동지들은 각처로 분산되어 우리 혁명의 해외 근거지가 당분간은 와해가 되었으니 어찌 통석痛惜치 아니하리요. 이 시기에 있어서 일인은 우리의 보통 농민을 적극적으로 보호하는 태도를 취하므로 중국인에게 공포를 느끼던 자들이 자연 그 보호의 밑으로 들어가게 되니 일인이 다스리는 보민회保民會[39] 등 단체가 날로 확대되는 형편이고, 한인 가운데 악한 분자는 일인의 세력을 배경으로 하여 중국인을 학대하며 그 재산을 약탈하므로 중국 보통 인민이 민족적으로 다대한 악감정을 가지게 됩니다. 이것저것이 다 통한痛恨함을 이길 수 없습니다. 그러나 중국의 뜻있는 사람들은 중·한 두 민족의 합작을 진심으로 부르짖습니다.

지금 동아시아에 큰 문제가 발생된 이때에 있어서 우리들이 우리의 운동을 일층 더 전개해야겠습니다. 그런데 무엇을 어떻게 할까가 문제입니다. 우리 욕심에 하고 싶은 것은 많고 또한 기회도 좋으나 일찍이 준비한 것이 없었으므로 욕심을 욕심대로 펴지 못하니 스스로 부끄럽고 분한 것은 말로 다 할 수 없습니다. 기왕에도 힘써야 할 것이었지만 이 시기에 있어서 더욱이 먼저 힘쓸 것은 우리의 내부적 조직을 충실케 하는 일입니다. 아직도 우리에게는 전민족을 대표할 만한 전체의〔整個的〕 혁명당이 없습니다. 아직 전체의 혁명당이 될 만한 기초도 세우지 못했습니다. 이것이 없고서는 무엇을 하든 뿌리 없는 가지와 같으므로 잠시 동안 푸른빛이 있더라도 결국은 말라 쓰러지고 맙니다. 그러므로 나는 크게 주장하기를 이런 때일수록 일시적 흥분으로 덤비지 말고 먼저 통일적 대당大黨을 조직함에 전심전력해야겠다고 합니다. 우리 민족이 피하지 못할 혁명기에 있어서

---

39   만주 지역의 항일세력 정보 수집과 조선인 통제를 위해 결성된 친일단체.

혁명자가 있다 하며 혁명운동을 한다고 하면서도 완전한 혁명당은 실현되지 못했으니 이것 참 괴상한 일이 아닙니까? 형이나 나나 한국의 혁명운동자로 자처하면서 한 개 혁명당의 기초도 세우지 못했으니 얼마나 부끄럽고 통탄할 것입니까. 안창호는 성공과 실패를 따지지 않고 지금까지 주장하던 대당 조직을 관철함에 전력하겠습니다.

이때에 위험을 무릅쓰고 만주에 여러 동지를 밀파하며 내가 직접으로 출동하여 실제 형편을 조사하며 대당조직을 실행하려 하오나 아직 그만한 운동비도 입수되지 아니하므로 단행치 못하고 시기를 기다리고 있습니다. 그 버금에는 중국과 합작할 것을 이 시기에 활동하는 것이 평시보다 몇 배나 효과가 있겠습니다. 그동안 진행한 결과 만주를 대표한 민중단체와는 절실한 연락을 맺었습니다.【이것은 비밀.】

이 밖에 여러 방면으로 교섭〔接洽〕 중인데 중국의 시국이 완화되면 절실한 연락을 취하게 되는지 의문이나 감정연락(공감대 형성)은 비교적 진보되리라고 믿습니다. 지금 상해각단체연합회는 일시 선전을 목표로 한 결합이므로 혁명운동을 능률 있게 진행할 소질을 가지지 못했습니다. 그러므로 대당조직과 중국인 합작을 위해서는 표현되지 아니한 특수적 결합으로 진행하는 중입니다. 우리가 말하는 통일당, 대당이라는 것이 말하기는 쉬우나 실제에는 어려움이 많습니다. 아직도 완전한 당이 실현되지 못한 것은 반드시 그 원인이 있습니다. 지금에도 그 원인과 싸워가면서 조직해야겠으니 어려움을 피할 수 없습니다. 당을 조직함에 기본적 요구가 셋입니다. 하나는 핵심이 될 만한 기본 동지, 둘은 민중이 신앙할 만한 기본 이론, 셋은 조직운동비로 충분히 쓰일 만한 금전, 이것이 있고야 성립이 되고 이 셋 중에 하나만 없어도 공상일 뿐이요 실천될 수가 없겠습니다. 이상 세가지 중 먼저 할 일은 기본적 동지를 규합하는 것입니다. 그런즉 형께서도 미주에 있으면서 믿을 만한 동지들과 의논하여 세가지 기본 요구에 노력하시기를 바랍니다.

기본 동지가 될 자격은, 하나는 혁명의식이 철저해야 할 것, 둘은 혁명이론의 원칙이 일치해야 할 것, 셋에는 대당을 조직할 각오가 절실해야 할 것, 넷은 당과 동지에 대한 신의를 굳게 지킬 소질이 있어야 할 것입니다. 기본 동지는 이 네가지를 갖춘 자라야 될 것입니다.

혁명이론의 기본원칙에 있어서는, 하나는 우리는 피압박 민족인 동시에 피압박 계급이므로 민족적 해방과 계급적 해방을 아울러 얻기 위하여 싸우자, 싸움의 대상은 오직 일본 제국주의임을 인식해야 할 것, 둘은 우리의 일체 압박을 해방하기 위하여 싸우는 수단은 대중의 소극적 반항운동과 특별한 조직으로, 적극적 폭력·파괴를 중심으로 선전조직 훈련 등을 실행하며 실제 투쟁을 간단없이 할 것, 셋은 일본제국주의의 압박에서 해방된 뒤에 신국가를 건설함에는 경제와 정치와 교육을 아울러 평등하게 하는 기본원칙[40]으로써 민주주의 국가를 실현시킬 것, 넷은 일보를 더 나아가 전세계 인류에 대공주의大公主義를 실현할 것을 명심해야 합니다.

이상 4항으로 말한 우리 혁명이론에 대하여 형의 의사부터 어떠한지 정확히 표시하기를 바랍니다. 형께서 물질로 후원할 뜻을 말씀했으나 지금 미주동포들이 경제공황(세계대공황, 1929) 중에 빠져 있으니 형의 뜻을 이루기 어려울까 합니다. 만일 된다고 하면 대당조직비를 응원하기 바랍니다. 각 단체 연합회로 보내는 것은 공개하여도 좋거니와 대당조직비는 아직 공개하지 아니해야 되겠습니다. 만일 돈을 보내실 경우에는 대당조직비인지, 각 단체 연합회의 기부인지, 안창호 개인을 원조함인지 정확히 지시하기를 바랍니다.

4264년(1931) 11월 6일 안창호 거수

---

40   조소앙의 삼균주의와 일치하는 내용.

민중의 선각자
—기독교인의 갈 길[41]

이번 집회에 와달라고 보내신 청첩 중에 "말씀은 못 하더라도 한번 와서 얼굴만 뵈어주어도 일반 교우는 감사를 마지않겠습니다"라고 한 이 구절을 읽고 참으로 평양 성중에서 부족한 이 사람을 성심으로 보기를 원하는구나, 하고 도리어 황송하기 짝이 없었습니다. 나는 오늘 저녁 여러분을 대하여 간단히 말한다면, "나의 경애하는 동포들아 나아가자. 너도 나도 나아가자. 오늘도 내일도 모레도 나아가자. 나아가지 않으면 죽는 것이오, 나아가면 산다." 이 같은 소리가 내 귀에 들리는 듯합니다. "너희들은 왜 슬퍼하느냐. 나아가자. 나아가지 않으면 죽는다." 이런 소리가 내 귀에 똑똑히 들리는 듯합니다. "떨지 말고 나아가자. 나아가면 된다는 믿음으로 머뭇거리지 말고 나아가자. 우리의 처지를 생각하면 꼭 나아가야 한다." 나아간다 하는 말은 곧 옛 발자국에서 떠나서 새 발자국을 디디는 것이외다.

우리 조선 사람이 옛 발자국에서 떠나서 두려워 말고 새 발자국을 디디며 나아가자. 다시 말하면 옛 사람을 벗어버리고 새 사람을 옷 입 듯하여 옛날 앙화殃禍받던 그 자리에서 떠나서 나아가자? 우리는 스스로 자기를 혁신해야 합니다. 기독교인의 나아가는 목적지는 천국이외다. 그러면 어떠한 길로 나아가야만 될까. 예수께서 말씀하시기를 "영생의 길은 좁고 험하다"고 했습니다. 다시 말하면 그리스도인이 할 일이 무엇인가. 그리스도인은 거룩한 생활을 해야 될 것이요, 그 포부가 위대해야 할 것입니다. 그리스도인 된 자는 마땅히 이 죄악 세상을 구원하기 위하여 예수를 대장으로 삼고 용감하게 나서야 하겠습니다. 예수교인은 먼저 자기를 검토하여

---

41 『새사람』, 1937년 1월호. 1936년 10월 4일, 평양감리교회 연합예배로 남산현교회에서 행한 연설. 이 당시 도산은 1932년 윤봉길 의거에 연루되어 4년형을 받고 복역하다 1935년 2월, 병보석으로 가출옥한 상태였다.

양심의 안심을 얻지 아니하면 안 됩니다. 심령의 안심, 즉 구원의 자각을 얻은 다음에는 다시 남을 구하려는 생각을 가져야 하겠습니다. 이런 용기를 얻어갖고 "내가 세상을 구원하리라" 하는 위대한 포부가 있어야 하겠다는 말이외다. 이러한 생각이 없으면 과연 예수교인이라 할 수 없습니다.

죄악에서 지성至聖으로 나아가야 합니다. 만가지 고생은 죄악에서 나왔으니 우리는 먼저 죄악에서 옮겨서 지성으로 나아가야 합니다. 이것은 자기 가정으로부터 동리, 동리로부터 사회에까지 실행해야 할 것이외다. 죄악이 무엇입니까? 그 수가 많지요. 간음, 도적, 시기, 원망, 비방이 모두 죄악이외다. 그러나 이 모든 죄악의 원래 골자는 사랑하지 않음이외다. 만가지 죄악은 사랑하지 않는 데서 생깁니다. 그러면 지성의 골자는 무엇입니까? 이도 사랑이외다. 예수께서 이르시되 "내가 너희에게 새 계명을 주노니 너희는 서로 사랑하라. 내가 너희를 사랑하듯 너희도 서로 사랑할지니라"[42] 하셨거니와 신약의 처음부터 묵시(요한의 묵시록) 마지막 장까지 전권의 골자는 곧 사랑이외다. 죄를 회개하라 함도 사랑하지 않는 데서 사랑으로 옮겨 나오라는 말이겠지요.

요새 들리는 말에 정통, 비정통, 영적, 비영적이라 하여 성경 주석을 각기 자기의 뜻대로 내어갖고 자기의 주석과 같지 않으면 다른 사람의 주석을 비정통이라고 하고 다른 사람의 행동이 자기의 행동과 다르면 "저 사람은 비정통하다" 합니다. 서로 모해하기 위해서 이단이라 합니다. 여러분은 무엇으로 이 정통, 비정통을 판단하렵니까? 내 생각에는 사랑으로 하는 자는 곧 정통이요, 그렇지 않은 자는 제 아무리 주석을 신·구약을 통하여 수천권을 내었댔자 (사랑이 없으면) 곧 비정통이요, 이단이외다.

요새 동리 사람들이 내게 와서, "요나가 고래 배 속에 들어가서 사흘 동안이나 있다가 살아 나왔다 하니 이것이 참말입니까?" 하고 묻기에 이에

---

42 "나는 너희에게 새 계명을 주겠다. 서로 사랑하여라. 내가 너희를 사랑한 것처럼 너희도 서로 사랑하여라."[요한의 복음서 13:34](공동번역)

대하여 나는 "그런 사실을 묻지 마시오. 남을 내 몸같이 사랑하라, 사랑은 모든 율법을 폐한다[43] 했으니 사랑이면 전부요. 이것이 하느님 앞에서 진리요, 정통이외다. 성경 문구를 갖고 말하고 이단이니 무어니 할 것이 아니라 사랑하고 안 하는 것으로 판단할 것이외다" 하고 대답했습니다.

또 영적, 비영적은 무엇입니까? 어떤 목사의 설교하는 것을 듣고 어떤 부인이 말하기를 "그 목사는 설교할 때 목소리를 떨기도 하더구만. 참으로 신령한데…" 이런 것은 다 망상이외다. 하느님의 뜻대로 사는 것이 신령한 것이외다. 하느님의 뜻은 곧 사랑입니다. 하느님께서 예수를 이 세상에 보낸 것도 인생으로 하여금 '불애不愛'에서 '애愛'로 옮기기 위하여 하신 것이요, 예수의 33년의 생활도 인류를 죄에서 사랑으로 옮기려는 것이 목적이었습니다. '사랑에 화化한 세계'를 만들려고 하는 것이 하느님의 목적이요, 또한 우리의 목적이외다.

맘에도, 얼굴에도, 행동에도 사랑을 표현하여 가정에서 식구를 대할 때나 동리에서 이웃사람을 대할 때나 선한 사람이나 악한 사람이나 어떤 사람을 대하든지 사랑으로 해야 우리의 목적이 이루어질 것이외다. 세상에서 내가 사랑할 만한 사람도 없고 나를 사랑하는 사람이 하나도 없다면 이 얼마나 쓸쓸한 생활이겠습니까? 불애의 세계를 보면 슬프나 애의 세계를 보면 기쁩니다. 우리를 통하여 구원을 받을 세상 사람들이 도리어 우리의 추태를 보고 웃음거리를 삼는 것이 하나둘이 아니니 기막힌 일이외다. 이것이 곧 사랑이 없는 까닭이외다. 바리새교인을 위선자라고 책망한 것도 곧 사랑이 없음을 말한 것입니다. 말에나 행동에나 실천적 사랑이 없음을 보시고 예수께서 심히 책망하셨습니다. "보는 사람을 사랑하지 않고 어떻

---

43 어느 바라시이파 율법교사가 예수에게 율법서의 어느 계명이 가장 큰 계명이냐고 묻자 예수는 첫번째로 "너희 하느님을 사랑하라"고 답한 뒤 다음과 같이 덧붙인다. "'네 이웃을 네 몸같이 사랑하라'는 둘째 계명도 이에 못지 않게 중요하다. 이 두 계명이 모든 율법과 예언서의 골자이다."[마태오외 복음서 22:35~40](공동번역) 도산의 원용문에서 "폐한다"는 '없앤다〔廢〕'는 의미가 아니라 '일언이폐지'의 용례에서처럼 '덮는다' '개괄한다'〔蔽〕는 뜻.

게 보이지 않는 하느님을 사랑할 것인가"[44] 하는 것도 실천적 사랑을 말한 것이외다. 너의 믿음이 산을 옮긴다 하더라도 사랑이 없으면 무슨 소용이 있느냐[45] 하신 것도 사랑의 절대성을 말한 것이외다. 예수께서 비유로 세상에 다시 와서 하실 일을 말씀하실 때에 "내가 나그네 되었을 때나 감옥에 갇혔을 때나 병들었을 때에 나를 대접한 자는 영생을 유업으로 얻을 것이나 그렇지 않은 자는 벌을 받으리라" 하신 이 말에 사람이 묻기를, "주여 어느 때에 그같이 병들고 감옥에 갇히고 나그네 되었을 때가 있었습니까?" 이때에 예수께서 대답하시기를 "소자小子(작은 자)를 대접함이 곧 나를 대접함이라" 했습니다.[46] 이는 곧 실천적 사랑을 말함이외다. 예수 믿는 사람이 유치원이나 학교를 경영하면 이는 하느님의 일이 아니라고 하여 웃는 이가 많은 모양이나 이는 큰 잘못이외다. 어떤 곳에서든지 하느님의 사랑을 실천할 수 있는 것 아닙니까? 교회에서 삼남지방 수재水災에 구제를 하니까 그것은 하느님의 일이 아니라고 하여 웃는 자가 있었다고 하니 이는 과연 큰 잘못이외다. 우리의 살 길은 오직 사랑을 목표하고 나아가는 데 있습니다. 옛 자리에서 새 자리로, 옛 사람에게서 새 사람으로 자기를 혁신해나가야 하겠습니다.

대개 역사를 통하여 보면 새로 흥하는 나라들은 모두 이전의 잘못을 통회痛悔(뉘우침)하고 분憤내어 나아가는 데 있는 것입니다. "너의 마당을 깨끗이 쓸고 방도 깨끗이 쓸어라" 하고 나는 농촌 여러 젊은 사람들에게 가끔 말합니다. 조선 사람이 서로 이같이 하면 우리 살림이 얼마나 깨끗할까? 여러분 모두 선봉대가 되어 나아가야겠습니다. 남이 벌써 수십보를 앞

---

44 "눈에 보이는 형제를 사랑하지 않는 자가 어떻게 보이지 않는 하느님을 사랑할 수 있겠습니까?"[요한의 첫번째 편지 4:20] 이는 사도 요한의 발언.

45 "산을 옮길 만한 완전한 믿음을 가졌다 하더라도 사랑이 없으면 나는 아무것도 아닙니다."[고린토인들에게 보낸 첫째 편지 13:2](공동번역) 이는 사도 바울의 발언.

46 여기서 '소자'란 성경의 "여기 있는 형제 중에 가장 보잘 것 없는 사람 하나" 즉, 약자를 일컫는 말이다. 구체적인 내용은 [마태오의 복음서 25:31~46](공동번역) 참조.

섰는데 어떻게 내가 따라 갈 수 있을까 낙심하지 말고 나아갑시다. 어떤 이들은 예배당으로 나가기 싫을 때 공연히 목사와 전도사가 보기 싫어서 아니 나간다는 핑계로 거룩한 생활을 안 하려 합니다. 아무리 성인이라도 자기의 말한 도덕을 다 실행치 못하는 것이외다. 실행 못 했다고 낙심할 것도 없습니다. 인도하는 사람 가운데도 결함이 있지요. 그러나 그들 가운데 사랑을 가진 자도 있다는 것을 생각하고 기뻐하며 나아가야 하겠습니다. 독일은 일찍이 영국과 프랑스의 압박을 몹시 받은 때도 있었습니다. 참으로 그들보다 수천보가 뒤떨어졌습니다. 그러나 낙심하지 않고 그냥 나아갔으므로 오늘날 독일은 강국이 되었습니다. 예전에 백인은 일본을 몹시 천시했습니다. 그러나 명치유신 후로 힘써 나아갔으므로 오늘날은 세계에서 강한 나라가 되지 않았습니까. 인류는 진보합니다. 우리도 사람이니 진보 안 될 것이 무엇이오? 진보가 빠른 민족도 있고 더딘 민족도 있습니다. 덥거나 찬 지방에 사는 민족은 그 진보가 더디니 남양군도 같은 곳은 그 진보가 더디나 온대 지방은 진보가 빠르니 삼천리반도는 진보가 빠른 곳이외다. 내가 본국에 돌아와보니 첫째로 놀라운 것은 향학열이 성해서 봄이면 곳곳마다 입학난이오. 그리고 길거리에 씩씩하게 걸어다니는 청년들도 많고 공장에서 일하는 소리가 몹시 요란한 것입니다. 찬양대의 그 노래와 맵시가 30년 전보다도 훨씬 낫고 대동강에 여름이면 모래찜, 겨울은 스케이팅 이것은 곧 보건운동이외다. 아침이면 일찍 일어나 달음박질하는 것도 눈에 띄는 큰 자랑이요, 우리 마라톤 선수 손기정孫基禎(1912~2002)군이 올림픽에서 우승한 것은 더욱 큰 자랑이 아닙니까.

우리 그리스도교인은 민중의 선각자가 되어서 먼저 실천적 사랑의 생활을 하고 모든 방면에 나아가고 새로워져서, 이 강산에 천국을 세우도록 용진勇進해 나아갑시다.

안창호 연보*

* 1896년 을미개혁 전후로 음력(전)과 양력(후)이 구분되며, 국외 사건은 양력으로 표기한다.

연도	안창호	국내외 주요 사건
1878년 (고종 15년)	* 11월 9일, 대동강 하류인 평안남도 강서군 초리면 7리 도롱섬(鳳翔島)에서 안흥국(安興國)과 황몽은(黃夢恩)의 3남으로 출생. 본관 순흥(順興).	
1884년 (고종 21년)	* 부친에게 한문을 배우기 시작함.	* 12월, 갑신정변.
1886년 (고종 23년)	* 이석관(李錫寬) 서당 입학.	* 6월, 조불수호통상조약.
1888년 (고종 25년)	* 부친 안흥국 별세. (11세)	
1892년 (고종 29년)	* 대동강면 국수당, 남관면 노남리를 거쳐 강서군 심정리로 이사. 김현진(金鉉鎭) 서당에 다니는 한편 연상의 선비 필대은(畢大殷)과 교유.	
1894년 (고종 31년)	* 청일전쟁을 통해 민족문제에 대해 각성. * 서울에서 언더우드가 설립한 구세학당에 입학하고 기독교 입교. (17세)	* 4월, 동학농민혁명. * 7월, 갑오개혁. * 7월, 청일전쟁.
1895년 (고종 32년)	* 동학농민혁명에 참여했다 돌아온 필대은을 구세학당에 입학시킴.	* 10월, 을미사변.
1896년 (고종 33년)	* 구세학당 보통과(2년) 졸업. * 유길준의 『서유견문』, 서재필의 시국강연에 감화.	* 2월, 아관파천. * 4월, 『독립신문』 창간. * 7월, 독립협회 창립.
1897년 (고종 34년)	* 독립협회 가입. * 조부의 뜻에 따라 서당 훈장 이석관의 딸 이혜련(李惠練)과 약혼. 여동생 신호(信浩)와 약혼녀 이혜련을 정신학교에 입학시킴. (20세)	* 10월, 대한제국 선포.
1898년 (고종 35년)	* 독립협회 관서지회 설립 주도. * 평양 쾌재정의 만민공동회 연설로 명성을 얻음.	* 9월, 청 무술정변 실패. * 12월, 독립협회 강제해산.

* 신용하 『도산 안창호 평전』(지식산업사 2021)과 독립기념관 홈페이지를 참조하여 작성함.

1899년 (고종 36년)	* 고종과 수구파의 탄압으로 독립협회가 해산되자 귀향하여 최초의 민립 초등교육기관인 점진학교를 설립. * 대동강변 황무지 매축개간사업 종사.	* 11월, 청 의화단 운동. * 12월, 『독립신문』 폐간.
1902년 (고종 39년)	* 이혜련과 결혼식 올리고 유학차 첫번째 미국행(9월). 뱃길에서 하와이섬 목도하고 아호를 도산(島山)으로 정함. 샌프란시스코 도착(10월). 노동자로 일하며 공부길 모색. (25세)	* 1월, 영일동맹 체결.
1903년 (고종 40년)	* 샌프란시스코 동포들과 함께 상항(桑港)한인친목회 결성하고 회장으로 피선.	
1904년 (고종 41년)	* LA 근교 리버사이드로 이사. 리버사이드 공립협회를 설립.	* 2월, 러일전쟁 발발.
1905년 (고종 42년)	* 샌프란시스코로 가 상항한인친목회를 샌프란시스코 공립협회로 개편하고 회장에 피선. * 공립협회 회관을 건립하고 『공립신보』를 발행. 장남 필립(必立) 출생.	* 7월, 태프트-가쓰라 밀약. * 11월, 을사늑약. * 12월, 천도교 창건.
1906년 (고종 43년)	* 공립협회 총회장으로 하와이의 에와친목회와 함께 배일선언문 발표.	* 2월, 일제 통감부 설치.
1907년 (고종 44년)	* 2월, 국내 조직활동을 위해 귀국. * 5월, 신민회 발기인대회 조직. * 11월, 초대 통감 이토오 히로부미 접견하고 안도산 내각 제의를 거절. (30세)	* 7월, 헤이그 밀사 사건으로 고종이 양위하고 순종이 즉위. * 8월, 대한제국 군대 해산. * 정미의병 봉기.
1908년 (순종 1년)	* 1월, 신민회 및 서북학회 창립. * 9월, 대성학교를 개교하고 평양·서울·대구에 태극서관, 이승훈을 중심으로 마산동자기회사 설립. * 10월, 이강(李剛)을 블라디보스토크로 파견하여 동아시아 지역사업을 위한 아세아실업주식회사(태동실업주식회사로 전환) 설립.	
1909년 (순종 2년)	* 8월, 청년학우회 창설. * 10월, 안중근 의거 배후 혐의로 피검되어 영등포 감옥에 2개월 수감.	* 1월, 대종교 창건. * 10월, 안중근 의사 하얼빈역에서 이토오 히로부미 저격.
1910년 (순종 3년)	* 1월, 용산 헌병대에 재소환 40여일 만에 석방되자 망명하기로 결심. * 3월, 신민회 긴급 간부회의에서 독립전쟁론을 채택, 독립군 기지개척과 무관학교 설립을 결정.	* 8월, 한일병탄조약으로 국권 피탈, 조선총독부 설치. * 청년학우회 해산.

1910년 (순종 3년)	• 4월, 「거국가」를 남기고 북경, 청도를 거쳐 8월 말 블라지보스또끄에 도착한 후 망국 소식을 들음.	
1911년	• 치타, 이르꾸쯔끄, 상뜨뻬제부르끄, 베를린, 런던 을 경유하여 9월2일 뉴욕 항 도착. • 시카고 한인농장을 방문하고 샌프란시스코 한인 사회를 순회.	• 9월, 105인 사건으로 신민회 회원 총검거. • 10월, 중국 신해혁명.
1912년	• 11월, 샌프란시스코에서 대한인국민회를 조직. • 『공립신문』을 『신한민보』로 개제하여 속간. 차남 필선(必鮮) 출생. (35세)	• 1월, 중화민국 정부수립, 쑨원 이 임시대통령으로 선출.
1913년	• 12월, LA에서 흥사단을 창단.	
1915년	• 1월, 장녀 수산(繡山) 출생. • 6월, 대한인국민회 중앙총회 회장으로 취임.	
1917년	• 5월, 차녀 수라(秀羅) 출생. • 10월, 멕시코 방문. 하와이, 멕시코, 쿠바 등지에 서 흥사단 조직운동. (40세)	• 러시아 10월 혁명으로 소비 에트 정권 수립.
1918년	• 8월, 샌프란시스코로 귀환. • 제1차 세계대전 종전에 부친 담화문 「전쟁 종결 과 우리의 할 일」 발표.	• 1월, 윌슨이 민족자결 원칙 등 14개조 강령 발표. • 11월, 제1차 세계대전 종전.
1919년	• 1월, LA에서 이승만 회동. • 3월, 3·1운동 소식을 접함. • 5월, 일본의 감시를 피해 하와이, 호주, 마닐라, 홍 콩을 경유하는 우회항로를 통해 상해에 도착. • 6월, 임시정부 내무총장 겸 국무총리서리로 취임. • 9월, 상해 및 러시아령 국민의회, 한성정부의 3개 임시정부를 통합한 통합임시정부에서 노동국총 판으로 자신의 지위를 스스로 낮춤. 대통령에 이 승만, 국무총리 이동휘, 내무총장 이동녕, 재무총 장 이시영, 법무총장 신규식.	• 1월, 고종 승하. • 2월, 2·8독립선언. • 3·1운동이 전국으로 확산. • 4월, 상해 임시정부 수립. • 5월, 중국 5·4운동. • 6월, 베르사유 조약.
1920년	• 1월, 신년담화에서 '독립전쟁의 해' 선포하고 독 립운동 6대 방략 발표(이는 향후 의정원 결의를 거쳐 임시정부의 독립운동 방향으로 채택됨). • 7월, 광복군 사령부 조직안을 임정 국무원에 제출. • 9월, 상해에 흥사단 원동위원부 설치.	• 1월, 국제연맹 발족. • 3월, 『조선일보』 창간. • 4월, 『동아일보』 창간. • 6월, 천도교 종합지 『개벽』 창 간.
1922년	• 1월, 흥사단 원동위원회 베이징지부 설치. • 11월, 광복군총영이 통군부(統軍府)로 확대 개편 하면서 도산을 총장으로 추대. (45세)	• 1월, 모스끄바 극동인민 대표 자 대회 개최(김규식 참석). • 이딸리아, 무솔리니 내각 수립.

1923년	* 1~6월, 전세계 70여개 한국독립운동 단체 대표 124명이 63회에 걸쳐 국민대표회의 개최했으나 도산의 통합 노력에도 불구하고 상해임정의 유지 및 혁신을 주장한 개조파(도산 등)와 해체를 주장한 창조파 간 대립으로 분열.	
1924년	* 1~2월, 독립운동 근거지 설치를 위한 서북간도, 중국 남양 광동지역을 답사. * 5월, 도미를 위해 미국정부에 비자를 신청했으나 공산주의자로 의심받아 거부당함. * 중국인으로 등록하여 여권을 만들고 12월 샌프란시스코 도착.	* 1월, 중국 광저우에서 제1회 국민당 전국대표자대회를 개최하고 제1차 국공합작 결정. * 3월, 만주에서 김좌진 등 신민부 조직.
1925년	* 1월, 『동아일보』에 「국내 동포에게 드림」 연재하다 중단. * 2~4월, 미국 서부와 동부 지역 순행하며 한인 생활상 탐방.	* 3월, 임시정부 대통령 이승만 탄핵, 2대 박은식 임시대통령 취임. * 4월, 조선공산당 창립.
1926년	* 5월, 상해로 귀환, 임시정부 국무령으로 추대되었으나 고사. * 7월, 상해 삼일당에서 대혁명당으로서 민족유일독립당 조직을 제안하는 연설. * 9월, 3남 필영(必英) 출생. * 베이징, 만주 지역 순행하며 민족유일독립당 운동.	* 6월, 6·10 만세운동. * 7월, 장제스 국민혁명군 총사령관에 취임하여 북벌 개시.
1927년	* 1월, 길림에서 '독립운동의 과거와 현재, 미래' 강연 도중 체포되었으나 20일 만에 석방. (50세)	* 2월, 민족협동전선 신간회 창립.
1928년	* 중국과 대일(對日) 연합전선 형성을 주장하는 동시에 민족유일독립당 운동을 지속하였으나 코민테른 12월테제로 공산주의자들이 이탈함으로써 실패.	
1929년	* 3월, 난징에서 중국 국민당 제3차 전국대표대회에 참석, 한중동맹군 창설 제의. * 4월, 비(非)공산주의계 단체들만이라도 우선 통합하기 위해 대한대독립당 주비회 구성.	* 1월, 원산총파업. * 11월, 광주학생운동. * 세계대공황의 시작.
1930년	* 1월, 상해에서 한국독립당 창당. * 상해한인청년당, 상해한인여자청년동맹, 상해한인소년동맹 조직. * 12월, 모친 황몽은 별세.	

1932년	• 4월, 윤봉길 의사의 상해의거 배후 혐의로 피체. • 6월, 일경에 인계되어 국내로 압송. • 12월, 징역 4년형을 받고 서대문형무소에 투옥 　(이듬해 대전형무소로 이감). (55세)	• 3월, 만주국 건국.
1935년	• 2월, 가출옥으로 석방, 요시찰 대상이 되어 대보 　산 송태산장에 은거.	• 7월, 한독당, 조선혁명당, 의 　열단, 신한민족당, 대한독립 　당이 통합하여 민족혁명당 　결성.
1936년	• 2월, 가출옥 제한기간이 종료되자 충청·전라·경 　상도 일대를 순행. 이 시기에 불법(佛法)연구회의 　소태산 박중빈 대종사를 만남.	• 스페인내전 발발.
1937년	• 6월, 중국전쟁을 앞둔 일제가 수양동우회 사건을 　조작하여 도산을 다시 체포. • 12월, 혹독한 취조로 옥사 직전 병보석으로 경성 　제대 부속병원에 입원. (60세)	• 7월, 중일전쟁 발발. • 12월, 일본군 난징대학살 자행.
1938년	• 3월 10일 12시 5분, 경성제대 부속병원에서 순국. 　(향년 61세) • 3월 12일, 일제의 장례금지 조치로 헌병·경찰의 　감시 아래 약식 영결식을 갖고 망우리 공동묘지 　에 안장. • 이후 4월까지 한구, 중경, 창사, 하와이, 샌프란시 　스코, LA, 멕시코, 쿠바 등지에서 추도식 거행.	• 4월, 일제 국가총동원법 공포.

찾아보기

ㄱ

간디(M. Gandhi) 15, 251

갑신정변 20~22, 225

갑오농민혁명 → 동학농민혁명

갑오동학농민혁명 → 동학농민혁명

갑자논설 17, 198

강영대(姜永大) 56

강영소(姜永韶) 57

강영승(康永昇) 224

개벽사상 23, 26

개인주의 53~56

개조(改造) 15, 86, 87, 89, 91, 93, 95~102, 109, 169, 240

개화파 21, 22

경제공황 31, 262

계급해방 27

「고린도전서」 105

공동주의 53~56

공산주의 14, 16, 17, 19, 242, 243, 249

공심(公心) 55

공화국 28, 29, 32, 59, 87, 162

곽림대(郭臨大) 15, 228

곽헌(郭憲) 33, 239

교회 25, 51, 74, 196, 222, 266

구주대전 → 1차대전

국무령(國務領) 254, 256~58

국민개납주의 122, 123, 151

국민개병주의 114, 115, 122

국민개업주의 123

국민군 134

국민대표회 140, 155~58, 160~70, 174, 175, 177, 178, 181, 183, 250, 251

국민대표회주비위원회 177

『국민보』 224

국민회 → 대한인국민회

국제연맹 94, 119, 138, 154, 172

군국주의 103, 118

『금강경』 69

기독교 22, 23, 25, 51, 74, 101~105, 165, 196, 241, 263, 264

기자(箕子) 45

김규식(金奎植) 91

김덕준(金德俊) 63

김산(金山) 19

김성겸(金聖謙) 157

김성렬(金聖烈) 43

김옥균(金玉均) 21

김원봉(金元鳳) 16

김일성(金日成) 14, 15

김하염(金河琰) 47

ㄴ·ㄷ·ㄹ·ㅁ

나라만들기 31, 32

내정자치 → 자치

네비우스(John L. Nevius) 24, 25

대공주의(大公主義) 26~31, 140, 262

대동단결 80, 81, 125

대전란 → 1차대전

대한민국 116, 121, 129

대한인국민회 13, 24, 34, 50, 53, 57~61, 66, 75, 86, 91, 188, 189, 222~24, 259

대혁명당 18, 26, 33, 239, 246, 248, 252, 253, 256, 258, 259

도덕 20, 43~46, 52, 64, 69, 102, 202, 236,

238~40, 267

독립국가 25, 29, 31, 32

독립선언의 대사건 → 3·1운동

『독립신문』 16, 17, 22, 33, 107, 110, 116, 117, 129, 132, 135, 140, 170, 175, 239, 243, 257

독립운동사 13, 28, 31, 257

독립전쟁 16, 39, 78, 113~17, 119, 122, 129, 132, 133, 135, 147

독일 16, 64, 65, 70, 75, 117, 119, 123, 154, 240, 267

동맹수련 228, 237~29

동심협력(同心協力) 76

동아시아 19, 24, 30, 50, 78, 83, 95, 174, 186, 187, 191, 202, 233, 234, 260

동양평화 28, 29, 31, 32, 171, 172

동제사(同濟社) 125

동학농민혁명 21, 22, 32

디뉴바(Dinuba) 66

러일전쟁 40, 118, 139

『런던타임스』 75

레닌(V. I. Lenin) 246

로스앤젤레스 57, 58, 63, 64, 66, 76, 189, 191, 196, 198

루스벨트, 시어도어(T. Roosevelt) 153, 154

류자명(柳子明) 16

만주사변 28, 31, 259

맨더토리 → 위임통치

멕시코 50, 62, 66, 72, 73, 75, 83, 87, 88,

189, 193, 225

명치유신 40, 267

무실역행(務實力行) 24, 25

문명개화 21

문화운동 146~49, 168, 234, 245

미주(美洲) 13, 14, 20, 49, 50, 52, 57~59,
  62, 64~66, 87~89, 91~93, 139, 145,
  148, 151, 182~84, 188, 189, 192, 196,
  198, 206, 221~24, 227, 228, 235, 250,
  258, 259, 261, 262

민단 → 상해대한인민단

민족개량주의자 14

민족대당운동 27

민족운동 21, 22, 34, 189, 190, 198, 253

민족통일당 140

민족해방 14, 16, 25, 27, 49

민족혁명 16, 17, 20, 22, 26, 27, 31, 32,
  241~43, 251, 252

민주주의 27, 262

ㅂ·ㅅ

박영로(朴永魯) 76

박용만(朴容萬) 87, 222

박은식(朴殷植) 22, 255

박중빈(朴重彬) 22~24, 26

백낙청(白樂晴) 22, 26, 29, 32

벨기에 70, 170

변혁적 중도주의 26, 27, 29, 30

북미 → 미주

북미실업회사 82, 230

분단체제 13, 32

불교 196, 241

불법연구회(佛法硏究會) 22~24

브라이언(W. J. Bryan) 153, 154

비스마르크(Otto von Bismarck) 65

빠리강화회의 91, 172, 183, 190, 222

사민주의 30, 31

사이또오(齋藤實) 138, 194

사회주의 14, 16, 29, 30, 103, 118

삼선평(三仙坪) 34, 39

3·1운동 13, 21, 22, 24, 32, 86, 91, 121,
  122, 183~85, 203

상해 15, 21, 23, 24, 27, 33, 69, 90, 92~95,
  102, 106, 107, 109, 110, 122, 123, 148,
  152, 163, 170, 175, 183, 188~90, 193,
  194, 196, 221, 222, 224, 228, 233, 239,
  249, 251, 258, 259, 261

상해고려교민친목회 → 상해대한인민단

상해대한인민단 90, 107, 123, 124, 127,
  135, 189

상해임시정부 13, 15, 16, 18, 24~27, 33,
  86, 93, 95, 107~09, 110, 122, 135,
  136, 148, 151, 152, 156, 164, 169~71,
  181, 188, 190, 224, 225, 239, 240, 250,
  253~59

샌프란시스코 13, 49, 182, 187

생활 독립 82, 85

서북간도 14, 114, 123, 127, 132, 135, 148,
  183, 190, 193, 194

서북학생친목회 34, 43

서재필(徐載弼) 20~22, 92

석가→석가여래

석가여래 96, 104

성력(誠力) 177~81, 183, 188

세계주의 126, 211

세계평화 28, 29, 31, 32, 171

세례 요한 96

세르비아 70

소태산(少太山)→박중빈

손문(孫文) 19, 246

수양론 15

수학동맹 83, 84

스마일스, 새뮤얼(Samuel Smiles) 99, 100

시카고 221

식산운동 147~49, 245

신부동포(新附同胞) 59

신성(信聖)학교 74

신용하(愼鏞廈) 22, 30

신조약→을사늑약(1905)

신채호(申采浩) 14, 28, 47, 48

『신한민보』 18, 20, 26, 33, 34, 49, 53, 57,
    62, 64, 66, 75, 86, 175, 182, 189, 221,
    224, 239, 259

실력양성론 14, 15, 30

실상개화(實狀開化)→문명개화

실업(實業) 49, 61, 77, 82, 83, 89, 99, 211,
    223, 230

ㅇ

아나키즘 16

아령국민회(俄領國民會) 93

아메리카→미주

아메리칸 제일주의 70

『안도산전서』 22, 33, 77, 86, 89, 90, 95,
    102, 117, 135, 170, 182, 184, 188, 228

안석중(安奭中) 196

안중근(安重根) 165, 250

애국금 123, 223

애국부인회 89, 90

애국심 52, 92, 196, 228

양기탁(梁起鐸) 238

언더우드(H. G. Underwood) 24

여선생→여운형

여운형(呂運亨) 109, 119, 121

연맹회→국제연맹

영국 16, 42, 43, 70, 75, 107, 116~18, 123,
    144, 152, 158, 166, 170~72, 187, 228,
    229, 233, 267

예수 64, 96, 101, 104, 105, 112, 215, 263~66

예수교→기독교

오적칠적(五賊七賊) 51

외교론 14, 16, 116, 170

요시히또(嘉仁) 108, 119, 128, 138

요한→세례 요한

「요한복음」 102, 105

워싱턴(Washington, 도시) 91, 170, 183,
    223

워싱턴군축회의 170, 171, 173, 174, 190

워싱턴, 조지(G. Washington) 15, 48, 71,
    246

원동(遠東)→동아시아

원두우(Underwood)학교 24

원세훈(元世勳) 164

위임통치 14, 91, 110, 167

윌슨(T. W. Wilson) 31, 75, 78, 79, 109, 153, 154

유길준(兪吉濬) 20~22, 213

유정근(兪政根) 124, 126

6·10만세운동 21, 22

윤봉길(尹奉吉) 15, 263

을사늑약 39, 43

『을지문덕(廣學書舖)』 34, 47

의정원(議政院) 33, 93, 121, 124, 127, 132, 152, 156, 162, 165, 169, 183, 223, 254

이광수(李光洙) 14, 16

이대위(李大爲) 87

이동휘(李東輝) 109, 114, 125, 126, 128, 138, 145, 164, 165, 167, 238

이상룡(李相龍) 255

이승만(李承晩) 14, 87, 91, 108, 138, 141, 145, 164, 165, 167, 170, 221, 222, 238, 255, 257

이승훈(李昇薰) 238

이용설(李容卨) 15, 221

이용후생 45

이재명(李在明) 165

2차대전 32

이홍장(李鴻章) 65

인격수양 14, 15, 239

인민 41, 45, 55, 59, 107~11, 116~18, 121, 127, 128, 133, 142, 153, 160, 164, 165, 182, 206~08, 254, 260

1차대전 31, 39, 64, 65, 77, 119, 133, 148, 154, 226

임시정부→상해임시정부

ㅈ

자력양성 30

자본주의 17, 19, 31, 32

『자조론』(Self-Help) 100

자주 20, 23

자치 17~19, 23, 25, 55, 59, 110, 121, 170~74, 237, 243~45

자치론 14, 16, 109

재미 한인 24, 50, 62, 67

재외 한인 56, 58

전제정치 55

점진주의→점진혁명

점진학교(漸進學校) 13, 29

점진혁명 13, 30, 32

좌우합작 28, 29

준비독립운동 191, 249

준비론 14~16

중견분자 235, 238, 246, 247, 253

중도 17, 19, 25, 28, 54, 84

지방열(地方熱)→지역주의

지역주의 92, 124~27

ㅊ·ㅋ·ㅌ·ㅍ·ㅎ

차리석(車利錫) 175

참정(參政) 17, 18, 89, 121, 243, 244

책임적 애국자 228~30

천도교 165, 196, 241

청일전쟁 22, 24

촛불혁명 32

최령자(最靈者) 43

춘원 → 이광수

코민테른 28

태평양회의 → 워싱턴군축회의

통일당 27, 140, 259, 261

특종주의 54, 55

페이비언 사회주의 29, 30

프랑스 16, 43, 70, 75, 117, 118, 129, 144, 152, 170, 172, 183, 186, 191, 193, 267

필대은(畢大殷) 22, 23

하라 타까시(原敬) 109, 128

하와이 14, 34, 50, 66, 78, 83, 87, 88, 187, 189, 192, 196, 222~24

한일병탄 53, 59, 241

합병 → 한일병탄

헤이그평화회의 171, 172

혁명론 13, 16

현순(玄楯) 157

호주 117, 135, 144, 255

홍언(洪焉) 27, 34, 88, 259

홍진(洪震) 256~78

화부(華府) → 워싱턴

화회(和會) → 빠리강화회의

황진남(黃鎭南) 193

흥사단(興士團) 13, 21, 23, 27, 33, 77, 82, 223, 224, 228, 230~32, 235, 236, 245

창비 한국사상선 19

안창호
민족혁명의 이정표

초판 1쇄 발행 / 2024년 7월 15일

지은이 / 안창호

편저자 / 강경석

펴낸이 / 염종선

책임편집 / 박주용 박대우

조판 / 신혜원 박지현

펴낸곳 / (주)창비

등록 / 1986년 8월 5일 제85호

주소 / 10881 경기도 파주시 회동길 184

전화 / 031-955-3333

팩시밀리 / 영업 031-955-3399 편집 031-955-3400

홈페이지 / www.changbi.com

전자우편 / human@changbi.com

ⓒ 강경석 2024

ISBN 978-89-364-8038-7 94150